Otto Köhncke

Papst Clemens III.

Ein Beitrag zur Papstgeschichte

Otto Köhncke

Papst Clemens III.
Ein Beitrag zur Papstgeschichte

ISBN/EAN: 9783743302129

Hergestellt in Europa, USA, Kanada, Australien, Japan

Cover: Foto ©Lupo / pixelio.de

Manufactured and distributed by brebook publishing software
(www.brebook.com)

Otto Köhncke

Papst Clemens III.

WIBERT VON RAVENNA

(PAPST CLEMENS III.).

EIN BEITRAG ZUR PAPSTGESCHICHTE

VON

OTTO KÖHNCKE.

LEIPZIG,

VERLAG VON VEIT & COMP.

1888.

Meinem hochverehrten Lehrer und väterlichen Freunde

Herrn Friedrich Reuter

zu Altona

in Dankbarkeit zugeeignet.

Vorbemerkung.

Der vorliegende Versuch, das Leben Wiberts von Ravenna darzustellen, verdankt seine Entstehung einer von Herrn Professor Brefslau in Berlin gegebenen Anregung. Ich fühle mich gedrungen, demselben für die mannigfache Förderung, welche er meinen Arbeiten hat angedeihen lassen, auch an dieser Stelle meinen lebhaften Dank auszudrücken.

Der Verfasser.

Inhalt.

Erstes Kapitel.
Genealogisches.

Um die Wende des 9. Jahrhunderts siedelte sich ein angesehener Mann aus der Grafschaft Lucca, Siegfried mit Namen, in der Lombardei an und wurde in seiner neuen Heimat Stammvater eines weitverzweigten, mächtigen Geschlechtes[1]. Von seinen drei Söhnen gründete der mittlere, Adalbert, auch Atto genannt[2], Canossa und erwarb als Anhänger Ottos I. umfangreiche Besitzungen und die Grafschaft über Reggio, Modena und Mantua, denen sein Sohn und Erbe Thedald[3] Brescia und Ferrara hinzufügte. Thedalds Sohn und Nachfolger wiederum ist der aus Heinrichs III. Zeiten bekannte Markgraf Bonifaz von Toskana[4]; mit seiner Tochter zweiter Ehe aber, Mathilde[5], der bekannten grofsen Gräfin, der unermüdlichen Vorkämpferin der kirchlichen Interessen, starb diese Linie, das Haus der Markgrafen von Canossa, wie es Brefslau zuerst genannt hat, im Jahre 1115 aus[6].

Die beiden anderen Söhne Siegfrieds von Lucca, Siegfried und Gerard, liefsen sich in Parma nieder. Donizo berichtet[7]:

> Est primus dictus Sigefredus et Atto secundus,
> Filius et parvus vocitatur quippe Gerardus.

Und weiterhin:

> Ipsius nati locupletati, falerati,
> Divisi prorsus coeperunt stare seorsum.
> Fiunt Parmenses duo fratres, ambo potentes,
> Dat Guibertinam minimus, primus Baratinam,
> Progenies ambae grandes et honore micantes.

---

[1] Donizo 1, 96 ff. SS. XII, 354 f. [2] Don. 1, 120 ff. SS. XII, 355.
[3] Don. 1, 430 ff. SS. XII, 360 f. [4] Don. 1, 452 ff. SS. XII, 361.
[5] Don. 1, 1143 ff. SS. XII, 374.

[6] Aufser Donizo dienen als Quellen für die Genealogie dieses Hauses neben gelegentlichen Erwähnungen bei Schriftstellern zahlreiche Urkunden. Eine ausführliche Darstellung giebt Brefslau, Jahrb. Konrads II. I, 431 ff.

[7] Don. 1, 100 f. u. 112 ff. SS. XII, 354 f.

Der älteste Sohn also ist Ahnherr der Baratti [1], der jüngste, Gerard, Stammvater der Wiberti. Der letzteren Familie wurde der Gegenpapst Wibert zuerst von Affò [2] zugewiesen, der die älteren Meinungen bereits genügend beseitigte. Seiner Vermutung schloß sich neuerdings Brefslau [3] an. Was aber bisher nur Vermutung war, läßt sich zur Gewißheit erheben durch ein freilich schon Affò bekanntes, aber unbeachtet gebliebenes Zeugnis [4]. In den Jahren 1163 und 1164 nämlich fanden gelegentlich eines Prozesses zwischen dem Kapitel von Parma und den Wiberti um den Besitz des Schlosses Meletolo vor dem kaiserlichen Notar Albert mehrfache Zeugenverhöre statt. Eine der dabei aufgenommenen Urkunden aus dem Jahre 1164 bietet den gewünschten Beweis in folgender Aussage des Priesters Albert: quod vidit tenere Albertum, filium Guiberti Meletulum, et vidit Teutum clericum de Fontanella colligere usufructum per papam Guibertum, et Obicinum per illos de Baila, et Gaudolum maleorum per Albertum filium Guiberti, et postea audivi dicere, quod ipsi tenebant per precarium ab ecclesia Sanctae Mariae . . . .

Ohne sich erst diese sichere Grundlage für seine Arbeit geschaffen zu haben, unternahm endlich jüngst Graf Riant [5], nach Mitteilungen des Grafen Malaguzzi den Stammbaum Wiberts von Ravenna genauer zu ermitteln. Leider ist seine Leistung durch zahlreiche Flüchtigkeiten und Irrtümer entstellt [6].

An die Spitze seiner Reihe stellt er als direkten Nachkommen Gerards Wido I. „de comitatu Parmae", gestorben vor 1009, mit seinen Söhnen Frogerius und Albert, von denen er den ersteren als Stammvater der Herren von Correggio bezeichnet. Dafür beruft er

---

[1] Über diese sagt einiges Affò, Storia di Parma I, 228 f.

[2] Affò a. a. O. II, 66.

[3] Brefslau, Mitteilungen des Instituts für österr. Geschichtsforschung VI, 122.

[4] Eine Urkunde aus dem Kapitel-Archiv von Parma (saec. XII, No. 73) von 1164. Fragmente bei Affò a. a. O. II, 91 u. 114 Anm. (an beiden Stellen ist No. 72 Druckfehler) und bei demselben, Memorie dei scritt. Parmig. I, 34 Anm.

[5] In der Revue des questions historiques XXXIV, 247 ff. 1883.

[6] Daß in seiner Anmerkung 16 zum Stammbaum statt Wibert III. genannt wird Wibert II., mag auf einem Druckfehler beruhen, wie vielleicht auch in Anm. 3 das Citat Annali di Como II, 232 statt 838. Dreimal aber nennt er den Verfasser dieser Annalen Zatti statt Tatti, beruft sich in Anm. 1 auf eine Urkunde, die weder am angegebenen Orte steht noch den angegebenen Inhalt hat. Kurz vorher leitet er die Wiberti von Siegfried II. her, statt von Gerard. Übersehen hat er, daß die in Anm. 9, 11 u. 12 angezogene Schenkungsurkunde von 1092 bei Muratori, Ant. Ital. I, 427 und bei Affarosi, Memorie di San Prospero I, 401 schon gedruckt ist. Auf sachliche Irrtümer komme ich im Text zurück.

sich auf eine Urkunde von 980 bei Tiraboschi[1] und auf desselben Dizionario topografico[2]. In letzterem steht eben nur, daſs Frogerius Stammvater der Herren von Correggio gewesen ist. Das erste Citat ist falsch und enthält auch nicht, was Riant angiebt. Es ist vielmehr die Urkunde bei Tiraboschi I, 173 No. 153 vom 5. Oktober 1009 gemeint, laut welcher Frogerius und Adalbert, Söhne weiland Widos de Comitatu Regiense (nicht Parmensi) der Michaelskirche in Correggio gewisse Güter schenken. Wie man hieraus auf einen Zusammenhang mit den Wiberti schlieſsen kann, verstehe ich nicht; der einzige Anhalt — ein wie schwacher aber — könnte sein, daſs 1015[3] das Haupt der Wiberti Albert heiſst, während hier ein Sohn Widos den Namen Adalbert trägt. Indes Riant hat einfach eine Behauptung Früherer wiederholt, ich vermute, eine Anmerkung Muratoris zu Donizo trägt die Schuld[4], dieser aber schweigt über seine Gewährsmänner. Schon Affò hat Widerspruch erhoben[5], und auch neuerlich ist Bigi nicht imstande gewesen, einen Zusammenhang aufzufinden[6]. Nach ihm hat zu der von mir bekämpften Annahme der Umstand Anlaſs gegeben, daſs die Gräfin Mathilde im Kriege mit Heinrich IV. vorübergehend Correggio besetzte, damit nicht die Herren der Stadt zum Kaiser übergingen. Wie man von da zu den Wiberti gelangen will, ist mir erst recht unverständlich. Kurz, wir haben es mit einer ganz unbegründeten, willkürlichen Annahme zu thun.

Eine Prüfung des verbleibenden Teils des Stammbaums ist leider nicht durchweg möglich, da sechs Urkunden des Archivs von San Prospero in Reggio, auf die sich Riant stützt, nicht veröffentlicht sind[7]. Da es mir aber nicht angezeigt erscheint, Riant ohne weiteres zu folgen, will ich suchen, auch ohne dies Material zu wahrscheinlichen Resultaten zu kommen.

---

[1] Tiraboschi, Cod. diplom. Moden. hinter seinen Memorie storiche Modenesi I, 145.

[2] s. v. Correggio.   [3] Tatti, Annali di Como II, 838.

[4] Muratori in Donizonem 1, 115 (dat Guibertinam etc.) SS. rerum Ital. V, 346 Anm. 24: ex hac linea processisse Guibertum Parmensem, Ravennatem archiepiscopum ac deinde pseudopapam famosum Gregorii VII. papae temporibus, simulque familiam principum Corrigiensium, quae paucos ante annos, feminis tantum superstitibus, omnino desiit: sunt qui scribunt, eorumque sententiae facile me adjungerem.

[5] Affò, Memorie I, 33.

[6] Bigi in den Atti e memorie delle deputazioni Moden. e Parm. III, 213 Anm. 2.

[7] Es sind das Schenkungsurkunden von 1007, 1052, 1090, 1091, 1098 (zwei). — Taccoli, Memorie stor. Reggione, war mir nicht zugänglich.

Im Jahre 1015 [1] schenkt Heinrich II. dem Kloster San Abondio in Como die im Veltlin gelegenen, von ihm konfiszierten Besitzungen Alberti Parmensis filiorumque eius scilicet Uuiberti et Sigefredi. Im Gegensatz zu ihren canusinischen Verwandten hatten sie nämlich dem nationalen König Arduin angehangen. Ohne Zweifel dürfen wir in ihnen Wiberti sehen, worauf aufser dem Zusatz Parmensis auch der Umstand führt, dafs alle drei Namen in der Familie üblich sind. Auf Grund einer nicht veröffentlichten Urkunde von 1007 werden bei Riant Irmgard als Alberts Gemahlin, Lanfrank als ein dritter Sohn aufgeführt, indes fallen beide, wie auch Siegfried, aus der weiteren Betrachtung heraus.

In zwei Urkunden von 1051 [2] nun begegnet Berta filia qu. Auberti marchioni et relicta qu. Viberti. Von ihr hat ein gewisser Gezo einen Acker zu Gorgo und zwei Knechte gekauft, überläfst aber beides der Abtei San Prospero. Ferner finden wir [3], dafs im Jahre 1091 Albertus filius quondam Giberti de comitatu parmense derselben Abtei Waldung und Wiesen ebenfalls in Gorgo überweist, die das Kloster zur Befriedigung seines Bedarfs benutzen sollte. Derselbe Albert, Sohn Wiberts, schenkt am 6. September 1100 [4] pro itinere Sancti Dei sepulcri, d. h. unmittelbar vor seinem Aufbruch in das heilige Land eben dieser Abtei eine Mühle wiederum zu Gorgo. Es ergiebt sich somit, dafs Albert ein Sohn Wiberts und der Bertha aus dem Hause der Otbertiner [5] war, dafs sein Vater indes schon 1051 nicht mehr lebte.

Im Jahre 1092 [6] aber verfügen zu Gunsten von San Prospero auch Adelaxe filia Ugoni comes et relicta quondam Uuidonis de comitato Parmense et Uuido filius Alberti, wohl auch guilia nurus mea (die Urkunde ist lückenhaft veröffentlicht) für ihr eigenes Seelenheil wie für das ihres verstorbenen Sohnes Albert über sechs Morgen Land in Gorgo: auch sie gehören derselben Familie an; nicht die schwächste Stütze dieser Behauptung ist, dafs alle bisher Genannten über Teile stets desselben Besitztums verfügen.

Leider fehlt nun eine Urkunde für San Prospero von 1052 [7], in der vermutlich Wibert und Wido, Söhne weiland Wiberts, genannt sind [8]; hierin wird man Riant ohne Bedenken folgen dürfen.

---

[1] Tatti, Annali di Como II, 837 f. Stumpf 1656.

[2] Affarosi, Memorie di San Prospero I, 376 u. 377.

[3] Affarosi a. a. O. I, 400.   [4] Riant a. a. O. XXXIV, 252, Urk. No. 1.

[5] Vgl. über dieses Haus Brefslau, Jahrb. Konrads II. 1, 414 ff.

[6] Affarosi a. a. O. I, 401.   [7] S. u. S. 7 den Stammbaum.

[8] Wenn diese Urkunde Albert nicht nennt, so war er wohl damals noch nicht mündig, was zu einem vorzeitigen Tode seines Vaters und dazu, dafs wir ihm noch 1100 begegnen, vortrefflich stimmt.

Ist dem aber so, so nehme ich keinen Anstand, Wido mit dem Gatten Adelaxas, Wibert, den Vater Wiberts und Widos, mit Wibert, dem Vater Alberts und Gatten Berthas, zu identifizieren. Wir sehen dann drei Brüder vor uns, Wibert, Wido, Albert: Wido ist 1092 schon gestorben, Albert nahm 1100 an dem Nachkreuzzuge der Lombarden teil[1], in Wibert aber haben wir den Gegenpapst Clemens III. († 1100) zu erkennen.

Eine weitere Frage erhebt sich: ist der Wibert, Sohn Alberts, von 1015 (s. o. S. 4) identisch mit Wibert, dem 1051 nicht mehr lebenden Gatten Berthas? Dafür läfst sich ein Beweis freilich nicht erbringen, mit der nackten Wahrscheinlichkeit wird man sich begnügen müssen, gegen die Identität spricht nichts. Da Wiberts Vater 1015 noch lebte, er selber 1051 schon tot war, wird er ein hohes Alter nicht erreicht haben; geheiratet hat er jedenfalls ziemlich viel später als 1015.

Die Genealogie von den drei Brüdern Wibert, Wido, Albert abwärts ergiebt sich einfach. Wibert hinterliefs als Geistlicher keine Nachkommen, die Widos bietet die schon erwähnte Urkunde von 1092[2].

Albert hatte drei Söhne: Hildebrand, Wibert[3] und Hugo. Hildebrand und Hugo haben die Schenkungsurkunde ihres Vaters von 1091[4] unterschrieben, Wibert nicht, da er nach einer nicht publizierten Schenkungsurkunde seiner Gattin und seines Sohnes Wido 1091 bereits tot war. Da unter den Zeugen der Urkunde Alberts von 1100[5] von Söhnen nur Hildebrand erwähnt wird, ist Hugo wohl zwischen 1091 und 1100 auch gestorben.

Endlich erfahren wir aus der bereits oben (S. 2) erwähnten Urkunde von 1164, dafs Alberts Sohn Wibert wieder einen Sohn Albert hatte[6]: Albertus, qui fuit appellatus comes Parmae, fuit pater Guiberti, et Guibertus pater Alberti. Diesen Albert bezeichnet Riant als Stammvater der Familie Malapresa, allerdings ohne strikten Beweis. Aus einer Urkunde bei Affò II, 378 ergibt sich freilich, dafs ein Malapresa zu den Wiberti gehörte, und 1134[7] wird Albert Malapresa von dem Bischof von Reggio mit verschiedenen Gütern belehnt. Das mag immerhin dieser Albert sein.

Die eben berührte Notiz aber nötigt uns, noch eine andere Frage zu stellen. Der ältere Albert, der Kreuzfahrer, — denn dieser ist zu verstehen, da er auch sonst in der Urkunde erscheint,

---

[1] Riant a. a. O. S. 252 ff., Urk. No. 1; vgl. S. 6 f.
[2] Affarosi a. a. O. I, 401. [3] Affò, Storia II, 114 Anm.
[4] Affarosi a. a. O. I, 400. [5] Riant a. a. O. S. 252, Urk. No. 1.
[6] Affò a. a. O. II, 114 Anm. [7] Tiraboschi, Cod. diplom. Moden. III, 6.

und da zeitlich sehr wohl stimmt, dafs er mindestens drei Generationen vor 1164 lebt — wurde comes Parmae genannt; nach Affò
und Riant[1] war er Graf von Parma. Dagegen spricht aber, dafs
er sich weder in einer Urkunde von 1091 noch in der vom 6. September 1100 selber so bezeichnet, sondern nur als de comitatu Parmensi[2], bezw. de civitate Parme[3]. In zwei Generationen nach ihm
finde ich keine Spur von diesem Titel. Auch beachte man den
Ausdruck „er wurde Graf genannt", der nicht geradezu besagt, dafs
er auch Graf war. Zudem läfst sich eine andere Familie nachweisen, welche den Grafentitel von Parma führte.

Am 28. Februar 1050 begegnet Jolicta comitissa filia Uberti
comitis de comitatu Parmae[4]; ein Graf Arduin von Parma wohnt
am 18. Juni 1051 einem Gericht des Markgrafen Bonifaz, am 9. Februar 1055 einem kaiserlichen Gericht in Parma bei[5] und macht
am 13. März 1058 der Kathedrale, am 21. August 1054 und am
2. November 1062 der Abtei San Prospero in Reggio Schenkungen[6].
Von seinem Sohne vermutlich heifst es 1090 in einer Urkunde:
Ego Ubertus comes filius qu. Arduini itemque comitis de comitatu
Parmense[7]. Den Grafentitel hatte somit die Familie der Wiberti
damals noch nicht.

Nunmehr erledigt sich auch leicht eine Stelle Alberts von Aachen,
die der Herstellung des Stammbaums der Wiberti entgegen zu stehen
scheint. Dieser Schriftsteller berichtet am Anfang seines 8. Buches
über den Kreuzzug der Lombarden, die am 13. September 1100
unter der Führung des Erzbischofs Anselm von Mailand aufbrachen[8].
Wo er die hauptsächlichsten Teilnehmer aufzählt (8, 1), findet sich
auch: Wibertus comes civitatis Parmae. Und 8, 15 ist „Wibertus
de Parma" einer der Befehlshaber des fünften Schlachthaufens in
der Entscheidungsschlacht, welche im Sommer 1101 zum Rückzug
führte. Jene von Riant veröffentlichte Urkunde vom 6. September
1100[9] läfst aber gerade einen Albert von Parma als Teilnehmer

---

[1] Affò a. a. O. II, 114. Riant a. a. O. S. 251.   [2] Affarosi a. a. O. I, 400.
[3] Riant a. a. O. S. 252 ff., Urk. No. 1.
[4] Muratori, Delle antichità Estensi I, 24 S. 230.
[5] Affò a. a. O. II, 323 u. 325.   [6] Muratori, Ant. Ital. I, 423 u. IV, 803.
[7] Margarini, Bullarium Casinense II, 114 No. 119. Vgl. noch drei Urkunden
aus demselben Jahre bei Muratori, Ant. Ital. I, 422 u. 426 (davon zwei auch
bei Bacchini, Istoria di Polirone, App. S. 33 u. 35).
[8] Albertus Aquensis 8, 1 u. 15 in Historiens. occid. des croisades IV, 559
u. 568; cfr. Ekkehardi Hierosolymita ed. Hagenmeyer 22, 3. Landulfi iun. hist.
Mediolan. c. 4. SS. XX, 22. Notae S. Mariae Mediolan. SS. XVIII, 385, welche
das Datum geben.
[9] Riant a. a. O. S. 252 ff., Urk. No. 1; vgl. auch die Urkunde vom 9. Juli

des Zuges erscheinen. Um Übereinstimmung herzustellen, wollte Riant bei Albert von Aachen an beiden Stellen mit einer allerdings leichten Änderung Albertus statt Wibertus schreiben. Das wäre freilich notwendig, wenn man mit Affò[1] annehmen müfste, dafs dieser Graf Wibert einer der Wiberti gewesen sei, da sich sonst für die Genealogie der Familie unüberwindliche Schwierigkeiten ergäben. Aber diese Annahme ist nicht statthaft eben wegen des Grafentitels, und viel näher liegt die Vermutung, dafs der eben erwähnte Graf Ubertus von Parma bei Albert von Aachen zu verstehen ist, wodurch auch die Änderung im Text unnötig wird.

Über den Besitz der Familie läfst sich wegen Mangels des Materials Genaueres nicht angeben; hatte sie auch ihre Güter im Veltlin 1015 eingebüfst, so war sie später jedenfalls noch in den beiden Grafschaften Parma und Reggio angesessen.

Schliefslich gebe ich den Stammbaum und die Quellen, auf denen er beruht, wobei ich in Klammern einschliefse, was auf ungedrucktes Material zurückgeht.

Albert I. [Gemahlin: Irmgard].[2]

| Siegfried[3]. | Wibert I.[4], † vor 1051[5], Gemahlin: Bertha, Tochter des Markgrafen Otbert. | [Lanfrank][6]. |

| [Wibert II., d. i. Gegenpapst Clemens III., † 1100][7]. | [Wido I.][8], † vor 1092, Gemahlin: Adelaxe, Tochter[9] des Grafen Hugo [von Sabionetta]. | Albert II.[12], der Kreuzfahrer, † nach 1100 [Gemahlin: Guldrade]. |

| Albert III.[10], † 1092, Gemahlin: Julia [Tochter Widos]. | Hildebrand[13]. | Wibert III.[15] [† vor 1091, Gemahlin: Bertha, Tochter Absons von Brescia][16]. | Hugo[14] † zw. 1091 u. 1100. |

| Wido II.[11] | [Wido III][17]. | Albert IV.[19] lebte 1134, Stammvater der Malapresa. |

1163: Fragmente bei Affò a. a. O. II, 159 Anm. b, vollständig bei Riant a. a. O. S. 254 f., Urk. No. 2.

[1] Affò a. a. O. II, 122.

[2] Urkunde Heinrichs II. bei Tatti, Ann. di Como II, 838 [Schenkung von 1009 bei Taccoli, Mem. stor. Regg. II, 679].

[3] Tatti a. a. O.

[4] Tatti a. a. O. [Schenkung von 1007 im Archiv von San Prospero].

[5] 2 Urkunden von 1051 bei Affarosi, Mem. di San Prospero I, 376 u. 377.

[6] [Schenkung von 1007, s. Anm. 3].

Zweites Kapitel.

Wibert als Kanzler für Italien.

Aus einer angesehenen, mit den Markgrafen von Canossa und den Otbertinern nahe verwandten Familie stammend, ist Wibert, gleichen Namens mit seinem Vater, wohl zwischen 1020 und 1030 in Parma geboren [1], wo er gewifs auch seine Bildung erhalten hat. Er wurde dem geistlichen Stande bestimmt und ist wohl identisch mit dem Presbyter Wibertus, den zwei undatierte Urkunden des Bischofs Cadalus von Parma [2] als Zeugen nennen. Da Cadalus 1046 [3] Bischof wurde, stammen sie aus den Jahren 1046—57. Gewifs erlangte Wibert bei seinem Bischof, der auch einer reichen Familie angehörte [4], eine Stellung von Einflufs, er begleitete ihn höchst wahrscheinlich mehrfach nach auswärts, wie wir noch sehen werden.

Nun führte in Deutschland nach Kaiser Heinrichs III. Tode (5. Oktober 1056) [5] für dessen minderjährigen Sohn Heinrich zunächst die Kaiserin Agnes die Regentschaft. Unter ihre ersten Regierungshandlungen zählt die Ernennung Wiberts zum Kanzler für Italien [6]. Sein Vorgänger auf diesem Posten, Günther, wurde Bischof

---

[7] [8] [Schenkung von 1052 im Archiv von San Prospero].

[9] [10] [11] Schenkung von 1092 bei Affarosi a. a. O. I, 401 und bei Muratori, Ant. Ital. I, 427.

[12] Schenkungen von 1091 bei Affarosi a. a. O. I, 400 u. von 1100 bei Riant, Revue des questions histor. XXXIV, 252, Urk. No. 1. Urkunde von 1164 bei Affò, Storia di Parma II, 91 u. 114 Anm. und bei demselben, Memorie dei scritt. Parmig I, 34 Anm. [Schenkung von 1091 u. 2 von 1098 im Archiv von San Prospero].

[13] Schenkungen von 1091 u. 1100, s. Anm. 12.

[14] Desgl. von [1090] u. 1091, s. Anm. 12.   [15] Urk. von 1164, s. Anm. 12.

[16] [17] [Schenkung der Witwe Wiberts III. von 1091 im Archiv von San Prospero].

[18] Affò, Storia di Parma II, 114 Anm. u. 378. Tiraboschi, Cod. dipl. Moden. hinter den Mem. stor. Modenesi III, 6.

[1] Affò, Memorie I, 35; vgl. Don. 2, 121 SS. XII, 382.

[2] Gedruckt bei Affò, Storia di Parma II, 316 u. 318 No. 16 (wo Brefslau, Mitteilungen des Inst. f. österr. Geschichtsf. VI, 122 gewifs richtig Uuibertus für Unibertus schreibt) u. 17.

[3] Gams, Series episc. 744.   [4] Bonizo bei Jaffé, Bibl. II, 645.

[5] Vgl. Steindorff, Jahrb. Heinrichs III. II, 356.

[6] Bonizo 642. Aus ihm schöpft der früher sogen. Cardinalis Nicolaus Aragonensis, jetzt bei Watterich, Vitae pontificum I, 207 ff. Vgl. über Wibert bis 1080 den kurzen Abrifs bei Martens, Die Besetzung des päpstlichen Stuhls unter Heinrich III. etc. S. 199—203.

von Bamberg, wo Adalbert am 14. Februar 1057 gestorben war[1], wonach Wiberts Ernennung um Ostern (30. März) 1057 anzusetzen sein dürfte. Agnes mufs Wibert bereits früher kennen gelernt haben, auf die Gelegenheiten, bei denen dies geschehen sein kann, macht Brefslau aufmerksam[2]. Im Februar 1054 war Cadalus gewifs nicht ohne Gefolge auf dem Hoftage von Zürich anwesend[3]; und am 15. Juni 1055 gab Heinrich III. auf seinem zweiten Romzuge, an dem auch Agnes teilnahm, in dem Kloster zu Borgo San-Genesio ein Placitum für San Prospero in Reggio ab, wobei auch Cadalus von Parma zugegen war[4].

Von Wiberts Thätigkeit als Reichskanzler geben noch 9, davon 2 im Original erhaltene Urkunden Zeugnis, welche die Rekognitionsformel Wibertus cancellarius vice Annonis archicancellarii tragen[5]. Vielleicht käme noch eine zehnte hinzu für den Patriarchen von Aquileja, die verstümmelt überliefert ist[6]. Dies bleibt aber fraglich, da selbst das Jahr 1060 nicht feststeht, und es sich um Güter in Istrien handelt, eine Rekognition durch den Kanzler für Deutschland also nicht ausgeschlossen ist. Eine Zusammenstellung der Urkunden nach Zeit, Ort und Empfängern möge hier Platz finden:

2554. 12. Juni 1058. Augsburg; für das Bistum Padua.

2556. 2557. } 15. Juni 1058. Augsburg; für das Bistum Cremona.

2584. 13. April 1060. Goslar; für das Bistum Novara.

2596 a. 31. Oktober 1061. Schachen bei Waldshut; für das Kloster San Sisto in Piacenza.

2612. 24. Oktober 1062. Augsburg; für das St. Andreaskloster in Freising betreffend Güter in Istrien.

2617. 16. Dezember 1062. Regensburg; für den Patriarchen von Aquileja.

2621. 24. Juni 1063. Allstädt; für das Erzbistum Ravenna.

2978. 1058—1063; für das Bistum Como.

Obwohl die Stellung eines Kanzlers politisch von grofser Be-

---

[1] Jaffé, Bibl. V, 556. Stumpf, Reichskanzler II, 174. Giesebrecht, Deutsche Kaiserzeit III, 60 u. 1089 ff. (stets nach der 4. Aufl. citiert).

[2] Brefslau, Mitteilungen des Inst. für österr. Geschichtsf. VI, 122 ff.

[3] Vgl. Steindorff, Jahrb. Heinrichs III. II, 261. Ficker, Forsch. z. Reichs- u. Rechtsgeschichte Italiens IV, 88.

[4] Vgl. Steindorff a. a. O. II, 299 u. 307. Stumpf 2475.

[5] Vgl. Brefslau a. a. O. VI, 122 f. Es sind Stumpf 2554, 2556, 2557, 2584, 2596 a, 2612, 2617, 2621, 2978.

[6] Stumpf 2585. Stumpf 2759 ist jedenfalls nicht in Ordnung; die Urkunde ist aus Veriburgen vom 2. Januar 1073 datiert und hat die Rekognition: Uuicbertus cancellarius vice Annonis archicancellarii recognovi.

deutung war, haben wir doch nur geringe Spuren von Wiberts Anteil an den Zeitereignissen [1]. Diese zusammenzustellen, mufs ich mich
begnügen.

Wir finden Wibert zunächst als kaiserlichen missus [2] zu Anfang
1059 in Italien, wo er sich am Vorgehen gegen Benedikt X. beteiligte,
den Papst des römischen Adels. Der im Dezember 1058 in Siena
nach vorausgegangener kaiserlicher Zustimmung zum Papst gewählte
Nikolaus II. (Bischof Gerhard von Florenz) berief nämlich zum
Januar 1059 eine Synode nach Sutri, auf der über Benedikt verhandelt wurde: neben Herzog Gottfrieds, wie der tuscischen und
lombardischen Bischöfe Anwesenheit ist auch die Wiberts ausdrücklich bezeugt [3]. Er zog mit nach Rom und verliefs die Stadt erst,
nachdem er der Inthronisation Nikolaus' II. (24. Januar 1059) bei-
gewohnt hatte. Benedikt indes leistete Widerstand, mufste in Ga-
leria belagert werden und unterwarf sich erst auf der lateranensischen
Synode vom April 1060 [4]. Nach einer Synodalurkunde für die Abtei
Leno [5] war Wibert auch hier zugegen, ohne dafs wir mehr als eben
diese Thatsache erführen.

Nach zwei Einladungsschreiben zu der Synode von 1060 [6] sollte
dieselbe stattfinden post pascha (26. März 1060), genauer in tertia
septimana post pascha, d. i. in der Woche vom 9. bis 15. April
1060 [7]. Wiberts Anwesenheit steht urkundlich fest; gleichwohl ist
eine Urkunde vom 13. April 1060 aus Goslar [8] für das Bistum Novara von ihm rekognosziert: ein neuer Beweis, dafs der Kanzler mit

---

[1] Die Kenntnis derselben mufs ich natürlich voraussetzen; ich verweise auf
Giesebrecht, Geschichte der deutschen Kaiserzeit, Band 3, und gebe nur kurze
Übersichten zur Orientierung.

[2] Vgl. Ficker, Forsch. z. Reichs- und Rechtsg. Ital. II, 1. Derselbe weist
nach, dafs für den missus bisweilen der Ausdruck nuntius vorkomme. Dann
wird durch den gefälschten Königsparagraphen der sogenannten kaiserlichen
Fassung des Wahldekrets von 1059, wo es heifst: mediante eius nuntio Longobardiae cancellario W(iberto), bestätigt, dafs Wibert 1059 missus war. Der
Fälscher mufs ein genauer Kenner der Verhältnisse jenes Jahres gewesen sein.
(Vgl. S. 11 ff.)

[3] Bonizo 642.

[4] Giesebrecht III, 42 f. u. 1085 ff. läfst ihn sich schon April 1059 unterwerfen. Entscheidende Gründe dagegen bei Scheffer-Boichorst. Die Neuordnung
der Papstwahl etc. S. 50. Vgl. Jaffé-Löwenfeld, Regesta pontificum Romanorum
I, 556 u. 563.

[5] Zaccaria, Badia di Leno 104 ff. Jaffé-L. I. 562. Die Urkunde nennt unter
den Anwesenden: Wiberto serenissimo imperiali cancellario.

[6] Jaffé-L. 4411. 4412.

[7] Diese Bestimmung würde auf die Synode von 1059, die am 13. April versammelt war, nicht passen, da Ostern 1059 auf den 4. April fiel.

[8] Stumpf 2584.

der Ausfertigung der Urkunde persönlich nichts zu thun zu haben braucht. Die materielle Erledigung kann ja vor Wiberts Abreise stattgefunden haben.

Inzwischen aber ist sein Name mit einer sehr bestrittenen Angelegenheit verknüpft: er findet sich in dem berühmten Wahldekret Nikolaus' II. vom 13. April 1059 [1]; ich muſs diese Frage hier berühren, ohne daſs ich auf eine erneute Untersuchung derselben in ihrem ganzen Umfange mich einlassen kann.

Es ist bekannt, daſs das Dekret in zwei Fassungen auf uns gekommen ist, welche man als päpstliche und kaiserliche bezeichnet. Scheffer-Boichorst hat endgültig erwiesen, daſs die päpstliche Fassung die echte, die kaiserliche zu Parteizwecken gefälscht ist. In der letzteren aber begegnet der Name Wiberts, während er in der ersteren fehlt. Der Satz, auf den es ankommt, lautet in der päpstlichen Fassung: Salvo debito honore et reverentia dilecti filii nostri Henrici, qui inpraesentiarum rex habetur et futurus imperator deo concedente speratur, sicut iam sibi concessimus et successoribus illius, qui ab hac apostolica sede personaliter hoc ius impetraverint. In der kaiserlichen heiſst es abweichend: sicut iam sibi mediante eius nuntio Longobardiae cancellario W(iberto) concessimus, et successorum illius, qui ab hac apostolica sede personaliter hoc ius impetraverint [2].

Dieser Satz hat nun eine verschiedene Auslegung erfahren. Auf der einen Seite steht Scheffer-Boichorst, dem sich Grauert und Panzer angeschlossen haben [3]. Er bezieht die Worte sicut iam sibi concessimus etc. auf eine besondere vorsynodale Verleihung an Heinrich, die wir nicht näher kennen, so daſs aus dem Wahldekret selbst über den Umfang des königlichen Rechtes sich nichts ergiebt; hoc

---

[1] Die umfangreiche Litteratur bis 1879 findet sich bei Scheffer-Boichorst, Die Neuordnung der Papstwahl unter Nikolaus II., Straſsburg 1879, S. 4 u. 5. Was seitdem hinzugekommen ist, ist zusammengestellt in der jüngsten Arbeit, welche sich mit diesem Gegenstande beschäftigt: Fetzer, Voruntersuchungen zu einer Geschichte des Pontifikats Alexanders II., Straſsburg 1887, S. 3.

[2] Ich erinnere auch an die in den beiden Fassungen verschiedene Stellung dieses Satzes.

Die päpstliche Fassung ist übrigens gedruckt bei Scheffer-Boichorst a. a. O. S. 14 ff., die kaiserliche S. 27 ff.

Über unseren Paragraphen, den sogen. Königsparagraphen, handeln die Neueren: Scheffer-Boichorst a. a. O. S. 91—108. Grauert, Histor. Jahrbuch der Görres-Gesellschaft I, 568—579. Martens, Die Besetzung des päpstlichen Stuhls unter Heinrich III. und Heinrich IV. S. 98—109. Fetzer a. a. O. S. 14—17 u. 24—31.

[3] Letzterer in „Papstwahl und Laieninvestitur zur Zeit Papst Nikolaus' II.". Separatabdruck aus dem Histor. Taschenbuch 1885 S. 10.

ius geht dann wieder auf sicut iam sibi concessimus. Jeder König
hat sich von neuem um dieses Recht zu bewerben, und die Verleihung
bleibt der Kurie anheimgestellt; es hätte ebenso gut ein für allemal
bewilligt werden können, so dafs trotz Martens 107 bei Scheffer S. 41
kein lapsus calami vorliegt[1].

Dieser Auslegung steht die von Martens (S. 104 ff.) und Fetzer
(S. 28 ff.) gegenüber. Sie beziehen sicut iam sibi concessimus und
hoc ius auf qui futurus imperator speratur und glauben also, dafs
Nikolaus vor dem April 1059 Heinrich schon die Kaiserkrone versprochen habe. Der honor debitus ist nach Fetzer der Patriciat.

Mir scheinen zunächst die Gründe nicht stichhaltig, aus denen
sie von Scheffers Auslegung abgegangen sind. Ich finde darin, dafs
concessimus und concedente verschiedene Objekte haben, keine Härte,
glaube auch nicht, dafs die Häufung der Ausdrücke für die Verpflichtung der Kurie gegenüber dem Kaiser störend empfunden wird.
Der honor wird als debitus bezeichnet, weil er Heinrich bereits verliehen ist. Und wenn sich auch die kaiserliche Partei nie auf eine
vorsynodale Verleihung, sondern stets auf das Wahldekret berufen
hat, nun, gerade durch unseren Satz wird erstere gewissermafsen zu
einem integrierenden Bestandteil des Dekrets gemacht. Wie Fetzer
an eine Bestätigung des Patriciats denken konnte, verstehe ich nicht.
diese Würde wurde Heinrich III. von den Römern verliehen und ist
von der Kirche in einem Rechtsakt nie anerkannt worden. Und bezieht man die Konzession auf das Kaisertum, was soll eine spezielle
Bestimmung über dieses in einer Papstwahlordnung? Endlich dürfte
sich schwerlich nachweisen lassen, dafs das imperium als ius bezeichnet werden kann. Diese Auslegung scheint mir zu Schwierigkeiten zu führen[2], während die Scheffersche plan ist.

Die Erteilung von Rechten bei der Papstwahl an jeden einzelnen
König steht also im Belieben der Kurie. Alles aber, was diese zu-
gestand, war ein formelles Konsensrecht nach vollzogener Wahl vor
der Inthronisation[3]; während die kaiserliche Fassung doch Bestätigung des Kandidaten fordert. In jedem Falle ist die von Heinrich III. durchgesetzte einfache Ernennung des Papstes durch den
Kaiser kraft seines Amtes als Patricius Roms damit abgethan, eine
grofse Minderung der kaiserlichen Rechte eingetreten.

---

[1] Das Wort personaliter bedeutet „für ihre Person“, nicht „in eigner Person“.
[2] Noch andere Gründe gegen dieselbe führt Scheffer-Boichorst S. 41 f. an;
vgl. aber Martens S. 103 und Fetzer S. 26.
[3] S. Scheffer-Boichorst S. 97 ff., gegen dessen Ausführungen nichts Ent-
scheidendes geltend gemacht worden ist.

Somit bleibt alles bestehen, was Scheffer-Boichorst[1] über die Unmöglichkeit einer Vermittelung Wiberts gesagt hat, der betreffende Passus der kaiserlichen Fassung ist hineingefälscht. Heinrich IV. selber hat nämlich stets seine mit dem Patriciat verbundenen Rechte aufrecht erhalten; und der Vertreter des deutschen Hofes würde sich gewifs nicht dazu verstanden haben, die Erteilung des Konsensrechtes vom päpstlichen Belieben abhängig zu machen[2]. Ich halte für erwiesen, dafs wir es mit einem einseitigen Vorgehen der Kurie zu thun haben, welche vielleicht gleichzeitig mit dem Wahldekret aus eigener Machtvollkommenheit, ohne den Kaiser oder seine Vormünder zu fragen, diesem in einer besonderen Urkunde die Rechte zuwies, die er nach ihrer Anschauung in Zukunft noch ausüben sollte; eine Hinweisung auf diese Verleihung wurde dann in das eigentliche Wahldekret aufgenommen. Nikolaus und sein Ratgeber Hildebrand wufsten eben die augenblickliche Schwäche der weltlichen Macht wohl zu nutzen. Der Umstand, dafs Heinrich weitergehende Ansprüche erhob, als ihm auch in der kaiserlichen Fassung des Dekrets zugebilligt werden, macht es weiter unmöglich, daran zu denken, dafs Wiberts Name offiziell hineingefälscht sei. Da aber der Fälscher gegenüber den päpstlichen Ansprüchen die Rechte des Königs wesentlich ausdehnte, mochte es ihm geraten scheinen, seinem Werk einen stärkeren Rückhalt dadurch zu geben, dafs er den Namen des damaligen Kanzlers und späteren Hauptes der kaiserlichen Partei gleichsam als Zeugen anrief[3]. Soviel über diese so oft erörterte Frage.

Seit dem April 1060 verschwindet Wibert für 1½ Jahre aus unserer Überlieferung. Unterdessen war Nikolaus II. am 27. Juli 1061 gestorben, und der römische Adel erbat sich einen Papst von Heinrich IV. Das war ganz gegen Hildebrands, des leitenden Geistes der römischen Kirche, Absichten, am 1. Oktober 1061 liefs er den Bischof Anselm von Lucca wählen und als Alexander II. inthronisieren, ohne sich um die Kaiserin zu kümmern. Darob grofse Unzufriedenheit in Rom, noch gröfsere unter den lombardischen Bischöfen.

---

[1] a. a. O. S. 106 ff. und Beilage 1 S. 119 ff.

[2] Nach Scheffer-Boichorst S. 119 ff. hätte der Kardinal Stephan die Beschlüsse der Synode dem deutschen Hofe übermitteln sollen, wäre aber sehr ungnädig behandelt und gar nicht vorgelassen worden. Fetzer hat S. 43—51 u. 73—76 Scheffers Ansetzungen zu erschüttern gesucht, ohne dafs es ihm nach meiner Ansicht gelungen ist. Leider mufs ich mir eine eingehende Erörterung dieser Frage hier versagen.

[3] Fetzer a. a. O. S. 5 ist der einzige seit Scheffer-Boichorst, der die von mir verworfenen Worte für einen Bestandteil des Originals hält; seine Gründe aber stehen und fallen mit der Annahme oder Verwerfung seiner Auslegung des Königsparagraphen.

die wesentlich Gegner der Kirchenreform waren. Anselm aber war
der geistige Urheber der Pataria, einer gegen Simonie und Nikolaitismus gerichteten frondierenden Bewegung in den lombardischen
Bischofsstädten. Bei dieser Gelegenheit tritt Wibert wieder hervor.

Auf seinen Antrieb [1] nämlich fand eine Versammlung der lombardischen Bischöfe statt, auf welcher beschlossen wurde, man wolle
keinen Papst anerkennen, der nicht ex paradiso Italiae, d. h. aus der
Lombardei stamme, mit anderen Worten ein Gegner der kirchlichen
Reform sei. Auch sie wandten sich an die Kaiserin und legten dar,
wie die kaiserlichen Rechte bei der Wahl Alexanders gröblich mifs-
achtet worden seien. Ob Wibert unter den Gesandten war, ist aus
Bonizo nicht ersichtlich. So bleibt auch unsicher, ob er an jener
Synode von Basel teilnahm, auf welcher am 28. Oktober 1061
Alexander für einen Eindringling erklärt, und Bischof Cadalus von
Parma von Agnes und Heinrich zum Papst ernannt wurde. Dennoch kann man wohl ganz eigentlich Wibert als den Vater des so
entstandenen Schismas und der Wahl gerade seines Bischofs bezeichnen, die wie keine andere ihm zum Vorteil gereichen konnte.

Von nun an war er im Interesse des Cadalus thätig, er begleitete
ihn auf seinem ersten Zuge nach Rom (März—Mai 1062) [2]; allerdings
ist nur die Thatsache seiner Anwesenheit und zwar durch Benzo
bezeugt, dem man dies wohl glauben darf [3]. Cadalus, im ganzen vom
Glück begünstigt, verfehlte sein Ziel lediglich durch das Dazwischen-
treten des kaiserlichen Statthalters Herzog Gottfried, der auf eine
kaiserliche Entscheidung verwies: dies wurde verhängnisvoll für jenen.
Denn inzwischen war gegen Pfingsten 1062 während Wiberts Abwesenheit in Deutschland der bekannte Königsraub von Kaiserswert
verübt worden. An Agnes' Stelle trat zunächst ein Regiment, dessen
Seele die Erzbischöfe von Köln und Mainz waren, das aber schon
im Sommer 1063 durch die Reichsregentschaft der Erzbischöfe Anno
von Köln und Adalbert von Bremen ersetzt wurde. Die neue Re-
gierung war Alexander günstig, von dem die Verschworenen allein
Nachsicht erwarten konnten, und die Tage von Augsburg (Oktober
1062) und Mantua (31. Mai 1064) vernichteten des Cadalus Hoffnungen.

Schon längere Zeit vorher hatte Wibert sein Schicksal erreicht.
Der Sturz der Kaiserin mufste auch seine Stellung stark erschüttern,
doch hielt er sich noch bis zum Sommer 1063, wurde dann aber

---

[1] Bonizo 645.
[2] Cfr. Ann. Altah. 1062 SS. XX, 812. Benzo 2, 13 SS. XI, 612 ff. Bonizo 646.
[3] Benzo SS. XI, 616. Der Jude Leo redet die Römer an: Certi sumus de
voluntate regis per Albensem episcopum, regis silentiarium; nunc vero cum Parmensi electo audivimus esse cancellarium.

seines Amtes entsetzt [1]. Die letzte von ihm rekognoszierte Urkunde ist aus Allstädt, 24. Juni 1063 datiert [2], schon am 27. September begegnen wir seinem Nachfolger Gregor von Vercelli [3]. Die Gründe der Absetzung, welche Bonizo nicht angiebt, sind unschwer zu erraten.

Vermutlich hat sich Wibert nach Parma zurückgezogen, wo auch Cadalus seit 1064 unbeachtet lebte; für 9 Jahre (1063—72) ist er völlig verschollen. Schon als Kanzler aber hat er seine hervorragende Anhänglichkeit an die kaiserliche Sache gezeigt, und schon als Kanzler hatte er seinen ersten Zusammenstofs mit Hildebrand.

Drittes Kapitel.

Wibert als Erzbischof von Ravenna bis zu seiner Wahl zum Papst.

Im Winter 1071/72 starben kurz nacheinander zwei hervorragende Geistliche der kaiserlichen Partei in Italien, nämlich der ehemalige Gegenpapst Cadalus von Parma, wahrscheinlich Ende 1071 [4], und Erzbischof Heinrich von Ravenna, einer seiner Hauptanhänger, am Anfange von 1072 vor dem 22. Februar [5].

Er liefs seine Diözese in grofser geistiger Bedrängnis zurück. Seit etwa 1065 war er im Banne gewesen [6] und hatte auch die Ravennaten in diesen verstrickt, da sie ihn nicht verlassen wollten; er ist dann auch im Banne gestorben [7]. Gleich nach dessen Tode sandte nun Papst Alexander den Kardinal Petrus Damiani, der aus Ravenna gebürtig war, dorthin, um die Stadt von der Exkommunikation zu befreien, was der alte Mann, wie berichtet wird, zu grofser Freude der Bürger auch ausführte [8]. In diese soeben in den Schofs

---

[1] Bonizo 647.   [2] Stumpf 2621.   [3] Stumpf 2630.

[4] Bonizo 654.   [5] Bonizo 654. Ann. Altah. 1072 SS. XX, 824.

[6] Vielleicht war er auf der Synode gebannt worden, die nach Jaffé-L. 4565 u. 4566 im Jahre 1065 gehalten worden ist. Der Grund ist nicht recht klar; er soll nach Giesebrecht III, 107 nicht auf dem Konzil von Mantua erschienen sein (so auch Ewald im Neuen Archiv V, 335 Anm. 3); ich habe nicht ermitteln können, worauf diese Behauptung beruht.

[7] Vgl. Jaffé-L. 4578 u. 4624. Ann. Altah. 1068 SS. XX, 818. Vita Petri Damiani auct. Joanne Laudensi c. 21 u. 22 in Petri Damiani opera ed. Caietanus, Paris 1743, I, vita, S. XVII. Petri Damiani ep. 1, 14 opp. ed. Caj. I, 11.

[8] Auf dem Rückwege gelangte er nur bis Faenza, wo er am Fieber erkrankte und am 22. Februar 1072 sein Leben beschlofs; vgl. über diese Vorgänge des näheren die vita Petri Damiani seines Schülers und Begleiters Johannes Laudensis c. 21 u. 22, s. Anm. 7. Als Todestag ist der 22. Februar festzuhalten, denn Johannes, der Augenzeuge war, giebt an, Petrus sei am Tage cathedra Petri gestorben; so auch Bernold 1072 SS. V, 429, während derselbe

der Kirche zurückgekehrte Stadt sollte nun Wibert als Erzbischof einziehen, und das kam so [1].

Nach Cadalus' Tode begab er sich an den Hof und bemühte sich eifrig um den Bischofsstuhl seiner Heimat Parma, wofür er reichliche Bitten und angeblich auch Geschenke aufgewendet haben soll. Er war zu ungelegener Zeit gekommen, denn nach Erzbischof Adalberts am 16. März 1072 erfolgten Tode war sein Gegner Anno wieder am Hofe; gegenüber einer starken unter Geistlichen und Laien, Deutschen und Italienern wider ihn sich erhebenden Strömung vermochte er sich nicht durchzusetzen, und nicht er, sondern ein Eberhard aus Köln wurde durch Annos Einfluß Bischof von Parma [2]. Da wollte es sein Stern, daß seine alte Gönnerin, die Kaiserin Agnes, vorübergehend am Hofe eintraf; am 25. Juli 1072 kam sie in Worms, wo sich Heinrich damals aufhielt, an [3]. Trotz aller Wandlungen im übrigen hatte sie ihrem früheren Kanzler die alte Gunst erhalten, sie warf jetzt ihren Einfluß für ihn in die Wagschale und bewirkte, daß Wibert das erledigte Erzbistum Ravenna erhielt [4]. So war ihm eine viel bedeutendere Stellung, die nächste nach Rom, zu teil geworden, als ursprünglich in seinen Gedanken lag.

Nicht lange vor der Fastenzeit 1073 hielt er mit großer Pracht — er war ja ein vermögender Mann — seinen Einzug in die ihm anvertraute Metropole und begab sich dann nach Rom, um die Konsekration zu erhalten [5]. Am 20. Februar hatte er Ravenna noch nicht verlassen, denn an diesem Tage stellte er daselbst eine Urkunde aus [6], in der er sich electus archiepiscopus nennt, damals also fehlte ihm die Konsekration noch. Auch kam er erst nach der Fastensynode von 1073 in Rom an, wo er bis nach Ostern (31. März) verweilte. In seiner Begleitung befand sich der eifrig kaiserlich gesinnte Bischof Dionysius von Piacenza, der sich mit Gregor von Vercelli hervorragend an der Wahl des Cadalus beteiligt hatte [7].

In Rom mußte es Wibert noch schwerer werden, seine Ziele zu erreichen, als am kaiserlichen Hofe. Alexander konnte unmöglich den bösen Dienst vergessen haben, den ihm Wibert durch die Be-

---

Bernold in seinem Nekrologium (SS. V, 391) den 21., Berthold 1072 (SS. V, 275) den 23. Februar verzeichnet.

[1] Bonizo 655. Giesebrecht III, 187 f.
[2] Adam von Bremen 3, 34 SS. VII, 348 u. Giesebrecht III, 1093.
[3] Lambert 1072 SS. V, 190.
[4] Bonizo 655. Ann. Augustani 1072 SS. III, 128. Ann. Altah. 1072 SS. XX, 821.
[5] Bonizo 655 cfr. 681. Giesebrecht III, 188.
[6] Rubeus, Hist. Ravenn. 298; cfr. Amadesi, Antistites Ravennates II, 188.
[7] Petri Damiani epist. 1, 20 ad Cadalum in den opera ed. Caietanus I, 19. Vgl. Lehmgrübner, Benzo von Alba S. 41.

günstigung des Cadalus erwiesen hatte, konnte auch eine Sinnes-
änderung nicht wohl annehmen und weigerte sich in der That lange,
die Konsekration zu erteilen [1]. Aber Wibert hatte sich einen mächtigen Fürsprecher in der Person des Kardinal-Archidiakonen Hildebrand zu erwerben gewufst. Bonizo beschuldigt ihn deshalb der
Heuchelei; und in der That erfolgte die vollständige Unterwerfung
Wiberts gewifs nicht aus innerer Überzeugung, sondern nur unter
dem Drucke äufserer Verhältnisse. Für die Zukunft mufste er gewisse Verpflichtungen eingehen; noch läfst der Brief, durch welchen
ihm Gregor VII. nochmals seine Wahl zum Papst anzeigt [2], an zwei
Stellen die gepflogenen Verhandlungen erkennen. Danach will sich
Wibert Rom im allgemeinen und Hildebrand insbesondere erkenntlich
zeigen, und macht allgemeine Zusagen über gesandtschaftlichen Verkehr zwischen Rom und Ravenna. Kenntnis der Menschen, will
mir vorkommen, war nicht die stärkste Seite Hildebrands; wenn er
dachte, sich durch seine Handlungsweise den zweitangesehensten
Kirchenfürsten Italiens aufrichtig und dauernd verpflichtet zu haben.
so täuschte er sich, wie er wohl auch die bindende Kraft des Wibert
auferlegten, gleich zu besprechenden Eides überschätzte. Hildebrands
Drängen nachgebend, verstand sich endlich der Papst zur Gewährung
der Konsekration, nicht ohne ihn darauf aufmerksam zu machen,
dafs er die Folgen werde zu tragen haben. „Ego quidem iam delibor
et tempus resolutionis meae instat, tu vero eius senties acerbitatem."
soll er zu ihm geäufsert haben. Auch liefs er Wibert einen Eid
leisten. wie er bisher von einem Erzbischof von Ravenna noch nicht
gefordert worden war.

Allerdings war in Italien seit dem Ende des 6. Jahrhunderts
ein Eid der Bischöfe üblich [3], dessen Hauptzweck aber „nicht die
Sicherung des Gehorsams gegen den römischen Bischof, vielmehr
die Verhinderung schismatischer Bewegungen und hochverräterischer
Komplotte gegen das römische Reich" war. Wiberts Eid aber hat
folgenden Inhalt.

Er schwört dem römischen Stuhle, dem Papst Alexander und
dessen Nachfolgern, die von den meliores cardinales erwählt sind,
Treue; er wird sich nicht in Verschwörungen gegen sie einlassen,
Geheimnisse aber, die ihm anvertraut sind, nicht zu ihrem Schaden
verwenden. Er verspricht seine Unterstützung. um das Gebiet des
heiligen Petrus ungeschmälert zu erhalten: römischen Legaten will
er stets die gebührende Ehre erweisen. Wenn er zu einer Synode

---

[1] Bonizo 655.
[2] Gregorii VII. Registrum 1, 3 bei Jaffé, Bibl. II, 12; Jaffé-L. 4774.
[3] Vgl. Hinschius, System des katholischen Kirchenrechts III, 199—204.

berufen wird, gelobt er zu erscheinen, aufser wenn er eine kanonische Entschuldigung hat; allemal aber wird er zum 29. Juni entweder
selber nach Rom kommen oder eine Gesandtschaft dahin abordnen.
Bonizo giebt den Inhalt des Eides kurz und treffend an, wie uns
die erhaltene Formel gelehrt hat[1].

Ein solcher Eid aber hat eine ganz andere Bedeutung, wie die
früheren, und ist in dieser Form etwas Singuläres, einer der ersten
Fälle des eigentlichen Obedienzeides, welcher Unterwerfung unter
die kirchliche Politik des jeweiligen Papstes und Unterstützung derselben heischt[2]; feste Praxis wurde er schon im Laufe des 12. Jahrhunderts[3]. Seine Form blieb wesentlich dieselbe, wie sie schon
bei Wibert vorliegt, sie wurde nur etwas ausgestaltet. Zum Vor-
bild hat der Lehnseid gedient, den 1059 Robert Guiscard Nikolaus II.
leistete[4].

Nun ist noch ein zweiter angeblich von Wibert geleisteter Eid
anderen Inhalts überliefert[5].

Im Register Gregors VII. findet sich unter 3, 17a[a] ein Eid,
den Bischof Robert von Chartres im April 1076 in der St. Peterskirche am Grabe des Apostels vor angegebenen Zeugen abgelegt
hat. In demselben verpflichtet er sich, vorkommenden Falles, einem
päpstlichen Legaten gehorchend, auf dessen Geheifs und in dem
befohlenen Zeitraum sein Amt niederzulegen; ferner auch sein Bistum gut zu verwalten, so dafs es nicht geschädigt werde.

---

[1] Die Eidesleistung ist uns durch Bonizo 655 bekannt; eine irrtümliche Auffassung der Worte desselben, in die Stenzel, Fränkische Kaiser I, 372; Gfrörer,
Gregor VII. II, 370 u. 374; Hefele, Konziliengeschichte[2] IV, 897; Martens, Besetzung des päpstl. Stuhls 277 gefallen sind, beseitigt Giesebrecht III, 1115.

Dafs Wibert einen Eid leistete, sagen unter vielen anderen auch Donizo 2,
122 f. SS. XII, 382 (der sich aber im Papste irrt); Gebhard von Salzburg bei
Hugo Flav. SS. VIII, 459; vita Anselmi c. 18 SS. XII, 18 etc.

Die erhaltene Eidesformel ist gedruckt in Deusdedit, Collectio canonum
IV, 162 ed. Martinucci S. 503 u. Giesebrecht III, 1257.

[2] Die beiden anderen hervorragenden Fälle des 11. Jahrhunderts sind der
des Erzbischofs Wido von Mailand unter Nikolaus II. und der des Patriarchen
Heinrich von Aquileja 1079 unter Gregor VII., s. Hinschius III, 202.

[3] Näheres bei Hinschius a. a. O.

[4] Hinschius a. a. O. III, 204 Anm. 2 u. 3. Jaffé-L. I, 561. Auch zu vergleichen der Lehnseid Richards von Capua vom 14. September 1073 (Reg. 1, 21a
bei Jaffé, Bibl. II, 36) und der Robert Guiscards vom 29. Juni 1080 (Reg. 8, 1a
bei Jaffé, Bibl. II, 426).

[5] Vgl. zum Folgenden: Giesebrecht III, 1238; Ewald, Histor. Untersuchungen für Arn. Schäfer S. 305; Ewald, Neues Archiv III, 156; Pflugk-Harttung,
NA. VIII, 229 u. 241 u. XI, 151; Löwenfeld, NA. X, 321; Wattenbach, Geschichtsquellen[5] II, 201.

[a] Jaffé, Bibl. II, 232.

Demselben Eide begegnen wir nun bei Deusdedit[1] mit der Über-
schrift: Juramentum eius, qui deponitur, die dem Inhalt nicht ganz
entspricht, und der Bemerkung ex registro septimi papae Gregorii
cap. XIIII libri III, indes nicht ohne Veränderungen. Von un-
erheblichen Umstellungen einzelner Worte können wir absehen.
Eine andere Gruppe von Änderungen scheint aus einem und demselben Gesichtspunkt vorgenommen zu sein. In dem Satze pro-
mitto . . . . et beato Petro apostolorum principi, [cuius corpus hic
requiescit,] fehlen bei Deusdedit die eingeklammerten Worte; weiterhin ist Gregors Name durch das formelhafte ille ersetzt, während am
Schlusse die Beurkundungsformel, die Zeugen, das Datum weggelassen sind.   Das würde auf die Annahme führen, es sei beabsichtigt gewesen, die Formel unter Ausscheidung aller speziellen Beziehungen zu einer allgemeinen zu machen.   Dem bereiten indes
zwei Abweichungen Schwierigkeiten.   Aus Robertus ist nämlich bei
Deusdedit Guibertus, aus Carnotensem episcopatum Ravennatem
archiepiscopatum geworden, und am Schlusse folgt nach accipiant
der ihm eigenthümliche Zusatz: neque aliquo inveniam[2] studio, ut
Romano legato[3] resistatur.   Si(c) me Deus (adiuvet etc.).   Sollten
wir einen zweiten Eid vor uns haben?

Hier spielt eine gelehrte Streitfrage herein, die in den letzten
Jahren Anlafs zu Erörterungen gegeben hat, ob nämlich Deusdedit
„das päpstliche Originalregister oder einen Auszug, der reicher war
als der unsrige, oder das Register in der uns erhaltenen Gestalt
benutzt" habe[4]. Giesebrecht, Jaffé, Löwenfeld glauben an die Benutzung unseres, Ewald und Pflugk-Harttung an die eines reicheren
oder des Originalregisters.   Die folgende Untersuchung ist ein Beitrag zu dieser hier natürlich nicht zu erledigenden Frage; unser
Eid hat in ihrer Besprechung eine Rolle gespielt.

Giesebrecht[5] meint, es sei ohne Zweifel derselbe Eid wie Reg. 3,
17a, die Änderungen und der Zusatz seien von Deusdedit absichtlich gemacht. Ähnlich Löwenfeld[6]: 3, 17a sei zuerst aller direkten
Beziehungen entkleidet, nachträglich aber habe der Schreiber des
Kodex oder Deusdedit selber seinem Hasse gegen Wibert Luft ge-

---

[1] Deusdedit, Collectio canonum IV, 162 ed. Martinucci S. 503 f. (nach Löwenfeld NA. X, 311 unter dem Pontifikat Viktors III. vollendet). Pflugk-
Harttung NA. VIII. 229.

[2] wofür Ewald, Histor. Untersuchungen 305 gewifs richtig inveniar schreibt.

[3] Giesebrecht III, 1238 hat im cod. Vatic. 3833 Romanae legationi gelesen;
aber sowohl bei Deusdedit wie bei Pflugk-Harttung steht Romano legato.

[4] Eine Übersicht über die Geschichte der Frage giebt Löwenfeld NA. X,
314 ff., auch in der 2. Auflage der Reg. pont. I, 598 und Addenda II, 712.

[5] KZ. III, 1238.   [6] NA. X, 321.

macht. Besonders aber macht er darauf aufmerksam, dafs 3, 17ª wirklich der Nummer nach gleich 3, 19 sei, da 3, 18, der unter 6, 17ª stehende Eid Berengars von Tours, in Jaffés Ausgabe des Registrum nicht abgedruckt sei.

Auf der anderen Seite hält Ewald[1] Giesebrechts Bedenken für unbegründet, ihm scheint dieser Eid Wiberts an 3, 19 als zwischen 2, 42 und 5, 13 ganz passend zu stehen. Und nach Pflugk-Harttung[2] habe Deusdedit sonst nicht zu so groben Entstellungen gegriffen, ihm als Kanonisten sei es mehr auf den Inhalt als auf die Namen angekommen, die er deshalb auch weggelassen und verkürzt habe. Es seien eben zwei verschiedene Eide, nach gleicher Formel gearbeitet und nach dem Einzelfalle etwas verändert. Wenn die von Deusdedit citierte Stelle auch diejenige unseres Registers sei, so könnten an dieser ganz gut beide Eide auch unter derselben Nummer gestanden haben.

Stimmt nun das Citat 3, 19 wirklich mit unserem Register, wie Löwenfeld behauptet? Jaffé[3] bemerkt, dafs zwischen 3, 5 und 6 die Exkommunikation Heinrichs IV. vom Februar 1076 aus 3, 10ª gestanden habe, dafs aber die Verschiedenheit von Tinte und Schrift zeige, dafs sowohl dieses Stück wie 3, 6 später eingefügt seien. Darf man annehmen, dafs Deusdedit diese beiden Nummern in seinem Kodex nicht hatte, hingegen den nach 3, 17 fehlenden Eid Berengars vorfand, so käme — da noch 3, 10ª einzufügen ist — für 3, 17ª in der That die 19., sonst aber die 21. Stelle heraus. Diese Annahme ist aber doch zu künstlich. Immerhin ist merkwürdig, dafs in einem codex Ottobonianus 3057 unser Eid 3, 17ª wirklich als 3, 21 citiert wird[4], sich inhaltlich mit 3, 17ª deckt und dieselben Namen (Robertus, Carnotensis) hat[5]. Die Erklärung wäre die, dafs in dem Kodex, der dem Schreiber des Ottobonianus vorlag, die beiden eben erwähnten Stücke schon nachgetragen waren. Nach alle diesem wird der Eid Wibert nur bei Deusdedit zugeschrieben. Indes lege ich auf diese Zählungen und Zahlenangaben

---

[1] Histor. Untersuchungen für A. Schäfer 305.   [2] NA. VIII, 241 u. XI. 151.
[3] Bibl. II. 211 Anm. d.
[4] Pflugk-Harttung NA. VIII, 229. XI, 149 und Iter Italicum 140.
[5] Giesebrecht III, 1238. Pflugk-Harttung. Iter 140. — Freilich wird auch der Eid Berengars, dem die Stelle 3, 20 zukäme, als 3. 21 citiert. — Im NA. III, 156 erwähnt Ewald noch eine Handschrift (Rom. Minerva, B. V, 17 saec. XI), die unsern Eid auch enthält: ex registro VII. Gregorii pape ep. XVIIII. lib. III. Er habe mit 3, 17a der Jafféschen Edition grofse Ähnlichkeit. Es wäre wünschenswert, dafs Näheres darüber bekannt würde; ich kenne aufser dieser Notiz nichts.

so gut wie kein Gewicht [1]; ich betrachte lieber die Sache und frage: Ist es überhaupt denkbar, daſs Wibert diesen zweiten Eid geleistet habe?

Diese Frage kann ich nur verneinend beantworten. Ich sehe nicht, welchen Sinn denn dieser Eid neben dem vom März 1073 haben soll. Und wenn man damals Wibert in der Lage, in die er nun einmal geraten war, zu einem Eide nötigen konnte, nachher ging das nicht mehr an; und hätte man es versucht, so ist es ganz undenkbar, daſs Wibert sollte darauf eingegangen sein.

Die Stellung solcher Stücke im Register giebt ja keinen sicheren Anhalt für ihre zeitliche Bestimmung; es können mehrere gleichartige Dokumente aus verschiedenen Zeiten unter derselben Nummer vereinigt sein. Wir dürfen also nicht behaupten, dieser angebliche zweite Eid sei um den April 1076 — dieses Datum würde der Stelle im Register entsprechen — geleistet worden; dürften wir das, so fiele er als zu jener Zeit ganz unmöglich erst recht.

Leicht aber ist zu erklären, wie bei Deusdedit die Umwandlung von Robertus und Carnotensis episcopatus in Guibertus und Ravennas archiepiscopatus vor sich gegangen ist; wer diese Namen eingesetzt hat, ist nach meiner Meinung dazu verleitet worden durch den Anfang des unmittelbar vorhergehenden Treueides Wiberts: Ego Guibertus etc., mag es nun ein Schreiber — was ich glaube — oder Deusdedit selber gewesen sein. Auch halte ich diese Änderung gar nicht für eine Kundgebung besonderen Hasses, sie ist unschuldig, denn auf die Namen kam in dieser Sammlung von Kanones ja nichts an. Was den Zusatz am Schluſs angeht, so kann die Formel sic me Deus etc. am Ende eines Eides nicht auffallen; aber auch die Worte neque aliquo inveniar studio, ut Romano legato resistatur charakterisieren sich durch den ungefügen Anschluſs an das Vorhergehende nach Form und Inhalt als späterer Zusatz. Man mag diese Worte hinzugefügt haben, weil man eine Bestimmung der Art vermiſste, die sonst zum eisernen Bestand römischer Eide gehörte, und in deren Verletzung der Eidbruch Wiberts, der dem Schreiber vorschwebte, mit beruhte; man bedachte nicht, daſs eine solche Bestimmung wegen der speziellen Verpflichtung des Schwörenden im Anfang der Formel gewissermaſsen unnötig geworden war.

Danach scheint mir, daſs man die Annahme, Wibert habe je-

---

[1] Einmal sind Schreibfehler sehr leicht möglich; zum anderen aber, was wichtiger ist, werden die betreffenden Autoren wohl selber abgezählt haben, wobei erst recht Irrtümer unterlaufen konnten, zumal man unsere heutige wissenschaftliche Penibilität damals nicht kannte, die Zwecke der uns beschäftigenden Sammlungen auch keine wissenschaftlichen waren.

mals diesen zweiten Eid geleistet, von der Hand weisen mufs. Trotz
ihrer Abweichungen sind die Formeln des Registers und Deusdedits
identisch, und auf unseren Eid wird man sich nicht berufen können,
wenn man behaupten will, Deusdedit habe noch ein anderes Register
benutzt, als das uns erhaltene; er würde vielmehr zum Beweise des
Gegenteils beitragen.

Wir hatten Wibert in Rom verlassen, nachdem ihm die Konsekration in aller Form erteilt worden war. Noch feierte er das
Osterfest 1073 (31. März) am päpstlichen Hofe, beurlaubte sich dann
und war auf der Rückreise noch nicht nach Ravenna gelangt, als
er die Nachricht erhielt, Papst Alexander sei am 21. April 1073
verschieden [1]. Zu seinem Nachfolger wurde am 22. Hildebrand als
Gregor VII. gewählt, womit das Ereignis sich vollzogen hatte,
welches dieser wohl in Rechnung gezogen hatte, als er die Weihe
Wiberts so warm befürwortete. Vier Tage darauf, am 26. April,
zeigte er diesem seine Wahl in einem uns erhaltenen Schreiben an [2].

Er zweifelt nicht, dafs Wibert den Tod Alexanders bereits erfahren habe, und erzählt die Vorgänge bei seiner Wahl, ohne sie zu
entstellen, denn deutlich tritt hervor, dass dieselbe den Bestimmungen des Wahldekrets Nikolaus' II. nicht Genüge that. Er bittet
dann den Erzbischof, die Liebe, die er gerade in dieser Zeit zur
römischen Kirche, speziell zu ihm zu hegen versprochen habe, ihm
nun auch zu erzeigen, wenn nicht seiner Person, dann seiner Würde;
er möge seine Suffragane und die Angehörigen seiner Kirche zu
Gebeten für ihn anhalten. Er fordert dieselbe ungeheuchelte Liebe
von Wibert, die er zu diesem hat, und wünscht, dafs durch den
Frieden und die Liebe zwischen den Kirchenfürsten Rom und Ravenna
einig und verbunden sein möchten. Er wiederholt endlich den schon
mündlich geäufserten Wunsch, durch häufige Gesandte Freud' und
Leid austauschen zu können.

Der Ton dieses Schreibens ist freundlich, und die enge Verbindung, in welche Rom und Ravenna gebracht werden, mufste Wiberts
Eitelkeit schmeicheln. Doch läfst sich eine gewisse Unsicherheit
nicht verkennen, ob Wibert seine Zusagen wohl auch halten werde;
die Zeit erst konnte lehren, ob er durch die Befriedigung seines
Ehrgeizes auf der einen, durch den Eid auf der andern Seite genügend gefesselt war. Schon bot ihm der letztere eine Handhabe
gegen Gregor: er hatte den successoribus electione meliorum cardinalium intrantibus geschworen.

---

[1] Bonizo 655.
[2] Reg. 1, 3 bei Jaffé, Bibl. II, 12; Jaffé-L. 4774. Giesebrecht III, 240.

Schon nach 1½ Monaten erfuhr das Einvernehmen beider eine Trübung: Gregor erhob Ansprüche auf die Stadt Imola, deren Bischof zu den Suffraganen von Ravenna gehörte [1]. Wibert verlangte bei Antritt seines Amtes von der Stadt den Treueid, wogegen ein Teil der Einwohner bei Gregor Klage erhob mit Berufung darauf, dafs man dem heiligen Petrus Fidelität geschworen habe. Gregor ging sofort auf die Klage ein, da es eine seiner vornehmsten Sorgen war, den Besitz des heiligen Petrus ungeschmälert zu erhalten und dort wiederherzustellen, wo er Einbufse erlitten hatte. In diesem Bestreben kannte er keine Rücksichten. Er forderte den Grafen Wido von Imola auf, den Streit, wenn möglich, friedlich und ehrenvoll beizulegen, eventuell übertrug er ihm den Schutz der Stadt gegen Wiberts Bestrebungen bis zur Ankunft päpstlicher Legaten. Die Pille wird für Wibert etwas versüfst durch einige Höflichkeiten und Schmeicheleien; er wird als tam prudens vir bezeichnet, und seine perspecta dudum fraterna caritas et sacerdotalis honestas wird hervorgehoben. Indes die Sache blieb, wie sie war; und am Schlufs des Briefes heifst es sehr deutlich: Nos equidem cum omnibus, si fieri potest, pacem habere ardenter cupimus, sed eorum conatibus, qui ad iniuriam sancti Petri cuius servi sumus extendere se moliuntur, divina adiuti tam virtute quam iustitia, obviare non refugimus.

Schärfe läfst sich diesem Vorgehen nicht absprechen; und ist es schon auffällig, dafs Gregor so gegen einen Mann einschritt, der, wie er wufste, mächtig und ein unzuverlässiger Anhänger war, so erstaunt man geradezu, wenn man hört, dafs der Rechtsboden, auf dem Gregor sich bewegte, ein sehr schwanker war [2]. Seit Karls des Grossen Zeiten hatte nämlich der Erzbischof von Ravenna teils allerdings durch Usurpation, teils durch päpstliche Verleihung nach und nach den ganzen Exarchat erlangt; seit zwei bis dreihundert Jahren hatte die Kirche keine Ansprüche mehr auf denselben erhoben und ruhig geschehen lassen, dafs die deutschen Kaiser wiederholt dem Erzbischof diesen Besitz bestätigten. Die Grafschaft Imola kommt dabei schon in einer Urkunde Ottos III. vom 19. Dezember 999 vor. Vordem aber hatte allerdings durch Pippins Schenkung Rom den Exarchat besessen, und auf diese alten Privilegien ging nun Gregor zurück, ohne auf eine mehrhundertjährige Entwickelung Rücksicht zu nehmen, wie er es auch anderwärts versuchte. Über den Ausgang der Angelegenheit sind wir nicht unterrichtet; schwerlich

---

[1] Brief Gregors an Graf Wido von Imola vom 1. Juni 1073.   Reg. 1, 10 bei Jaffé, Bibl. II, 20; Jaffé-L. 4781.   Giesebrecht III, 244.

[2] Vgl. Ficker, Forsch. z. Reichs- und Rechtsg. Ital. I, 251; II, 315 u. 467. Martens, Besetzung des päpstlichen Stuhls 200.

wird Gregor einen Erfolg erlangt haben. Auf alle Fälle aber mufste sich Wibert sehr verletzt fühlen.

Äufserlich schien das Verhältnis ungestört. Getreu seinem Eide erschien Wibert auf der Fastensynode vom März 1074 [1]. Der Priester Bardo, der Biograph Anselms II. von Lucca, ist Augenzeuge, dafs er im Lateran-Palast wohnte und in den Sitzungen nach dem Vorrecht seiner Kirche den Ehrenplatz zur Rechten des Papstes einnahm [2]. Nach Bonizo und Bardo, freilich zwei eingefleischten Gregorianern, habe er sich geflissentlich bemüht zu zeigen, dafs er ohne Rückhalt Gregor als Papst anerkenne [3]. Als nun eine Angelegenheit verhandelt wurde [4], die zwischen Cremona und Piacenza schwebte, soll Wibert die Stadt Cremona übel bezichtigt haben, aber vor versammelter Synode von einem jungen, hervorragenden Cremonesen, mit Namen Dodo, derart widerlegt worden sein, dafs er als Lügner dagestanden habe. Panzer [5] bringt mit dieser Erzählung eine Stelle bei Wido von Ferrara in Verbindung [6], wo dieser eine Schandgeschichte von einem über Ehebruch ertappten Geistlichen zu Cremona erzählt, nobis praesentibus et videntibus. Ich habe Panzers scharfsinniger Erörterung nichts hinzuzufügen [7], der diese Stelle ohne Zweifel mit Recht dem von ihm rekonstruierten Briefe Wiberts an Anselm von Lucca einreiht. Das heifst, Wibert ist einmal in Cremona gewesen. Obwohl Widos Stelle keinerlei Anhalt zu chronologischer Bestimmung bietet, ist es eine ansprechende Vermutung, dafs Wibert eben vor dem März 1074 in Cremona war und

---

[1] Bonizo 656 u. 659; cfr. Jaffé-L. I, 603. Giesebrecht III, 249 f. Hefele, Konziliengesch.[2] V, 45 u. 63 scheint mir unnötigerweise von Bonizos Chronologie abzuweichen, wenn er die im Text erzählten Vorgänge auf die Fastensynode von 1075 verschiebt.

[2] Bardonis vita Anselmi c. 18 SS. XII, 19.

[3] Hier dürfte es am Platze sein, zu erwähnen, dafs man die synodale Urkunde, durch welche das Vorrecht des Erzbischofs von Ravenna, zur Rechten des Papstes zu sitzen, endgültig geregelt wird, früher auch Wibert-Clemens III. zuteilte, während sie in Wirklichkeit Clemens II. gehört und vom Januar 1047 ist. Es ist Jaffé-L. 4141, gedruckt auch bei Cappelletti, Le chiese d'Italia II, 108, der sie wie auch Rubeus in seiner Historia Ravenn. 283 richtig Clemens II. zuteilt. Mansi und Migne gaben sie sowohl Clemens II. als Wibert, Ughelli und Cocquelines Clemens II., Muratori Wibert. Infolge dieser Verwirrung reihte sie Jaffé in der 1. Aufl. seiner Regesten bei Clemens II. unter No. 3147 und bei Clemens III. unter No. 3995 ein, ein Versehen, das Löwenfeld in der 2. Aufl. beseitigt hat. Unter den gewifs zahlreichen Gründen, die ihn zu seiner Änderung veranlafst haben, ist schon der eine durchschlagend, dafs Bischof Poppo von Brixen, nachmals Papst Damasus II., † 9. August 1048, noch unter den Lebenden weilt.

[4] Bonizo 659.   [5] Panzer, Wido von Ferrara, Leipzig 1880, S. 60 Aum. 1.
[6] Wido Ferr. 1, 10 SS. XII, 161.   [7] Panzer a. a. O. S. 11; 23 Anm. 1; 59 f.

sich an Ort und Stelle informieren konnte. Auf die Art seiner Vorwürfe wird man auch so nicht schliefsen können, und gegen die angeblich so glänzende Widerlegung durch Dodo mufs man bei Bonizos Parteilichkeit vorsichtig sein [1].

Das äufserlich freundliche Verhältnis zu Gregor drückte sich auch darin aus, dafs Wibert nach Schlufs der Synode nicht gleich nach Ravenna zurückkehrte, sondern bis kurz vor Ostern (20. April) in Rom blieb [2]. Gregor war damals mit weitaussehenden, aber nachher fehlgeschlagenen Plänen gegen die Sarazenen und Robert Guiscard beschäftigt [3] und suchte Wibert zur Mitwirkung heranzuziehen. Dieser versprach, am Zuge gegen die Normannen teilzunehmen, wollte auch mit Gregor nach Ostern, d. i. nach dem 20. April, etwa im Juni gegen die Grafen von Bagnorea, südlich von Orvieto in der Gegend des Bolsener Sees, zu Felde ziehen. Man hört aber nicht, dafs er gekommen sei, und kann aus der Art, wie Bonizo berichtet, entnehmen, dafs er fernblieb, was ohne weitere Folgen für ihn verlief, da er nicht der einzige Schuldige war, und Gregor vom Juni bis September 1074 schwer krank lag.

Indes verweilte Wibert nicht aus Freundschaft für Gregor so lange in Rom; nach Bonizo machte er sich gar wie Catilina Frevler aller Art zu Freunden [4], indem er ihnen Geld gab und sie durch einen Eid an sich fesselte. Dazu hätten ihm die Predigten Gelegenheit geboten, welche er in ganz Rom gehalten habe. So habe er z. B. die Kirchendiener von St. Peter gewonnen, die sich gegen die fremden Pilger böse Ausschreitungen erlaubt hatten, und denen ihr schändliches Handwerk von Gregor gelegt worden war; ferner habsüchtige hohe Geistliche, die in ihrem Treiben von Gregor ebenfalls gehindert worden waren. Bonizos Nachrichten tragen aber den Stempel der Übertreibung und Unwahrhaftigkeit an der Stirn; nur so viel wird man aus ihnen entnehmen dürfen, dafs Wibert mit all denen Fühlung zu gewinnen suchte, die mit Gregor unzufrieden waren. Deren gab es freilich eine grofse Zahl [5]. Unter anderen näherte sich Wibert dem Sohn des Präfekten Stephanus, Cencius, den Bonizo als einen gefährlichen, gewissenlosen Menschen bezeichnet [6]; Cencius, früher Anhänger des Cadalus, hatte sich Gregor VII. in den ersten Zeiten seines Pontifikats angeschlossen, war aber bald wieder lau

---

[1] Martens, Besetzung des päpstlichen Stuhls 200, hält in übertriebenem Skeptizismus die ganze Nachricht Bonizos für unglaubwürdig.

[2] Bonizo 659, 661.   [3] Vgl. Giesebrecht III, 251 ff.   [4] Bonizo 661.

[5] Bonizo 660 f. Giesebrecht III, 332.

[6] Bonizo 646, 660 f., 662, 664. Annales Romani (1061) SS. V, 472. Paulus Bernriedensis c. 46, 47 bei Watterich, Vitae pont. I, 498 f.

geworden. Ende 1074 kam es zum offenen Bruch, im Februar 1075
wurde er gefangen genommen und zum Tode verurteilt, dann aber
begnadigt.

Nach seiner Rückkehr aus Rom beschäftigte sich Wibert mit
den Angelegenheiten seiner Diözese, Kunde haben wir fast nur von
der Verleihung oder Zurückstellung von Grundbesitz. Am 3. Mai
1074 werden ihm Güter refutiert[1], während er am 14. Mai dem
Mönch Johannes in Vertretung des Abtes Petrus von St. Benedikt
in Alpe Bifurco die St. Clemenskirche im Territorium von Forli
mit den dazugehörigen Gütern verleiht[2]. Ende 1074 und Anfang
1075 scheint er dann seine Diözese bereist zu haben, am 11. Dezember 1074[3] finden wir ihn, Güter in Erbpacht gebend, in Argenta[4], am 20. Januar 1075 in Aureolum bei Faenza, um die Juris-
diktion der Ravennatischen Kirche wiederherzustellen.[5]

Im Jahre 1075 schlossen sich die Gegner Gregors enger zusammen, wobei Wibert als Mittelpunkt dieser Bestrebungen erscheint.

Cencius bewog zunächst den Kardinalpriester vom Titel des heiligen Clemens, Hugo Candidus, zum Abfall von Gregor[6]. Dieser
Hugo Candidus, ein Lothringer von Geburt und Kardinal seit 1049,
hatte eine bewegte Vergangenheit hinter sich[7], war Anhänger des
Cadalus gewesen, darauf in den Schofs der Kirche zurückgekehrt
und von Alexander II. mit Legationen nach Spanien und Gallien
betraut worden. Nachher hatte er besonders zur Wahl Gregors
beigetragen, mufs aber dann Gründe zur Unzufriedenheit gehabt
haben. Ein reinlicher Charakter war er nicht, noch auf der Fastensynode 1073 wurde er der Simonie beschuldigt[8]. Die Verleitung
zum offenen Abfall durch Cencius wird vermutlich nach jenen Februartagen stattgefunden haben, die dem letzteren fast das Leben ge-
kostet hätten. Hugo soll dann vergebens versucht haben, Robert
Guiscard und die Normannen zu einem Zuge gegen Rom aufzuhetzen,
nach seinem Mifserfolg aber zu Wibert gegangen sein[9].

---

[1] Fantuzzi, Monumenti Ravennati IV, 224. Savioli, Annali Bolognesi I, 2, 122.

[2] Mittarelli, Annales Camaldulenses II, 365 u. App. 250. Cfr. Mittarelli,
Script. rerum Faventinarum 405 u. Rubeus, Hist. Rav. 298.

[3] Wo ich hinter den Citaten Reg. = Regest notiere, giebt Fantuzzi nichts
anderes als dies; in diesen Fällen kann ich nicht dafür einstehen, dafs die Datierung richtig berechnet sei.

[4] Fantuzzi a. a. O. II, 419 No. 12 Reg.   [5] Rubeus a. a. O. 299.

[6] Bonizo 662.   [7] cfr. Bonizo 634, 644, 651, 654—656. Giesebrecht III passim.

[8] Bonizo 655.   Jaffé-L. I, 592.

[9] Ich gebe hier Bonizo 662 vor dem späteren Paulus Bernried. c. 48
(Watterich, Vitae pont. I, 499) den Vorzug, der Hugo Candidus nicht erwähnt,
sondern auf Cencius und dessen Sohn auch das überträgt, was nach Bonizo des

Der Kreis der Gregorfeinde schloſs sich, als Wibert Ende 1075
von Ravenna aus mit dem von Heinrich neu ernannten Erzbischof
Thedald von Mailand, dem Haupte der lombardischen Bischöfe, in
Verbindung trat[1]. In Mailand hatte die gregorianische Partei im
Mai eine schlimme Niederlage erlitten[2], in deren Verfolg die dor-
tigen verwirrten Verhältnisse neu geordnet wurden. Zwei vorhandene
Erzbischöfe blieben unberücksichtigt, und Heinrich ernannte Ende
1075 einen neuen, dritten in der Person Thedalds, dem Investitur-
verbote zum Trotz. Der Erzbischof muſste so zu Gregor in Gegensatz treten[3]. Gleich nach seiner Einsetzung wandte sich Wibert
an ihn, zuerst brieflich; dann schickte er ihm den Hugo Candidus.
der von da nach Deutschland ging und, mit Wiberts Anschauungen
vertraut, auf dem Wormser Konzil (24. Januar 1076) eine Haupt-
rolle spielte[4].

Gregor VII. hatte der Anfang des Jahres 1075 mit Schwierigkeiten aller Art umgeben gefunden: die Normannen bedrohten ihn,
die lombardischen Bischöfe muſste er unter seine Gegner zählen,
im deutschen wie im französischen Klerus gab es eine starke Partei.
welche den Maſsregeln gegen Simonie und Nikolaitismus sehr abhold
war. Diese Lage der Dinge erkennt Gregor im Eingange seines
Schreibens an Wibert vom 4. Januar 1075 offen an[5] und teilt ihm
zugleich mit, es solle zur Bekämpfung der Widersacher , wie schon
seit einigen Jahren üblich, in der Fastenzeit und zwar in der ersten
Woche Ende Februar eine Synode gehalten werden, auf welcher

Hugo Candidus Werk war. Cencius sei nach Unteritalien, sein Sohn zu Wibert
gegangen, um eine gelegene Zeit zur Gefangennehmung und Tötung Gregors
zu verabreden. Dies sei nach den Februartagen 1075 geschehen, in denen es
Cencius so übel erging. Fast ein Jahr sei der Plan der Tötung gehegt worden
(c. 49, S. 500), ehe er in dem beinahe geglückten Anschlag des Cencius vom
24. Dezember 1075 (vgl. über diesen Giesebrecht III, 350 u. 1133; Quellen bei
Jaffé-L. I, 616) zum Ausbruch gekommen sei. — Das ist wohl falscher Pragma-
tismus Pauls; die That des Cencius halte ich für eine aus persönlichem Haſs
hervorgegangene, für die er ganz allein verantwortlich zu machen ist. Wäre
ein heimlicher Anteil Wiberts irgend glaublich erschienen, so hätte uns Bonizo
davon Kunde gegeben, er spricht aber S. 665 nur vom Cencius; und daſs er
vorher (S. 660) 1074 vom Einverständnis Wiberts mit Cencius berichtet, wird
man nicht, wie Martens, Besetzung des päpstl. Stuhls 203, möchte, als eine An-
deutung der Teilnahme Wiberts am Dezember-Attentat auffassen dürfen.
    [1] Bonizo 664.   [2] Giesebrecht III, 330, 344, 1133.
    [3] cfr. Reg. 3, 8; 9 bei Jaffé, Bibl. II, 214—218; Jaffé-L. 4968, 4969.
    [4] Bonizo 664, 665. Giesebrecht III, 352 ff. Martens, Besetzung des päpstl.
Stuhls 201. Über den etwaigen Einfluſs Wiberts auf die Wormser Ereignisse
läſst sich nichts mehr herausbringen.
    [5]. Reg. 2, 42 bei Jaffé, Bibl. II, 155 f.; Jaffé-L. 4919. Vgl. Martens a. a. O. 200 f.

zu erscheinen Wibert in durchaus freundlichem Tone gebeten und eingeladen wird.

Die Synode war in der That vom 24.—28. Februar 1075 versammelt[1], und viele Strafen wurden auf ihr verhängt; von Wibert aber schweigt das Registrum.

Indes weifs Bonizo[2] zu melden, dafs Wibert entgegen seinem Eide nicht erschienen und deshalb vom Amte suspendiert, über Hugo Candidus aber die Exkommunikation verhängt worden sei. Gegen diese Nachricht dürfte das Schweigen des Registers nicht beweisend sein, denn in der betreffenden Nummer ist einleitend bemerkt: inter cetera decreta quae ibi gesta sunt, und auch Berichte über spätere Synoden (November 1078, Februar 1079) werden sich als unvollständig erweisen. Aber die noch vorhandenen Spuren lassen erkennen, dafs die Bestrebungen Hugos, welche die Exkommunikation veranlafsten, nach dem Februar 1075 fallen[3]. Wibert wird allerdings der Synode ferngeblieben sein, Gregor aber dies Vergehen zunächst nicht bestraft haben. Als nun bald darauf die Verbindung zwischen Cencius, Hugo Candidus und Wibert deutlicher wurde, da wird er vorgegangen sein, den einen gebannt, den anderen suspendiert haben, bei letzterem auf das unzweifelhafte Delikt zurückgehend, dafs er auf der Synode nicht erschienen sei. Die Strafe mag, wie Giesebrecht annimmt, im Sommer 1075 ausgesprochen sein. Sie blieb ohne Wirkung, denn wir sehen Wibert nach wie vor sein Amt verwalten, hören auch nicht, dafs ihm Schwierigkeiten dabei erwachsen wären. Aus der nächsten Zeit wissen wir von Urkunden vom 20. (Rubeus) oder 22. (Fantuzzi) November 1075[4] und vom 8. März 1076[5], durch welche er Güter in Russi und Ravenna verschenkt oder in Erbpacht giebt.

Wir sahen, wie Ende 1075 in Norditalien ein antigregorianischer Ring geschlossen war, kurz bevor die Katastrophe, der offene Bruch zwischen Heinrich IV. und Gregor VII., eintrat. Das geschah schon Anfang 1076. Durch ein Schreiben Gregors[6], der gerade anläfslich der Einsetzung Thedalds schärfer vorging, und durch die mündlichen Erklärungen der dasselbe überbringenden päpstlichen Gesandtschaft aufs schwerste gereizt, liefs Heinrich am 24. Januar 1076 durch ein Konzil der deutschen Bischöfe zu Worms Gregor absetzen. Dieser antwortete alsbald auf der Fastensynode von 1076

---

[1] Reg. 2, 52a bei Jaffé, Bibl. II, 170; Jaffé-L. I, 612. Giesebrecht III, 266.
[2] Bonizo 663.   [3] Vgl. Giesebrecht KZ. III, 332, 334, 1131.
[4] Rubeus, Hist. Ravenn. 299 Reg. Fantuzzi, Monum. Ravenn. I, 394 No. 67 Reg.
[5] Fantuzzi a. a. O. I, 394 No. 68 Reg.
[6] Jaffé-L. 4972; vgl. über diese Vorgänge Giesebrecht III, 345—368.

(14.—22. Februar)[1] damit, dafs er Heinrich exkommunizierte, ihm die Ausübung der königlichen Gewalt untersagte (d. h. ihn vom Amt suspendierte) und alle Unterthanen des ihm geleisteten Eides entband. Die Folgen sind bekannt[2]. Nachdem sich in Deutschland anfänglich die Dinge für Heinrich günstig gestaltet hatten, trat ein Umschwung ein, der zu den Tagen von Tribur-Oppenheim (Oktober 1076) und Canossa (Januar 1077) führte.

An dieser Niederlage des Kaisertums konnte nichts ändern, dafs, wie vorauszusehen, Norditalien sich Heinrich in demselben Mafse freundlich erwiesen hatte, wie Deutschland feindlich gesinnt war. Nach dem Wormser Konzil, aber vor der römischen Synode hatten die lombardischen Bischöfe zu Piacenza[3] den Wormser Beschlüssen beigestimmt, wofür sie auf der Fastensynode wegen Konspiration exkommuniziert wurden. Von einer Wirksamkeit Wiberts ist zwar nicht ausdrücklich die Rede, doch ist sie wahrscheinlich, und Wibert als in die Exkommunikation eingeschlossen zu betrachten aus folgenden Erwägungen.

Bonizo[4] erzählt S. 673 den zu Pavia 1077 erfolgten Tod des Cencius und fügt hinzu: cuius funus Guibertus cum aliis excommunicatis mirabili pompa celebravit. Diese Stelle genügt Martens[5] schon, sich für die Exkommunikation Wiberts im Februar 1076 zu erklären, sie wird aber durch andere gestützt. Am 28. Januar 1078 erliefs Gregor eine Aufforderung[6] an Wibert, seine Suffragane und andere, sich auf der nächsten Fastensynode zur Verantwortung zu stellen: den Angeredeten wird der apostolische Grufs verweigert, was darauf hinweist, dafs sie sich im Banne befanden. Entscheidend aber ist der Wortlaut der auf der Fastensynode 1078 gegen Wibert gefällten Sentenz[7]: Tedaldum dictum archiepiscopum Mediolanensem et Ravennatem Guibertum . . . . ab episcopali omnino suspendimus et sacerdotali officio; et olim iam factum anathema super ipsos innovamus. Es ist ganz klar, dafs hier von der Erneuerung eines schon früher geschleuderten Bannfluches die Rede ist. Meiner

---

[1] Ich schliefse mich in der Datierung derselben den Regesten von Jaffé-L. I, 616 gegen Giesebrecht III, 359, 1134 an.

[2] Vgl. Giesebrecht III, 369—404.

[3] Vgl. Giesebrecht III, 357, 360, 1134. Aufser den dort angeführten Zeugnissen für Piacenza noch Arnulf, Gesta archiepp. Mediolan. 5, 7 SS. VIII, 30.

[4] Bonizo 673. Martens, Besetzung des päpstl. Stuhls 203, giebt irrig an, das Begräbnis habe in Ravenna stattgefunden; Cencius blieb nach seinem mifsglückten Attentat vom 24. Dezember 1075 zunächst in der Umgegend von Rom und kam erst 1077 nicht zu Wibert, sondern zu Heinrich.

[5] a. a. O. 201.   [6] Reg. 5, 13 bei Jaffé, Bibl. II, 303; Jaffé-L. 5063.

[7] Reg. 5, 14a bei Jaffé, Bibl. II, 305.

Annahme scheint indes ein Brief des Erzbischofs Gebhard von Salzburg an Bischof Hermann von Metz [1] aus dem Jahre 1084 entgegen
zu sein, in welchem es von Wibert heifst: Wibertus quondam Ravennas archiepiscopus .... in Romana synodo inrecuperabiliter depositus et anathematizatus est ....; nec hoc semel in una synodo,
sed in omnibus synodis, quotquot iam septennio Romae celebratae
sunt. Nach dieser Stelle wäre die erste Exkommunikation Wiberts
erst im Jahre 1078 erfolgt, und das ist insofern ganz richtig, als
damals zum ersten Male nominatim der Bann über Wibert verhängt
wurde. Auf diesen besonders markanten Vorgang beruft sich naturgemäfs Gebhard, während er den Umstand, dafs sich die Censuren
vom Februar 1076 gegen die lombardischen Bischöfe auch auf Wibert bezogen, übersehen hat, er widerspricht meinem Ergebnis also
nicht. An Gregors eigenem Zeugnis zumal wird man nicht rütteln
können [2].

Die lombardischen Bischöfe und Äbte beantworteten ihre Exkommunikation mit einem neuen, Heinrich freundlichen Schritt. Sie
traten auf Betreiben Wiberts, der hier zuerst genannt wird [3], nach
Ostern, d. h. nach dem 27. März 1076 in Pavia zusammen und
bannten ihrerseits den Papst [4].

Auch die Bannung Wiberts blieb zunächst ohne Folgen, sein
Sprengel stand zu ihm. Doch suchte er sich in der nächsten Zeit,
die er in Ravenna zubrachte, des Beistandes der Grofsen durch
neue Verleihungen und Bestätigungen von Gütern auf alle Fälle
zu versichern. So bestätigte er am 11. August [5] im Kloster St. Apol-

[1] bei Hugo Flav. SS. VIII, 459 und im codex Udalrici 69 bei Jaffé, Bibl.
V, 141.

[2] In derselben Weise erledigt sich Bernold 1080 SS. V, 436, wo Wibert anläfslich der Wahl von Brixen als seit drei Jahren unwiderruflich abgesetzt und
exkommuniziert bezeichnet wird; Bruno de bello Saxonico c. 126 SS. V, 381 f. u. a.

[3] Bonizo 670.

[4] Bonizo 670. Arnulf. Gesta archiepp. Mediolan. 5, 7 SS. VIII, 30, ohne
Wibert zu nennen. Giesebrecht III, 365 u. 1135.

[5] So Amadesi, Antistites Ravenn. II, 330. Fantuzzi, Monum. Rav IV, 208.
Rubeus, Hist. Rav. 299 (aus ihm Mittarelli, Ann. Camald. III, 329) giebt fälschlich
den 2. August an. Diese Urkunde hat früher Schwierigkeiten gemacht, Amadesi a. a. O. II, 175—180 hat eine lange Auseinandersetzung über sie. Sie ist
in einer beglaubigten Abschrift vom August 1174 erhalten und dort vom 11. August 1043 datiert, während als Aussteller Erzbischof Wibert genannt wird. So
geben auch die Drucke bei Amadesi und nach diesem bei Fantuzzi. Am 11. August 1043 regierte aber Erzbischof Gebhard (1027 — 15. Februar 1044) (Gams,
Series episc. 717). Ferner hat das Jahr 1043 nicht die Indiktion 14, die in der
Urkunde angegeben ist, sondern 11. Offenbar ist bei der Abschrift ein Versehen vorgefallen; man hat die Wahl anzunehmen, entweder dafs zweimal statt

linaris in Classe eben südlich von Ravenna dem Grafen Gerhard und dessen legitimen Söhnen die Stadt Bertinoro und anderes, wobei dessen Verpflichtungen gegen ihn, namentlich auch die militärischer Natur, aufs genaueste geregelt werden. Noch Ende 1076 finden wir ihn in seiner Metropole, am 24. November erhält er vom Abt Manfred von St. Hilarius in Galliata zwei Burgen im Gebiet von Forlimpopoli zu zeitweisem Besitze[1].

Da erschien zu Anfang des Jahres 1077 König Heinrich unter seinen getreuen Norditalienern, aber nur, um sich in Canossa vom Banne lossprechen zu lassen. Dadurch fühlten sich seine Anhänger preisgegeben, und wenig fehlte, so hätten sie sich von ihm abgewendet. Bald aber wurden sie durch einige Zwischenfälle belehrt auf wie schwachen Füßen das Einvernehmen zwischen Papst und König stand, und wie sie sahen, daß sich die eben Versöhnten tägsich mehr voneinander entfernten, näherten sie sich dem Könige wieder.

Auch Wibert ist damals zu ihm geeilt, er befindet sich nachweislich in Heinrichs Umgebung in Pavia Ende März oder Anfang April 1077. Neben zahlreichen anderen geistlichen und weltlichen Herren erscheint er nämlich als Intervenient in einer königlichen Urkunde für den Patriarchen Sigehard von Aquileja[2], die demselben die Grafschaft Friaul verleiht und zu Pavia 1077 ausgestellt ist. Die nähere zeitliche Bestimmung ergiebt Stumpf 2799, aus Pavia vom 3. April 1077 datiert. Ferner berichtet Bonizo[3], wie schon berührt, daß Wibert und die anderen Exkommunizierten dem Cencius, jenem Attentäter von Weihnachten 1075, der 1077 in Pavia gestorben sei, ein prächtiges Leichenbegängnis ausgerichtet hätten. Cencius

Gebhard Wibert und statt ind. 11 ind. 14, oder daß statt 1076 oder 1091: 1043 verschrieben worden ist; letzteres dürfte mehr für sich haben. In Wiberts erzbischöfliche Zeit fallen nämlich 2 Jahre, auf welche die Indiktion 14 passen würde: 1076 u. 1091. Ich entscheide mich für 1076, einmal, weil jeglicher Bezug auf die päpstliche Würde Wiberts fehlt (etwa tempore domini Clementis papae oder dergleichen), dann, weil Rubeus auffallenderweise den Vorgang richtig zum Jahre 1076 erzählt. Sollte 1590, wo das Buch desselben gedruckt wurde, das Original der Urkunde noch vorhanden gewesen sein, 1783, als Amadesi herauskam, nicht mehr?

[1] Fantuzzi, Mon. Rav. II, 349 No. 11 Reg. u. 371 No. 59 Reg., hier irrig zu 1070. Rubeus, Hist. Rav. 300, irrig zu 1077, die Indiktion führt auf den November 1076. — Eine Urkunde bei Fantuzzi a. a. O. I, 394 No. 69 Reg. lasse ich beiseite, sie ist angeblich vom 5. Februar 1077, während das 22. Jahr Heinrichs auf 1078 schließen läßt; Ausstellort fehlt.

[2] Stumpf 2800; denn archiepiscopus Umbertus Ravennas ist natürlich Wibert (Uuibertus).

[3] Bonizo 673; cfr. Berthold 1077 SS. V, 290 f.

aber war nach Pavia gekommen, um mit Heinrich in Verbindung
zu treten, was ihm nicht gelang. Durch seinen Verkehr mit den Gebannten konnte Heinrich natürlich Gregors Mifstrauen nur steigern,
aber er verfiel nicht in neue Exkommunikation, da Gregor ihm nur
den kirchlichen Verkehr mit den lombardischen Bischöfen untersagt,
Annahme von Hofdiensten seitens derselben aber gestattet hatte[1].

Noch ist ein Wort von der angeblichen zweiten Zusammenkunft
Heinrichs mit Gregor und Mathilde zu Bianello (Anfang Februar
1077) zu sagen[2]. Nach Donizo soll dort Heinrich auf Wiberts Rat
den Vorschlag gemacht haben, einen Tag zu Mantua anzusetzen, zu
welchem Zwecke, erfahren wir nicht. Die Absicht dabei soll gewesen sein: den Papst zu fangen; das erfuhr aber Mathilde noch im
letzten Augenblick, und der Tag kam nicht zustande. Ich halte
diese Erzählung für gang unglaubwürdig, sie soll nur Mathildes
Klugheit in das gebührende Licht setzen; es scheint mir auch ein
fruchtloses Bemühen, einen Kern aus der Sache herauszuschälen und
zu verwerten, wie es Giesebrecht thut. Höchstens wird man Donizo
zugeben können, dafs Wibert unter den zu Reggio versammelten
hohen Geistlichen war, um dort Heinrichs Rückkehr aus Canossa
zu erwarten[3].

Vom Banne war Heinrich in Canossa losgesprochen worden,
seine Suspension und die Lösung seiner Unterthanen vom Eide war
gar nicht zur Sprache gekommen[4]. Hier setzte die fernere Aktion
Gregors ein: er beanspruchte die Entscheidung über das Deutsche
Reich; um diese und ihre Verhinderung drehten sich die Dinge von
1077 bis 1080. Die am 15. März 1077 in Anwesenheit päpstlicher
Legaten vollzogene Wahl Rudolfs von Rheinfelden zum König ver-
ursachte dreijährige innere Kämpfe in Deutschland. Bald zerfiel
Heinrich auch wieder mit der Kirche, schon am 12. November 1077
schleuderte der päpstliche Legat, Kardinal Bernhard, in Goslar aufs
neue den Bann gegen ihn. Gregor benahm sich zweideutig, lange verweigerte er die Anerkennung dieser Mafsregel, schwankte zwischen
Heinrich und Rudolf, verhandelte mit beiden, sah sich aber im Laufe
des Jahres 1079 veranlafst, engeren Anschlufs an Rudolf zu suchen,
und trat endlich 1080 aus seiner zuwartenden Stellung heraus, da
er Gefahr lief, es mit beiden Parteien zu verderben, gewifs auch des
ewigen Hinhaltens, der Täuschungen und Mifserfolge müde, während
das ersehnte Ziel, die päpstliche Entscheidung über das Deutsche

---

[1] Giesebrecht III, 402 u. 1140.
[2] Bericht bei Donizo 2, 125 ff. SS. XII. 382; vgl. Giesebrecht III. 423 u. 1144.
[3] Vgl. Stenzel, Geschichte Deutschlands unter den fränkischen Kaisern I, 414.
[4] Vgl. Giesebrecht III, 431—498.

Reich, nicht näher rückte. Die Fastensynode von 1080 brachte am 7. März den entscheidenden Schritt: Gregor stellte sich offen auf Rudolfs Seite; Heinrich wurde von neuem exkommuniziert und förmlich abgesetzt, wieder wurden die Unterthanen ihres Eides entbunden.

Sehen wir uns nun nach Wiberts Thaten während dieser Zeit um, so bemerken wir, daſs wir in den ganzen drei Jahren nichts anderes von ihm erfahren, als daſs er fortwährend exkommuniziert wurde. Von neuen Vergehungen gegen Rom hören wir nichts, die gegen ihn verhängten Strafen bestanden fort; Gregor aber sah sich veranlaſst, gegen die Anhänger Heinrichs in Italien eher schärfer vorzugehen, als gegen die deutschen und gegen Heinrich selber.

Am 28. Januar 1078 erlieſs er an Wibert, dessen Suffragane und eine ganze Reihe anderer Bischöfe und Äbte Norditaliens eine Aufforderung [1], auf der nächsten Fastensynode zu erscheinen, die in der ersten Fastenwoche stattfinden solle. Den Angeredeten wird der apostolische Segen vorenthalten wegen der temeritas, durch die sie die römische Kirche beleidigt hätten. Dennoch erwarte diese immer die Rückkehr in ihren Schofs. Daher ergehe jetzt diese Einladung zur Synode an sie, bei Versprechen der Sicherheit Leibes und Gutes und mit der Zusicherung, er, Gregor, werde möglichst Milde walten lassen und nie ungerecht gegen die Angeredeten sein, denn ihr und ihrer Unterthanen Heil liege ihm mehr am Herzen, als sein eigener Vorteil.

Diese verhältnismäſsig milde gehaltene Aufforderung begegnete, wie vorauszusehen war, tauben Ohren, daher denn der Papst auf der Synode zu Zensuren gegen die Übelthäter schritt. An der Spitze der langen Reihe der am 3. März 1078 mit Strafen Belegten [2] stehen Erzbischof Thedald von Mailand und Erzbischof Wibert von Ravenna, die hervorragendsten Vertreter der kaiserlichen Partei. Wegen unerhörter Ketzerei und Überhebung gegen die katholische Kirche werden sie aller bischöflichen und priesterlichen Funktionen enthoben und verfallen von neuem dem schon einmal über sie ausgesprochenen Kirchenbann [3]. Dies war die erste namentliche Exkommunikation Wiberts, rasch folgten ihr andere, und es bestätigt sich für diese Jahre die Aussage Gebhards von Salzburg aus dem

---

[1] Reg. 5, 13 bei Jaffé, Bibl. II, 303; Jaffé-L. 5063. Giesebrecht III, 458 u. 1149.

[2] Jaffé-L. I, 625. Acta bei Jaffé, Bibl. II, 305 (Reg. 5, 14a). Cfr. Berthold 1078 SS. V, 308. Giesebrecht III, 459 u. 1149.

[3] Petrus Pisanus, Vita Greg. VII., bei Watterich I, 298, wiederholt wörtlich die Registerangabe und giebt aus eigenem Wissen nach anathema super ipsum renovavit als Grund an: eo quod vocatus ad synodum venire contempsit.

Jahre 1084, Wibert sei seit 1078 auf allen römischen Synoden mit dem Banne belegt worden.

Freilich findet sich in den Akten der nächsten Synode, der vom November 1078, davon nichts [1], doch scheint seine Angelegenheit vorgekommen zu sein. Es ist nämlich ein Brief Gregors vom 25. November 1078 erhalten [2], in welchem er allen Einwohnern von Ravenna anzeigt, daſs Wibert, dem nunmehr der Ruin Ravennas und unheiliger Lebenswandel vorgeworfen werden, auf einer römischen Synode unwiderruflich abgesetzt worden sei, weil er sich wider den heiligen Petrus erhoben habe und in seinem Ungehorsam beharre. Den Ravennaten wird geboten, ihm keinen Gehorsam mehr zu leisten, was allerdings nicht gefruchtet zu haben scheint. Der Suspension vom März wird im November die förmliche Absetzung gefolgt sein, wobei wohl der Bannfluch wiederholt wurde; denn es wäre doch wunderlich, wenn man diese Anzeige vom November auf die Märzsynode beziehen wollte [3]. Auch der Synodalbericht vom Februar 1079 [4] thut Wiberts keine Erwähnung. Für ihn tritt das Zeugnis des sehr glaubwürdigen Berthold [5] ein, gestützt durch Gebhards wiederholt berührte Aussage und in etwas durch den Wortlaut der Sentenz vom 7. März 1080: sententia depositionis et excommunicationis iam plerumque data.... Um so besser sind wir durch die Acta von der Fastensynode 1080 unterrichtet, derselben, auf der Heinrich IV. zum zweiten Male gebannt wurde. Am Schluſstage, dem 7. März, wurde unter vielen anderen auch das schon oft gegen Thedald von Mailand und Wibert von Ravenna ergangene Urteil der Absetzung und Exkommunikation bestätigt [6]. Dies war die letzte Exkommunikation Wiberts, bevor er Gegenpapst Gregors wurde.

Indes erwiesen sich diese wiederholten Verdammungen als wirkungslos. Er waltete seines Amtes nach wie vor, was wir aus den freilich geringen Spuren, die auf uns gekommen sind, ersehen können:

---

[1] Reg. 6, 5b bei Jaffé, Bibl. II, 330.

[2] Reg. 6, 10 bei Jaffé, Bibl. II, 339; Jaffé-L. 5091.

[3] Auch Petrus Pisanus, Vita Greg. VII., bei Watterich I, 299, dem dieser Brief offenbar vorlag, bezieht ihn auf die Novembersynode 1078 und erschlieſst aus ihm eine neue Exkommunikation. Daſs die Suspension Wiberts auf der Fastensynode nicht gleich der Absetzung war, scheint mir aus dem Wortlaut der Akten hervorzugehen. Es heiſst: Ravennatem Guibertum.... ab episcopali omnino suspendimus et sacerdotali officio; und unmittelbar darauf: Arnulfum Cremonensem.... ab omni episcopali officio absque spe recuperationis deponimus.

[4] Reg. 6, 17a bei Jaffé, Bibl. II, 355.   [5] Berthold 1079 SS. V, 317.

[6] Jaffé-L. I, 634. Acta bei Jaffé, Bibl. II, 399 (Reg. 7, 14a) (ebenso bei Petrus Pis., Vita Greg. VII., bei Watterich I, 302). Giesebrecht III, 492.

sie bestehen in nur drei Urkunden, durch welche Güter und Rechte
an Private verliehen werden, bezw. vom 17. Januar 1079 ohne Ausstellort[1], vom 2. März 1079 aus Cesena[2] und vom 20. Mai 1079 aus
Ravenna[3].

Im ganzen sind wir imstande, uns von dieser Periode Wiberts
ein deutlicheres Bild zu machen, als von seiner Kanzlerzeit. Wir
sehen, dafs es ihm durch Stellung, Fähigkeiten und rasches, ent-
schlossenes Handeln gelang, eine führende Rolle in der kaiserlichen
Partei Italiens zu spielen, was uns die Gegner durch die Schärfe
und Häufung ihrer Strafen nur bestätigen.

Viertes Kapitel.

Der Tag von Brixen.

Der Bannfluch, den Gregor am 7. März 1080 gegen Heinrich
geschleudert hatte, that seine Wirkung nicht.

Für Italien war dies vorauszusehen gewesen; hier unterliefsen
überdem die Anhänger Heinrichs nichts, um Stimmung für ihn zu
machen. Aus Wiberts Kreise ging zu diesem Zwecke und um diese
Zeit jene merkwürdige Flugschrift des Petrus Crassus hervor[4], der
mit einem grofsen Aufwand theologischer und juristischer Kenntnisse nachzuweisen sucht, dafs Gregor unrechtmäfsig gehandelt habe,
und dafs es jetzt Heinrich zustehe, ein Konzil zu berufen, um über
jenen Gericht zu halten.

Aber auch in Deutschland blieb Heinrichs Partei unerschüttert;

---

[1] Fantuzzi, Mon. Rav. I, 394 No. 70 Reg.

[2] Fantuzzi a. a. O. I, 395 No. 71 Reg.

[3] Fantuzzi a. a. O. II, 422 No. 4 Reg. u. V, 162 No. 23 Reg. Die Orts-
angabe lautet: in domo Tricollis prope ecclesiam archiepiscopatus, das wird
in Ravenna sein. Übrigens bestätigt Wibert in dieser Urkunde seinen Bann
über einen Bezirk in Cervia.
Durch einen späten Lokal-Berichterstatter, den Kanonikus Tolosanus zu
Faenza († 1226), haben wir Kunde von Kämpfen zwischen Ravenna und Faenza,
es werden namentlich zwei Kriegszüge von 1075 und 1080 erzählt. Für Wibert
ergeben aber diese Nachrichten nichts. Cfr. Tolosani chron. c. 18 u. 43 bei
Mittarelli, Script. rerum Favent. S. 27 u. 45. Rubeus, Hist. Rav., 299 u. 306 f.

[4] Gedruckt bei Sudendorf, Registrum I, 22—50, besser bei Ficker, Ital.
Forschungen IV, 106—124; vgl. III, 112. Vgl. namentlich Wattenbach, Geschichtsquellen II, 203 und Giesebrecht III, 499 u. 1153 f. Entgegen Meltzer,
Gregor VII. und die Bischofswahlen[2] S. 236 und Panzer, Wido von Ferrara
S. 44 halte ich daran fest, dafs die Schrift kurz vor dem Konzil von Brixen
entstanden sei; an einem anderen Orte werde ich vielleicht nächstens Gelegenheit haben, diese Ansicht ausführlicher zu begründen.

der König konnte kräftig vorgehen. Am 31. Mai 1080 beschlofs
eine Versammlung von 19 deutschen Erzbischöfen und Bischöfen
in Mainz im Einverständnis mit Heinrich und den Fürsten, Gregor
für abgesetzt zu erklären und an seiner Stelle einen neuen Papst
zu wählen[1]. Um dem weitere Folge zu geben, wollte man am
25. Juni 1080 in Brixen zusammenkommen, wohin ein königlicher
Befehl die geistlichen und weltlichen Grofsen berief.

Da uns das von dieser Versammlung beschlossene Absetzungs-
dekret Gregors vorliegt, so können wir über entgegenstehende Angaben betr. Zeit, Ort und dergleichen hinweggehen[2]. Zur vorher
bestimmten Zeit (25. Juni) trat man in Brixen in der bischöflichen
Kirche zusammen[3].

Das Dekret[4] trägt 29 Unterschriften, an letzter Stelle die König
Heinrichs, an erster die des einzigen anwesenden römischen Kar-
dinals[5], unseres Hugo Candidus, der sich aber anmafslich genug im
Namen aller unterschreibt. Drei Erzbischöfen begegnen wir, aus
Italien Thedald von Mailand und dem Patriarchen Heinrich von
Aquileja, aus Deutschland Liemar von Bremen. Unter 24 Bischöfen
sind 17 norditalienische, darunter Dionysius von Piacenza, Milo von
Padua, Eberhard von Parma, Roland von Treviso, ein burgundischer,
Burchard von Lausanne, und 6 deutsche: Konrad von Utrecht,
Diedo von Brandenburg, Rupert von Bamberg, Meginward von Frei-
sing, Norbert von Chur, Altwin von Brixen. Aufser diesen hohen
Geistlichen waren noch Erzbischof Wibert von Ravenna[6], der als
designierter Papst nicht unterschrieben hat, und Bischof Benno von
Osnabrück anwesend. Mit diesem hat es eine besondere Bewandt-
nis[7]: er versteckte sich nämlich während der entscheidenden Verhandlungen in einer Altarnische, deren Vorhang er zuzog, und kam
so um die Unterschrift herum; er wählte diese goldene Mittelstrafse.

---

[1] Vgl. Giesebrecht III. 501. die Quellen 1153. — Für die ganze Zeit von
1080—1100 sind die Regesten von Jaffé-L. I, 649—655 und II, 713 u. 751 f. zu
vergleichen.

[2] z. B. über eine Stelle in Norberti vita Bennonis c. 22 SS. XII, 72, an der
die Versammlung nach Pavia verlegt wird, während Marianus Scottus 1079 SS.
V, 561 Wiberts Wahl auf den 24. Juni ansetzt.

[3] Norberti vita Bennonis c. 22 SS. XII, 72 f.

[4] Die Druckangaben s. bei Stumpf 2821 (Reichskanzler II, 235 u. 535);
Schlufs auch bei Ekkehard 1080 SS. VI, 203 f. Ich benutze: cod. Udalr. 64
bei Jaffé, Bibl. V, 133.
Über die Vorgänge auf der Versammlung vgl. Giesebrecht III. 502—504
u. 1153 f.

[5] bestätigt durch Bonizo 676 u. 681; vita Anselmi c. 19 SS. XII. 19.

[6] Cfr. Benzo l. 6 praef. SS. XI, 656. Urkunde Stumpf 2822 vom 26. Juni 1080.

[7] Norberti vita Bennonis c. 22 SS. XII, 72 f.

um es mit keiner Partei zu verderben, denn er war ein vorsichtiger Mann. Sonach wären 1 Kardinal, 4 Erzbischöfe, 25 Bischöfe oder im ganzen 30 hohe Geistliche anwesend gewesen, und weiter will wohl auch das Dekret nichts sagen, wenn es von einem triginta episcoporum conventus spricht[1], die dann im Gegensatz stehen zu dem optimatum exercitus. Daher ist es nicht nötig anzunehmen[2], daſs noch zwei Bischöfe etwa aus ähnlichen Bedenken, wie Benno sie hegte, ihre Unterschrift verweigert hätten[3]. Die geringe Beteiligung der deutschen Bischöfe könnte auffallen, zwei von ihnen, Liemar von Bremen und Rupert von Bamberg, waren gar bisher als königliche Gesandte in Italien gewesen und kamen von dorther, nachdem sie die lombardischen Groſsen zur Versammlung eingeladen hatten[4]. Indes hatten die deutschen Bischöfe ja schon am 31. Mai Gregor abgesetzt, und auf ihr Votum wird im Dekret gerade in dem Abschnitte, der Gregors Absetzung von neuem ausspricht, ausdrücklich Bezug genommen (Jaffé S. 135): legatis ac litteris freti decem et novem episcoporum, die sancto preteriti pentecostes Mogontiae congregatorum.

Auch weltliche Fürsten waren nach der Aussage des Dekrets in groſser Zahl zugegen; in der Frage der Anwesenheit römischer Gesandten aber stehen sich die Aussagen beider Parteien schnurstracks gegenüber.

Die Vertreter der päpstlichen Partei behaupten, es sei kein römischer Geistlicher oder Laie in Brixen gewesen — Hugo Candidus wird als Gebannter von ihnen natürlich nicht anerkannt, so Bonizo[5]: nullo ibi Romano astante clerico vel laico und noch einmal: nullo Romanorum clericorum vel laicorum ibi presente vel consentiente. Ähnlich meint der Biograph Anselms von Lucca[6]: Roma non quaeritur nec Romanus aut clerus aut populus. Und unter den Vorwürfen, welche Viktor III. als Vorsitzender der Sy-

---

[1] Die Zahl 30 haben auch die Annal. Wirziburg. 1080 SS. II, 245 (Ann. Hildesheim. 1080 SS. III, 105) mit Anklängen an das Dekret und Ekkehard 1080 SS. VI, 203, der aus dem Dekret, das er gleich darauf citiert, geschöpft hat; vgl. Buchholz, Chron. Wirzib. S. 45 und ders., Ekkehard von Aura S. 73.

[2] wie Giesebrecht III, 503 thut, da das Dekret nur die Unterschriften von 28 Geistlichen trägt.

[3] Benzo lib. 6 praef. SS. XI, 656 thut, als ob er auch dabei gewesen wäre; es heiſst: quorum (der römischen Gesandten nämlich) assertioni nemo nostrum fuit Didimus, sed unanimiter quae dicebantur credidimus. Es bleibt aber für ihn kein Raum, auch findet sich sein Name unter dem Absetzungs-Dekret nicht. Er ist mindestens in der entscheidenden Sitzung nicht gewesen. Vgl. Lehmgrübner, Benzo von Alba S. 7, 63 u. 65.

[4] Bonizo 675 f.   [5] Bonizo 676.   [6] Vita Anselmi c. 19 SS. XII, 19.

node von Benevent (August 1087) gegen seinen Gegner Wibert
schleudert[1], heifst es: nullo cardinalium episcoporum praecedente
iudicio, nullo Romani cleri approbante suffragio, nullo devoti populi fervore adibito, in sancta Romana ecclesia omnis malitiae, ne-
quitiae, et perditionis caput est factus. Gegenüber diesen weifs der
kaiserlich gesinnte Benzo von Alba[2], dafs unter den Versammelten
de senatoribus Romanorum insignes legati gewesen seien[3], die versichert hätten, Heinrich werde sehnlich erwartet. Da aber Benzo
über seine eigene Anwesenheit die Unwahrheit sagt, so ist er über
die anderer ebenso unglaubwürdig, zumal es im Interesse der kaiserlichen Partei liegen mufste, Wiberts Wahl als mit Beteiligung der
Römer vorgenommen darzustellen. Es wird gemäfs den anderen
Zeugnissen kein Römer in Brixen zugegen gewesen sein.

Wie ging nun die zusammengesetzte Versammlung vor? Sie
beschlofs zuerst noch einmal Gregors Absetzung und unterschrieb
das darauf bezügliche, von den lächerlichsten, aber giftigsten Beschuldigungen Gregors strotzende Dokument, welches Hugo Candidus abgefafst hatte, wie er in seiner Unterschrift angiebt. Dann
wendete man sich zum zweiten Teile der Verhandlungen, der schon
in Mainz in Aussicht genommenen Erhebung eines neuen Papstes,
mit der Heinrich endlich auf die von päpstlicher Seite begünstigte
Wahl Rudolfs von Schwaben zum Gegenkönige antworten wollte.

Während die Absetzung Gregors kaum viel Zeit in Anspruch
genommen haben wird, konnte man sich über seinen Nachfolger
nicht so rasch einigen[4]. Man schwankte zwischen den beiden angesehensten Geistlichen Oberitaliens, Thedald von Mailand und
Wibert von Ravenna; als aber Thedald die Annahme der ihm zu-
gedachten Würde verweigerte[5], war Wibert der einzig mögliche
Kandidat, und er war willens, die Bürde auf sich zu nehmen. Die
Besprechungen dauerten bis in den Abend[6], doch kam man noch
an demselben Tage zum Abschlufs[7].

Nachdem zwischen dem König und den Bischöfen eine Einigung

----

[1] Petrus Casin. 3, 72 SS. VII, 752.   [2] Benzo lib. 6 praf. SS. XI, 656.

[3] Vgl. Scheffer-Boichorst, Neuordnung der Papstwahl S. 76 u. 111.

[4] Wido Ferr. 1, 20 SS. XII, 165.

[5] Von Thedalds Kandidatur berichtet Landulf, Hist. Mediol. 3, 32 SS. VIII,
99; zum Zweifel sehe ich keinen Grund. — Er bezeichnet Wibert übrigens
irrtümlich als Kardinal.

[6] Norberti vita Bennonis c. 22 SS. XII, 73.

[7] Norberts Angabe gegenüber darf man die Erwählung Wiberts wohl nicht
auf den 26. Juni verschieben, wie Giesebrecht III, 504 u. 1154 thut. Da Gregors Absetzung wenig Zeit beanspruchte, blieb für die Verhandlung über die
Neubesetzung des päpstlichen Stuhls genügend Zeit verfügbar.

erzielt war [1], schritt man zum Wahlakt. Als römischer Patricius designierte Heinrich Wibert von Ravenna zum Papst an Stelle Gregors VII. dadurch, dafs er als erster und entscheidend ihm seine Stimme gab. Zwar gebunden an diesen Ausdruck des königlichen Willens, doch in aller Form wählten ihn dann die Bischöfe zum Stellvertreter Gottes auf Erden. Dafs in dieser Weise vorgegangen wurde, zeigt eine nähere Betrachtung der Quellen.

Zwar die Aussagen der Hauptbeteiligten ergeben diesen Thatbestand nicht deutlich. Heinrich bezeichnet Wiberts Erhebung als sein Werk; nach seinem Einzug in Rom und seiner Kaiserkrönung nennt er ihn in einem Briefe an Bischof Dietrich von Verdun [2] electus papa noster. Am Ende seines Lebens beklagt sich der greise Kaiser in jenem rührenden Briefe an König Philipp I. von Frankreich über die unwürdige Behandlung, welche ihm sein Sohn Heinrich hatte angedeihen lassen [3]; in demselben erzählt er, dafs am 31. Dezember 1105 zu Ingelheim der päpstliche Legat, Kardinalbischof Richard von Albano, von ihm verlangt habe [4], er solle öffentlich erklären: me iniuste Hildebrandum persecutum fuisse, Wicbertum iniuste ei superposuisse.

Gregor auf der anderen Seite äufsert sich auch nicht bestimmt; in einem Briefe an die Bischöfe Apuliens und Kalabriens vom 21. Juli 1080 [5] bezeichnet er zwar König Heinrich als vertex et auctor pestiferi consilii, nachher aber heifst es von den episcopi praecipue Longobardorum: pristinam conspirationem adversus Dominum et sanctam universalem aecclesiam conati sunt innovare; et hominem sacrilegum et sanctae Romanae aecclesiae periurum nec non per universum Romanum orbem nefandissimis sceleribus denotatum, W(ibertum) dicimus sanctae Ravennatis aecclesiae devastatorem, antichristum sibi et heresiarcham constituere. Gregor sieht somit in König Heinrich den Urheber des ganzen Planes, läfst aber auch den Bischöfen ihr vollbemessenes Teil zukommen.

In den übrigen Berichten erscheint Wibert zum Teil als Ernannter Heinrichs; so bei Bernold [6], in der vita Anselmi [7] und bei

---

[1] Dafs Heinrich mit den Bischöfen über die Person des Nachfolgers verhandelte, sagt ausdrücklich Wido Ferr. 1, 20 SS. XII, 165.

[2] Gesta Trever. SS. VIII, 185 (Stumpf 2859).

[3] Der Brief ist gedruckt im cod. Udalr. 129 (Jaffé, Bibl. V, 241 ff.) und bei Sigeb. 1106 SS. VI, 369 ff.

[4] Jaffé a. a. O. V, 245; Sigeb. SS. VI, 371.

[5] Reg. 8, 5 bei Jaffé, Bibl. II, 432 ff.; Jaffé-L. 5177. Den Inhalt des Briefes giebt Petrus Pis., Vita Greg. VII, bei Watterich I, 305 wieder.

[6] Bernold 1080 SS. V, 436: Guibertum... sibi... in papam... elegit.

[7] Vita Anselmi c. 18 SS. XII, 18: audet... in papam eligere Wibertum. c. 19 SS. XII, 19: talem... in papam elevat Heinricus.

Wido von Ferrara [1]. Auch Marianus Scottus [2] und Sigebert [3] schweigen von einem Anteil der Bischöfe, brauchen aber bezeichnenderweise von Heinrich den Ausdruck designare.

Einer Reihe anderer Autoren dagegen gilt Wibert als Erwählter der Bischöfe, sie wissen nichts von Heinrichs Beteiligung; zu diesen gehören Ekkehard [4], Landulf [5], Norbert in der vita Bennonis [6] und Hugo von Flavigny [7].

In der Mitte steht Bonizo [8] und trifft das Richtige, wenn er fast in demselben Atem sagt: Hunc.. elegit sibi rex Heinricus in pontificem und eligitur Guibertus in Romanum pontificem a consimilibus. Er führt uns auf den rechten Weg und zeigt an, dafs wir die mannigfaltigen Angaben unserer Quellen in der oben (S. 39) angegebenen Weise zu verstehen haben.

Von den Neueren sprechen Giesebrecht [9] und die Jafféschen

---

[1] Wido Ferr. 1, 20 SS. XII, 165: Heinricus rex, universis quos habere potuit adscitis episcopis, Wibertum... in apostolatum promovit. — Cfr. Gesta Trev. cont. I. c. 10 SS. VIII, 183: Wicbertum... papam fecit. Will. Malmesb., gesta pontif. Angl. 1, 49 SS. XIII, 136: Guibertus electione imperatoris Theutonum... (sc. causam fulciebat.) — Auf Paulus Bernried. c. 108 (Watterich I, 538): statuam... erexit, Guibertum scilicet möchte ich nicht viel Gewicht legen, die Stelle ist zu allgemein gehalten, übrigens offenbar nach dem Briefe Gebhards von Salzburg bei Hugo Flav. SS. VIII, 460 gemacht: statuam quam Nabuchodonosor erexit adorare.

[2] Marianus Scottus 1079 SS. V, 561 f.: Vugbertum... facit papam; 1081 SS. XIII, 79: Wigberdum... papam designavit.

[3] Sigeb. 1079 SS. VI, 364: Guicbertum... papam designat.

[4] Ekkehard 1080 SS. VI, 203: Wigpertum... ipsi subrogandum eligebant.

[5] Landulf, Hist. Mediol. 3, 32 SS. VIII, 99: primates... Guibertum... elegerunt.

[6] Norberti vita Bennonis c. 22 SS. XII, 73: (cum) ciusque in locum constituissent Rawennatem episcopum...

[7] Hugo Flav. SS. VIII, 459: ... apud Brixiam, ubi congregati aliqui episcoporum ... elegerunt Witbertum heresiarcham de sui similibus, et ... apostatam, non apostolicum effecerunt.

Wohl durch solche Berichte verleitet, kam dann im 12. Jahrhundert Otto von Freising (gesta Frid. I. 1, 1 SS. XX, 353) dazu, zu schreiben: Gwibertus... assensu principis Urbis episcopus creatur.

Die Thatsache, dafs Wibert Papst wurde, ohne nähere Erwähnung der Umstände haben noch: Ann. August. 1080 SS. III, 130. Ann. S. Benigni Div. 1078 SS. V, 42 (woraus Ann. Besuenses 1080 SS. II, 249). — Mit den zahlreichen ganz allgemein gehaltenen Angaben über Wiberts Wahl will ich niemanden belästigen; herauszuheben wäre nur noch Deusdedit contra invas. bei Mai, Nova bibl. patrum VII, 3, 82: Heinricus et optimates eius elegere prius Parmensem, deinde Guibertum, wo also Heinrich und den Optimaten ein freilich nicht näher definierter Anteil beigemessen wird.

[8] Bonizo 676.   [9] Giesebrecht III. 504.

Regesten[1] von einer Wahl durch die Bischöfe; Scheffer-Boichorst[2] meinte, dafs Wibert einfach ernannt worden sei, worin ihm Martens[3] gefolgt ist; freilich wurde er der Sache nach ernannt, der Form nach aber gewählt.

So erhielt Gregor einen Gegenpapst, wie Heinrich einen Gegenkönig hatte. Die römische Kirche konnte sich freilich nun und nimmer mit der Art seiner Erhebung einverstanden erklären, denn dem Wahldekret von 1059 entsprach sie in keiner Weise, mag man die kaiserliche oder die päpstliche Fassung zu Grunde legen[4], und um sie zu rechtfertigen, mufste die wibertistische Partei später zu umfangreichen Fälschungen päpstlicher Dekrete ihre Zuflucht nehmen[5]. Man war, wie wir gesehen haben, auf die Würde des Königs als Patricius von Rom zurückgegangen, die ihm den principatus in electione pontificis gewährte. So wie in Brixen war es vor 1059 gehalten worden; aber — auch da begegnet eine beträchtliche Unregelmäfsigkeit: statt der berechtigten Wähler, nämlich statt des Klerus und Volkes von Rom, hatte eine nach Zufall zusammengesetzte Versammlung von Bischöfen die Wahl vollzogen. Indes hatte Heinrich noch 1076 ein wenn auch nur formelles, jedenfalls nicht näher definiertes Konsensrecht (consilium) der Römer anerkannt[6], und nur die Macht der Verhältnisse zwang ihn, es jetzt unbeachtet zu lassen; wir werden sehen, dafs er später bemüht war, diesem Mangel der Brixener Wahl abzuhelfen.

Fünftes Kapitel.
Von der Wahl bis zur Inthronisation.

Unmittelbar nach der Wahl scheinen noch in Brixen Immantation und Adoration vollzogen zu sein. Bei Deusdedit heifst es einmal[7]: Rex Heinricus et optimates eius elegere prius Parmensem, deinde Guibertum, induentes eos apostolicis insignibus; und auch Bonizo meldet[8]: Proh dolor omnes, qui ibi aderant, pseudoprophetam adoravere proni.... Guibertus vero cum suis complicibus, pa-

---

[1] Jaffé-L. I, 649.
[2] Scheffer-Boichorst, Neuordnung der Papstwahl 113, bes. Anm. 2.
[3] Martens, Besetzung des päpstl. Stuhls 203—207.
[4] S. hierüber Scheffer-Boichorst a. a. O. S. 110 ff.
[5] Vgl. dazu Bernheim in den Forschungen XV, 618 ff.
[6] Scheffer-Boichorst a. a. O. S. 112 nebst Anm. 4. Martens S. 205 drückt sich schief aus, nach ihm könnte es scheinen, als ob Heinrich mit Absicht die Ernennung ohne Hinzuziehung der Römer vorgenommen habe.
[7] Deusdedit contra invas., bei Mai, Nova patrum bibl. VII, 3, 82.
[8] Bonizo 677.

palia secum deferens indumenta, intravit Italiam. Auch gelobte
Heinrich auf Anraten des Bischofs Dionysius von Piacenza, von
Wibert die Kaiserkrone empfangen zu wollen [1], zu welchem Ende
er ihn bis Pfingsten 1081 nach Rom führen werde [2]. Noch feierten
beide zusammen in Brixen den St. Peter- und Pauls-Tag (29. Juni),
dann trennten sie sich; Heinrich ging zur Bekämpfung der Sachsen
nach Deutschland — in Mainz liefs er im Herbst Wiberts Wahl von
den deutschen Bischöfen bestätigen [3] —, Wibert und seine Gefährten
betraten Italiens Boden [4].

Sein Erzbistum Ravenna gab Wibert ebensowenig auf, wie einst
Cadalus das Bistum Parma; es mufste ihm die Mittel gewähren zum
Kampfe um die päpstliche Würde, die er noch nicht einmal rite
besafs, da die Inthronisation fehlte; auch blieb ihm so eine Zuflucht
gesichert in den unausbleiblichen Wechselfällen eines so schwierigen
Kampfes [5]. Zum Ausdruck dessen liefs er sich am 26. Juni 1080
alle Besitzungen und Gerechtsame seines erzbischöflichen Stuhles
von König Heinrich aufs neue bestätigen [6]; eine Neuverleihung fand
dabei nicht statt. Als Intervenienten werden die Königin Bertha
und Heinrichs Sohn Konrad genannt; und Wiberts neuer Würde
ist in seinem Titel schon Rechnung getragen: Cunctis pateat .. nos ...
confirmasse ... sanctae Ravennati ecclesiae .. et domno Wigberto
sancte predicte ecclesie venerabili archiepiscopo nobisque dilectis-
simo et summe sedis electo apostolico . . . .

Gregor VII. wurde durch die Vorgänge des 25. Juni 1080 nicht
entmutigt; er entfaltete eine um so regere Thätigkeit, die sich naturgemäfs auch mit Wiberts Person beschäftigte [7]. Er hatte zuerst
vor, persönlich gegen diesen seinen Hauptgegner in Italien zu Felde
zu ziehen mit Hülfe u. a. auch der Normannen, der Herren der
Campagna und der Fürsten Tusciens; nach dem 1. September ge-
dachte er den Zug anzutreten, doch kam derselbe nicht zustande [8].

---

[1] Bonizo 676.   [2] Benzo lib. 6 praef. SS. XI, 656.
[3] Bern. 1080 SS. V, 436. Giesebrecht III, 517 u. 1155.   [4] Bonizo 677.
[5] Vgl. Donizo 2, 833 f. SS. XII, 396.
[6] Stumpf 2822 und Jaffé-L. I, 649 f. Sachlich genau, im Wortlaut aber
nicht ganz übereinstimmend mit Stumpf 2621, der Bestätigungsurkunde Heinrichs IV. für Ravenna vom 24. Juni 1063, zugleich der spätesten erhaltenen
Urkunde, die von Wibert als Kanzler rekognosziert ist. Indes sieht man, dafs
Stumpf 2621 vorgelegen hat und nur im Wortlaut stellenweise etwas verändert
worden ist.
[7] Vgl. Giesebrecht III, 508—516.
[8] Reg. 8, 7 bei Jaffé, Bibl. II, 436; Jaffé-L. 5179. Dünzelmann, Forschungen
XV, 539, der diesen Brief in das Jahr 1081 setzen will, hat mich durch seine
Ausführungen nicht überzeugt. Der Grund, von dem seine Erörterung ausgeht.

Als dies mifsglückt war, versuchte er den Hebel bei Wiberts Diözesanen anzusetzen und diese ihm abtrünnig zu machen. In zwei Schreiben vom 15. Oktober 1080 forderte er die Bischöfe, Äbte. Geistlichen und Laien der Marken und des Exarchats [1] und die Geistlichen und Laien von Ravenna — denen gegenüber er besonders hervorhebt, wie nahe vor allen übrigen Kirchen ihm die von Ravenna am Herzen liege — auf [2], dem schon so lange exkommunizierten Wibert, der nunmehr in den schwärzesten Farben geschildert wird, einen Nachfolger zu setzen, da er in religiöser wie in materieller Hinsicht das Erzbistum ruiniert habe. Um dem Nachdruck zu geben, habe er einige Kardinäle, darunter den Archidiakonus. gesandt. Als er damit, wie zu erwarten, ebensowenig ausrichtete — man wird die Gesandten kaum haben Ravenna betreten lassen —; schritt er zum letzten: er ernannte einen neuen Erzbischof, mit Namen Richard. Die Anzeige dieser Ernennung liefs er am 11. Dezember 1080 [3] nach Ravenna gelangen und bat um kräftige Unterstützung des neuen Oberhirten. Indes hören wir nie wieder etwas von Richard, und es ist deshalb wahrscheinlich, dafs er gar nicht nach Ravenna hineingelangt ist. Auch dieser Versuch Gregors war fehlgeschlagen, Wiberts Stellung in Ravenna Ende 1080 unerschüttert.

Das Jahr 1081 sollte Heinrich die Kaiserkrone, Wibert die Inthronisation bringen; aber es kam anders, als sie dachten [4].

Am 14. Januar ist Wibert noch in Ravenna [5]. Seine Vassallen Graf Hubald und Hugo, Vater und Sohn, verpflichten sich ihm von

---

ist hinfällig. Freilich ist ihm zuzugeben, dafs in 8, 12 der Satz (Wibertus) ex triennio gladio anathematis sine spe recuperationis percussus est sich erst auf die definitive Absetzung im November 1078 bezieht. Aber dafs triennium nicht notwendig gleich drei vollen Jahren sein mufs, sondern auch von einem zusammenhängenden Zeitraum gesagt werden kann, der ein ganzes Jahr und Teile von zwei anderen Jahren umfafst, zeigt z. B. Bern. 1083 SS. V, 438. Hier bezeichnet Bernold die Römer als iam trienni impugnatione nimium fatigati, und die Belagerung dauerte in Wahrheit vom Winter 1081 bis Sommer 1083. Dieser Fall ist dem unseren ganz analog.

[1] Reg. 8, 12 bei Jaffé, Bibl. II, 441; Jaffé-L. 5186.

[2] Reg. 8, 13 bei Jaffé, Bibl. II, 443; Jaffé-L. 5187.

[3] Reg. 8, 14 bei Jaffé, Bibl. II, 444; Jaffé-L. 5189. Den Inhalt dieses Briefes giebt Petrus Pis., Vita Greg. VII, bei Watterich I, 305 wieder; während im Registrum nur der Anfangsbuchstabe R. des Namens steht, nennt er den neuen Erzbischof Richard. Cfr. Amadesi, Antist. Ravenn. II, 194—197, der aber ganz ohne Grund annimmt, Richard habe vom Dezember 1080 bis Ostern 1081 den erzbischöflichen Stuhl von Ravenna behaupten können.

[4] Vgl. Giesebrecht III, 526 ff.

[5] Fantuzzi, Mon. Rav. II, 371 No. 60 Reg. Cfr. Rubeus, Hist. Rav. 307. Jaffé-L. II, 751.

neuem; vermutlich sind diese nicht die einzigen Grofsen, die er angesichts der jüngsten Vorgänge fester an sich zu ketten bemüht war.

Gregor hielt in der Woche vom 21. bis 27. Februar in Rom die Fastensynode [1], auf welcher Heinrich und seine Begünstiger von neuem exkommuniziert wurden. Dieses Urteil wird in einem Schreiben Gregors an Altmann von Passau und Wilhelm von Hirschau dahin erläutert [2], dafs alle Exkommunizierten von neuem exkommuniziert seien: also auch Wiberts Bannung war bestätigt worden.

Einen Monat darauf, Ende März, erschien König Heinrich in Italien und war Ostern (4. April) in Verona; bei ihm weilte Wibert, der ihm entgegengezogen war [3]; bald brach man gemeinsam von dort gegen Rom auf [4]. Der Zug ging zunächst nach Ravenna, hier waren beide Anfang Mai und gedachten um Pfingsten (23. Mai) vor Rom zu lagern [5].

In Ravenna traf Wibert am 8. Mai eine sehr bedeutsame Verfügung. In einer Urkunde [6], die an den Kardinalpriester Johannes, den Priester und Propst Petrus, den Diakonen Berard und einen anderen Petrus in Vertretung sämtlicher Kanoniker gerichtet ist, vereinigt er die Diakonen, Subdiakonen und anderen Grade der Geistlichkeit an der erzbischöflichen Kirche in einem Kanonikatsstift, welches er aufs reichste unter der Bedingung dotiert, dafs an einem gemeinsamen Leben festgehalten wird; dazu ist natürlich Voraussetzung, dafs die Mitglieder unverheiratet sind [7]. Gemeinsames Leben des Klerus war im 9. und teilweise noch im 10. Jahrhundert bei den bischöflichen Kirchen Regel gewesen [8]; aber in der 1. Hälfte des 11. hatte man diese vielfach lästige Einrichtung abgeschüttelt. Nun kam man schon in der 2. Hälfte desselben Jahrhunderts auf sie zurück und verschärfte sie dadurch, dafs jeder Einzelbesitz untersagt wurde. So auch in unserem Falle, der überdies zeigt, dafs

---

[1] Jaffé-L. I, 638. Acta bei Jaffé, Bibl. II, 452 (Reg. 8, 20a). Cfr. Petrus Pis., Vita Greg. VII., bei Watterich I, 306.

[2] Reg. 8, 26 bei Jaffé, Bibl. II, 476; Jaffé-L. 5206.

[3] Bern. 1081 SS. V, 437. Bonizo 677.

[4] Vgl. zu Heinrichs Romzügen aufser Giesebrecht auch Martens, Die Besetzung des päpstl. Stuhls S. 207—210.

[5] Aus dieser Zeit etwa stammt Reg. 8, 34 bei Jaffé, Bibl. II, 485 an Abt Desiderius von Monte-Casino; Jaffé-L. 5218.

[6] Rubeus, Hist. Rav. 307 f., gedruckt auch bei Bertoldi, Memorie storiche d'Argenta I, 181. Jaffé-L. II, 751. S. Hinschius, System des kathol. Kirchenrechts II, 50—58.

[7] Vielleicht hat Wibert die Einrichtung von Kanonikatsstiften auch bei seinen Suffraganen befördert; so finden wir ein claustrum canonice in Cesena in einer Urkunde Wiberts vom 22. September 1097 bei Fantuzzi IV, 228.

[8] Hinschius, Kirchenrecht II, 54, die Belege in Anm. 3.

Wibert persönlich wohl dem Nikolaitismus abgeneigt war, schwerlich wird er nur eine Demonstration beabsichtigt haben [1].

Von Ravenna ging es dann nach Rom [2], wo Heinrich und Wibert mit kleiner Begleitung am Tage vor Pfingsten (22. Mai) eintrafen [3]; bekanntlich mufste der König, da die Römer ihn nicht einliefsen, sein Lager auf den prata Neronis aufschlagen und hier auch das Pfingstfest (23. Mai) feiern. Wie man es bei den vorhandenen Mifslichkeiten zu begehen habe, darüber fand eine eingehende Beratung statt, deren Gang uns Benzo, der anwesend war, erzählt hat [4]. Da an diesem Festtage der König in einer Kirche die Krone aufzusetzen und darauf in feierlichem Zuge zur Messe in eine andere zu gehen pflegte, war man in nicht geringer Verlegenheit, wie dies zu bewerkstelligen sei. Da soll Wibert den Vorschlag gemacht haben, die beiden Kirchen durch zwei Zelte zu markieren, was auch ausgeführt wurde, sich aber wenig imposant ausgenommen haben mufs.

Unverrichteter Sache kehrte Heinrich, mit ihm Wibert Anfang Juli um [5] und begab sich in die Lombardei zurück; am 10. Juli war er in Siena, am 19. und 20. in Lucca [6], wo Wibert einen gewissen Petrus, den Heinrich ernannt hatte, zum Gegenbischof gegen Anselm weihte [7]. Dann ging Wibert nach Ravenna, wo wir ihm am 1. Dezember begegnen [8]: an diesem Tage giebt er nämlich durch Urkunde dem Abt Alberich des St. Gaudentiusklosters in Sinigaglia gewisse Güter in Erbpacht [9].

---

[1] S. Hinschius a. a. O. II, 57 f. S. 57 Anm. 1 könnte unser Beispiel passend hinzugefügt werden.

[2] Hugo Flav. SS. VIII, 460 weifs gelegentlich der Jahre 1082, 1083 zu berichten, dafs Heinrich auf dem Wege nach Rom alles Mögliche that, um seinem Papste Anerkennung zu verschaffen. Wer diesem nicht durch den Fufskufs seine Ehrerbietung erzeigt hatte, wurde zum Kufs des Königs nicht zugelassen; zu ersterem aber veranlafste man möglichst jedermann.

[3] Bonizo 677. [4] Benzo lib. 6 praef. SS. XI, 656 f. [5] Bonizo 678.

[6] Stumpf 2835, 2837, 2838.

[7] Bardonis vita Anselmi c. 10, 11 SS. XII, 16; cfr. Fiorentini, Memorie della gran contessa Matilda 205 f.

[8] Fantuzzi, Mon. Rav. II, 345 No. 15 Reg. u. V, 162 f. No. 24 Reg. Jaffé-L. II, 752 No. 5313 α. (1082 ist dort zu berichtigen).

[9] Angeblich haben Heinrich und Wibert etwa im April 1081 in Pavia eine Synode gehalten, auf der Dekrete gegen Simonie und Alienierung von Kirchengut erlassen sein sollen. So die MG. LL. II, 53; Watterich, Vitae pont. I, 447 Anm. 2; Stumpf 2831 und Nachtrag S. 535. Die Acta sind aber falsch eingeordnet; es heifst in ihnen: decrevit sancta synodus, cui interfuit tercius rex Heinricus, und das ist zweifellos Heinrich III. Wobei Giesebrecht III, 1157 sehr richtig auf Ann. Altah. 1046 SS. XX, 803 und Anm. 36 aufmerksam macht, die von einer Synode und einem Reichstag Heinrichs III. in Pavia im Oktober 1046 berichten; vgl. Steindorff, Heinrich III. I, 308 f. Ihrem Inhalte nach

Mitten im Winter von 1081/82 trat dann Heinrich, wiederum von Wibert begleitet [1], seinen zweiten Zug nach Rom an [2], fand aber die Thore der Stadt abermals verschlossen. Mit Anfang der Fastenzeit (März, April) 1082 begann er eine regelrechte Einschliefsung, der er selbst aber nur in der ersten Zeit beiwohnte, da er bald nach Ostern (24. April) das Heer verliefs und sich nach der Lombardei begab.

Wibert blieb zurück und nahm sein Hauptquartier in Tibur, dem heutigen Tivoli [3]. Von da aus liefs er Rom während des ganzen Sommers beunruhigen: die Umgegend wurde ausgeraubt, was sich von Römern ergreifen liefs, getötet; die Saaten den Flammen überliefert, um Hungersnot hervorzurufen [4]. In Rom verhandelte unterdessen eine Synode (4. Mai), ob man Kirchengut zum Kampfe gegen Wibert verwenden dürfe [5], und verneinte diese Frage; da halfen Mathilde von Canossa und ihr Berater Anselm von Lucca mit ihren Mitteln aus [6].

Bald nach Ostern 1083 stiefs Heinrich wieder zu Wibert [7], um so energischer wurde die Belagerung betrieben, mit dem Erfolge, dafs Anfang Juni die Leostadt mit der Peterskirche, aber ohne die Engelsburg, in der Gregor weilte, in Heinrichs Hände fiel. Noch liefs sich der Papst nicht einschüchtern [8], schleuderte vielmehr am 24. Juni, dem Tage Johannes des Täufers, fast von Angesicht zu Angesicht gegen Heinrich IV. und Wibert von neuem das Anathem [9].

Trotz seiner Erfolge aber trat Heinrich bald darauf (Anfang Juli) infolge von Verhandlungen mit den Römern und Gregor den Rückzug nach der Lombardei an [10]. Da diese Verhandlungen auch auf Wiberts Stellung ein klärendes Licht werfen, müssen wir ihnen zwar näher treten, indes ist dabei die Absicht nicht, sie in ihren durchaus noch nicht überall aufgeklärten Einzelheiten darzustellen,

passen die Dekrete sehr gut dahin. — Auf Norberts vita Bennonis c. 22 SS. XII, 72 kann man sich nicht berufen, da er ohne allen Zweifel die Brixener Versammlung im Auge hat; und Stenzels (I, 474) aus ihm erschlossene Meinung, dafs Wibert im April 1081 in Pavia von den Lombarden noch einmal als Papst förmlich anerkannt worden sei, ist in der Anm. 71 der MG. zu Norbert von Wilmans schon beseitigt worden. — Ganz falsche Kombinationen hat Mansi XX, 477 f. — Von Wibert ist überall keine Rede.

[1] Bon. 678. Bern. 1082 SS. V, 437. Benzo lib. 6 praef. SS. XI, 658.
[2] Giesebrecht III, 542 ff.
[3] Bon. 678. Bern. 1082 SS. V, 437. Giesebrecht III, 543 u. 1159.
[4] Bonizo 678. [5] Jaffé-L. I, 642 u. Addenda II, 713.
[6] Giesebrecht III, 544. [7] Vgl. Giesebrecht III, 543 ff.
[8] Giesebrecht III, 548 u. 1161.
[9] Bern. 1084 SS. V, 441. Cfr. Jaffé-L. I, 645.
[10] Bern. 1083 SS. V, 438. Giesebrecht III, 549.

vielmehr soll nur gegeben werden, was im ganzen als feststehend anzusehen ist, denn dieses genügt für unsere Zwecke [1].

Durch die Eroberung der Leostadt war Gregors Lage sehr prekär geworden, zumal die Treue der Römer, die natürlich die Belagerung stark empfanden, ins Wanken geriet [2]. Dadurch bedrängt, begann Gregor Unterhandlungen mit dem König anzuknüpfen, auf welche dieser einging, da er sich mit Rücksicht auf die Erfolge seiner Waffen wohl der Hoffnung hingab, Gregors Forderungen würden nicht zu übertrieben sein. Es kam zu einem vorläufigen Übereinkommen, das für Heinrich jedenfalls die Bedingung enthielt, von Rom zunächst abzuziehen, die er zu seinem Schaden erfüllte [3]. Weiter verabredete man, es solle Mitte November eine Synode zusammentreten, um endgültig den Streit zwischen König und Papst beizulegen; cuius sinodi statuta de causa regni nec Heinrico nec Romanis immo nulli penitus liceret praevaricari, sagt Bernold [4].

Nebenher gingen geheime Verhandlungen Heinrichs mit einem Teil der Römer, die ihm eidlich versprechen mußten, dafür zu wirken, daß er innerhalb 15 Tagen nach seiner Rückkehr von Gregor gekrönt werde. Wollte aber der Papst dem nicht willfahren, oder wäre er tot oder flüchtig, so gelobten die Römer, im Verein mit dem König einen neuen Papst zu wählen. Diese Abmachung war besonders für den Fall des Scheiterns der Verhandlungen mit Gregor getroffen.

Und wirklich führten die Versuche, zu einem Frieden zu gelangen, zu keinem Ergebnis. Es ist nicht sicher zu sagen, wodurch. Bernold weist Heinrich, Sigebert und Ekkehard Gregor die Schuld zu. In der That scheint der Papst, wenn man Bonizo hört, öffentliche Buße wegen der Exkommunikation vom König verlangt zu haben, während dieser gewiß erwartet hatte, mit einem geringeren

---

[1] Vgl. über dieselben Giesebrecht III, 549—555; Panzer, Wido von Ferrara 40—43 und Exkurs I, 51—54; Buchholz, Ekkehard von Aura 81—84. Die Quellen sind: Bern. 1083 SS. V, 438; Ekkeh. 1083 SS. VI, 205; Sigeb. 1083 SS. VI, 364; Bonizo 678 f. Der Eid der Römer SS. VIII, 461. Ein Schreiben Gregors an die französische Kirche Jaffé-L. 5259. Aus dem 8. Buche von Gregors Registrum die Nummern 51 u. 58 a (Jaffé, Bibl. II, 503 u. 516). Über das zweite Manifest Heinrichs an die Römer s. u. S. 48 Anm. 2.

[2] Bonizo 679. Bern. 438. Buchholz S. 82.

[3] Dies zeigt, daß es Heinrich mit dem Versuch, Frieden zu machen, ernst war, während man bei Gregor daran zweifeln kann; dieser dachte vielleicht nur, sich so für einige Zeit von seinem Gegner zu befreien.

[4] Bern. 438. Mit Buchholz S. 83 halte ich Ekkehards Angabe, daß als Termin für die Synode der erste November angesetzt worden sei, für einen Irrtum, entgegen Panzer S. 41, der zwei verschiedene Versammlungen annimmt.

Preise Gregor genügen zu können. Die Zeit vom Juli bis November, während welcher kein feindliches Heer vor Rom lag, hatte die Geister wohl auch wieder Mut schöpfen lassen, so dafs man bereits bereute, im Juli so weit gegangen zu sein, wie geschehen war. Infolgedessen hielten auch die Römer ihren Eid nicht.

Die Synode, welche man verabredet hatte, wurde freilich gehalten, trotzdem ihr Heinrich möglichst Abbruch zu thun suchte. sie diente aber nur, jeden ferneren Versuch einer Aussöhnung zwischen den kämpfenden Mächten unmöglich zu machen. da Heinrich auf ihr, wenn auch nicht namentlich, so doch deutlich genug bezeichnet von neuem gebannt wurde (20. November 1083)[1].

Diese Vorgänge gewähren uns nun einen Einblick in das Verhältnis Heinrichs zu Wibert. Schon das zweite Manifest, welches der König zu Beginn des zweiten Zuges nach Rom (Winter 1081/82) an Klerus und Volk dieser Stadt erliefs, gibt uns einen Fingerzeig[2].

In ihm ist von Wibert gar nicht die Rede[3]. Folgende Stellen sind beachtenswert: (Jaffé S. 500) Gregor soll auf einem Tage vor Heinrich erscheinen. Si (Gregorius) debet et potest esse apostolicus, nos sibi obediemus. Sin autem, in vestro arbitrio et nostro ecclesiae provideatur alius ecclesiae necessarius. Und Jaffé S. 501: Fiat discussio in conspectu ecclesiae. Si iustum sit, ut apostolicum

---

[1] Jaffé-L. I, 645.

[2] Es ist als epist. Bamb. 9 bei Jaffé, Bibl. V. 498 gedruckt und wird von Jaffé a. a. O., von Giesebrecht III, 540—542 u. 1159, von Martens, Besetzung des päpstl. Stuhls 208 auf Ende 1081 Anfang 1082, von Panzer, Wido 53 und Buchholz, Ekkehard 81 dagegen in 1083 während der Verhandlungen zwischen Heinrich und den Römern angesetzt. Ich schliefse mich der ersteren Anschauung an. Freilich sind die im Manifest sich findenden Anhaltspunkte für eine chronologische Fixierung gering. Aber (Jaffé S. 499) der Abschnitt Quem nos videntes et diutius ferre nolentes, Romam venimus etc. geht, scheint mir, nur auf die erste Ankunft Mai, Juni 1081, was durch die letzten Worte des Absatzes bestätigt wird, in welchen als Zweck des Zuges genau derselbe angegeben wird, wie in dem ersten ohne Zweifel zu Beginn des ersten Zuges anzusetzenden Manifeste (cod. Udalr. 66 bei Jaffé, Bibl. V, 138): die Herstellung des Friedens zwischen geistlicher und weltlicher Macht. S. 500 kann wohl: Ecce nos Romam Deo propitio veniemus constituto termino nicht füglich gesagt werden, wenn Heinrich schon die Leostadt mit der Peterskirche erobert hat, wie es doch 1083 der Fall war. Ein Zug nach Rom ist beabsichtigt; vom Winter 1081 ab bis zum Sommer 1083 lag nun Heinrichs Heer beständig vor Rom, wenn er auch nicht immer persönlich anwesend war; dann folgen die Verhandlungen mit den Römern und ihr Abbruch; zu dem Zuge im Herbst 1083 kann das Manifest nicht erlassen sein, da schon seit dem Sommer eben die Verhandlungen schwebten. nach der Novembersynode 1083 ist es undenkbar, es bleibt nur der zweite Zug (Winter 1081 1082), auf den alles pafst.

[3] Vgl. Martens, Besetzung des päpstl. Stuhls 208 f.

eum habeatis, ut apostolicum defendite. Ut furem et latebras que-
rentem nolite defendere. Danach will Heinrich eventuell Gregor
anerkennen, ist aber dies nicht möglich, im Verein mit den Römern
einen anderen Papst bestellen. Des Erwählten von Brixen geschieht
keine Erwähnung, damals wohl nur, um bei den Römern keinen
Anstofs zu erregen. Immerhin — das hebt Martens mit Recht hervor — war in einem öffentlichen Manifest Wibert mehr oder minder
deutlich desavouiert, welche Zusicherungen immer er heimlich
von Heinrich erhalten haben mochte. Die politischen Verhältnisse
mochten ja zu einem solchen Verfahren zwingen, aber für einen Mann
in Wiberts Stellung, für das Haupt der Christenheit war es ganz
gewifs eine „empfindliche Demütigung".

Es sollte 1083 noch schlimmer werden. Kaum zeigte sich eine
trügerische Aussicht, mit Gregor ins reine zu kommen, da griff
Heinrich zu, und wäre man zum Frieden gelangt, so hätte man Wibert
jetzt unfehlbar beiseite geschoben. In der That liefs Heinrich, als
er gegen den November[1] nach Rom zog, Wibert einfach in Ravenna
zurück[2], wohin er ihn geschickt hatte, und wo wir ihn Urkunden
ausstellend noch am 9. und 30. Dezember finden[3]. Mochte ihm
Heinrich auch äufserlich alle Ehrerbietung erweisen, die dem Papste
zukam, politisch war er nichts anderes als ein Werkzeug des Königs,
ganz abhängig von diesem. Nur Gregor hatte er es diesmal zu
danken, dafs er seine päpstliche Würde behielt[4].

Auch die ersten Monate des Jahres 1084 sahen Wibert noch
in Ravenna; verschiedene datierte und — da er in diesem Jahre
nicht wieder nach Ravenna kam — die undatierten Urkunden von
1084 fallen in diese Zeit. Am 13. und 23. Januar[5] gibt er Teile
seines Hofes Rovitula in Erbpacht, am 26. überweist er[6] den Brüdern Hubert und Johannes Land. Nicht näher datiert sind eine
Urkunde[7], durch die er Land im Gebiet von Ferrara verpachtet,
und eine andere[8], in der er von Bischof Hugo von Faenza Land
erhält.

Vor dem Monat Februar 1084 kann sonach Wibert nicht wieder

---

[1] Ekkeh. 1083 SS. VI, 205.   [2] Bern. 1083 SS. V, 438.

[3] Rubeus, Hist. Rav. 309.

[4] Vgl. Martens, Besetzung des päpstl. Stuhls 208 f.

[5] Fantuzzi, Mon. Rav. V, 163 No. 25 Reg. u. I, 395 No. 72 Reg.; Jaffé-L.
II, 752 No. 5317 a.

[6] Rubeus, Hist. Rav. 309; Jaffé-L. 5318. Auch am 22. Januar urkundet er
nach Rubeus 309, worüber Näheres nicht bekannt ist.

[7] Fantuzzi a. a. O. II, 383 No. 37 Reg.

[8] Mittarelli, Script. rerum Faventin. 408, daraus Cappelletti, Le chiese d'Italia
II, 258.

zu Heinrich gestofsen sein; eine entsprechende Aufforderung hat er
aber gewifs bald nach dem 20. November 1083 erhalten. Denn wie
Bernold [1] berichtet, überwinterte Heinrich im Gebiet von Rom und
wartete hier auf Wibert, der ihn krönen sollte, da alle auf Gregor
gesetzten Erwartungen zunichte geworden waren. Da nun in den
Februar 1084 der Zug nach Campanien und Apulien fällt [2], denke
ich, dafs er Heinrich erst auf dem Rückwege von da nach Rom
wieder erreicht hat.

Damals weilte an des Königs Hofe auch Abt Desiderius von
Monte-Casino, der sich mit Wibert in mannigfache Erörterungen
einliefs [3]. Den Entschlufs zu dieser Reise hatte er um die Zeit der
Synode vom November 1083 gefafst, die Ausführung wird aber noch
etwas angestanden haben [4]. Der König und der Abt trafen sich in
Albano, südöstlich von Rom, vielleicht als Heinrich im Begriff stand,
den Zug nach Campanien anzutreten. Jedenfalls möchte dies eher
anzunehmen sein, als dafs die Zusammenkunft erst im März nach
der Rückkehr von dort stattgefunden habe [5]. Denn da Heinrich
Mitte März in Rieti war [6], also durch das Herzogtum Spoleto zog,
und da er am 21. schon vor der porta Lateranensis stand [7], so wird
sich ein Aufenthalt in Albano damit schwer vereinigen lassen. Auch
ist es schon nicht recht ersichtlich, warum zwischen Entschlufs und
Ausführung die lange Zeit vom November 1083 bis Februar 1084
verflofs, und diese Schwierigkeit wird nicht geringer, wenn man noch
einen Monat mehr verstreichen läfst.

Dazu blieb Desiderius längere Zeit am Hofe, wie aus Petrus

---

[1] Bern. 1084 SS. V, 439.   [2] Ekkeh. 1084 SS. VI, 205.

[3] Petrus Casin. 3, 50 SS. VII, 739 f. Ich billige die Erklärung der Stelle,
welche Panzer, Wido 54—56 giebt, durchaus, wenn ich auch mit der Darstellung
S. 42 f., die er daraus abgeleitet hat, mich nicht einverstanden erklären kann.
Von nochmaligen Versuchen, mit Gregor Frieden zu machen, kann keine Rede
sein. Wenn Petrus Casin. S. 739 berichtet, die Reise des Desiderius und der
ihn begleitenden Normannen sei auch in der Absicht unternommen, ut causa
fidelitatis Romanae ecclesiae, de pace inter pontificem et imperatorem satagerent,
so sind sie damit zu spät gekommen und jedenfalls bei Heinrich einer schroffen
Ablehnung begegnet.

[4] Die Zeit nach dem November 1083 steht namentlich fest wegen der Erwähnung Ottos von Ostia (nachmals Urban II.) am Hofe Heinrichs (S. 740), der
erst um den 11. November 1083 gefangen genommen wurde. Freilich ist die
Disputation zwischen Desiderius und Otto sachlich unmöglich, wie ich mit
Scheffer-Boichorst, Neuordnung der Papstwahl 92 f., und Martens, Besetzung
des päpstlichen Stuhls 232, glaube [Hirsch, Forschungen VII, 82 Anm. 2 folgt
einer anderen Chronologie].

[5] So Giesebrecht III, 556.   [6] Stumpf 2853.

[7] Vgl. Giesebrecht III, 1162 und Buchholz, Ekkehard 85.

Casinensis deutlich hervorgeht[1], vielleicht hat er Heinrich auf seinem Zuge begleitet. Als auch Wibert am Hoflager angekommen war, soll er nach Petrus viel mit diesem disputiert haben, einmal über Nikolaus' II. Wahldekret. Dann aber habe er ihn scharf getadelt, daſs er den päpstlichen Stuhl usurpiert habe; Wibert habe nicht vermocht, sich zu rechtfertigen, und sich schlieſslich darauf zurückgezogen, daſs es wider seinen Willen geschehen sei, denn hätte er es nicht gethan, so hätte ohne allen Zweifel der Kaiser seine Würde verloren, und das habe er verhindern wollen[2].

Den Anlaſs zu Heinrichs Rückkehr aus Unteritalien aber hatte eine Gesandtschaft der Römer gegeben, die ihm in allen Dingen Gehorsam gelobte; Rom war der Beschwerden des Krieges überdrüssig; die alte Not war seit dem November 1083 wiedergekehrt. Des Königs Ziel war jetzt erreicht[3]: schon am 21. März zog er mit Wibert in das eigentliche Rom ein und nahm vom Lateran Besitz[4].

---

[1] Petrus Casin. 3, 50 SS. VII, 740: Super haec interim quamdiu ibi permansit Desiderius.... cotidie cum eis et saepissime contendebat etc.

[2] Noch vor dem 21. März (Einnahme von Rom) scheint sich Desiderius beurlaubt zu haben und nach Monte-Casino zurückgekehrt zu sein; von einer Teilnahme an den Ereignissen der letzten Märztage hört man nichts. Nun berichtet Petrus Casin. S. 740 von der durch Jordan von Capua vermittelten Zusammenkunft des Königs und des Abtes: ita flexit se (Desiderius) ut ipse coram principe (Jordane) amicitiam sibi promitteret, et de corona imperiali acquirenda illum pro suo posse adiuvaret, salvo tamen ordine suo. Daſs er ein solches Versprechen geleistet habe, bestätigt er durch seine eigene Aussage in dem Briefe Hugos von Lyon an die Gräfin Mathilde bei Hugo Flav. SS. VIII, 466. Heinrich konnte dabei an Gregor nicht mehr denken, für Desiderius. der mit Wiberts Erhebung nicht einverstanden war, nur Gregor in Betracht kommen. So Hirsch, Forschungen VII, 81; Panzer, Wido 42. Giesebrecht III, 556 läſst sich über diese Schwierigkeit nicht aus. Ich denke mir: das absichtlich allgemein gehaltene Versprechen muſste unwirksam bleiben, weil jeder es nach seinem Bedürfnis auslegte. Als die Dinge der Entscheidung nahten, entfernte sich der schwache Desiderius lieber, und Heinrich, mit dem Erreichten zufrieden, lieſs ihn ziehen. Dennoch verfiel der Abt der Exkommunikation durch Gregor, zu welcher sein Verkehr mit Exkommunizierten schon einen genügenden Grund abgab. Vgl. Panzer, Wido 47.

[3] Ekkeh. 1084 SS. VI, 205. Heinrichs Brief an Bischof Dietrich von Verdun in den Gesta Trev. SS. VIII, 185 (Stumpf 2859). Walram de unit. eccl. 2, 7 ed. Schwenkenbecher S. 50.

[4] So Bern. 1084 SS. V, 440 und Ann. Cavenses 1084 SS. III, 190, während Ekkeh. 1084 SS. VI, 205 den 22. März als Tag des Einzuges bezeichnet. Indes ist der 21. März (dies Sancti Benedicti) nach Heinrichs eigener Aussage in seinem Briefe an Dietrich von Verdun, Gesta Trev. SS. VIII, 185 (Stumpf 2859), und nach Stumpf 2854 festzuhalten. S. auch Buchholz, Ekkehard 86.

Sechstes Kapitel.

Von der Inthronisation bis zum Tode Gregors VII.

Gleich nach dem Einzuge in Rom wurde in die Peterskirche, wie es scheint[1], eine Synode berufen, welche die Beschlüsse von Brixen gewissermafsen legalisieren sollte. Die Römer bestätigten zunächst den damals gefafsten Beschlufs über den nunmehr in die Engelsburg geflüchteten Gregor, der von neuem abgesetzt und gebannt wurde[2]. Nach Heinrichs Brief an Dietrich von Verdun[3] wäre das geschehen legali omnium cardinalium ac totius populi Romani iudicio; das mag immerhin übertrieben sein, gewifs wird man annehmen können, dafs ein grofser Teil des römischen Volkes, der langen Kriegsnot müde und von Heinrich den Frieden erhoffend, diesen Mafsregeln zugestimmt hat[4].

Andererseits läfst sich wahrscheinlich machen, dafs Gregor aufser vom Volk auch von einer gröfseren Zahl Kardinäle gerade im Frühjahr 1084 nach Heinrichs Erfolgen im Stiche gelassen wurde[5]. Landulf berichtet[6]: Interea Gregorius sese videns a civibus et a quampluribus cardinalibus destitutum etc. Und in einer der bei Sudendorf veröffentlichten Schriften der schismatischen Kardinäle heifst es[7]: Tu quoque (sc. Greg. VII.), postquam irrevocabiliter errasti, a patribus Romanae ecclesiae deseri meruisti, a quibus Clemens papa postmodum canonice invitatus et electus non apostolici pontificis sed heretici et fidei catholicae proditoris supplantator accessit. Unter den patres Romanae ecclesiae sind mit Panzer die römischen Kardinäle zu verstehen. Aufs beste stimmen dazu die Angaben des Kardinals Beno[8]; dieser zählt (Goldast S. 1) die Namen der von

---

[1] Benzo 6, 6 SS. XI, 666: Synodus hinc congregatur in Petri vestibulo; cfr. lib. 7 prol. SS. XI, 669: elevatur Ravennas in Petri domicilio.

[2] Benzo a. a. O. Sigeb. 1084 SS. VI, 364.

[3] Gesta Trever. SS. VIII, 185; Stumpf 2859.

[4] Die unteritalienischen Annalen, z. B. Ann. Cavenses 1083 SS. III, 190. erheben freilich Widerspruch, der aber nichts bedeuten kann: Wibertum absque consilio et voluntate totius Romanae ecclesiae papam constituit. Vgl. dagegen vita Hrci. IV. c. 6 SS. XII, 276: Clementem papam ad electionem omnium instituit. — Ann. Yburg. 1084 SS. XVI, 438: Wicbertum Ravennae episcopum electione cunctorum constituit.

[5] Vgl. Panzer, Wido 44 f. Anm. 1.

[6] Landulfi hist. Mediol. c. 33 SS. VIII, 100.

[7] Sudendorf, Registrum II, 34 S. 70 f.

[8] Beno de vita et gestis Hiltebrandi bei Goldast, Apologiae S. 1. Näheres bei Panzer, Wido 45. Vgl. auch Beno S. 8 f.: Mentimur nisi tredecim cardinales sapientiores et religiosiores, ipse archidiaconus et ipse primicerius et multi

Gregor Abgefallenen auf, wobei er Hugo Candidus ausläfst, dagegen „cuncti milites banda gestantes" aufführt, zwei Umstände, die sehr für einen gemeinsamen Übertritt der Genannten im Frühjahr 1084 sprechen.

Nach Gregors Absetzung folgte Wiberts Wahl in der Weise, wie sie vor dem lateranensischen Wahldekret von 1059 geübt worden war, und wie man sie analog auch in Brixen vollzogen hatte (s. o. S. 38 ff.). Heinrich gab als Patricius von Rom seine Stimme zuerst und entscheidend ab; was folgte, war eine Wahl durch clerus und populus in aller Form, doch nur pro forma. Die Wahl von Brixen wurde nicht einfach bestätigt, sondern man that, als ob sie gar nicht vorhanden wäre, und veranstaltete eine vollständige Neuwahl, gegen die ein formaler Einwand nicht erhoben werden konnte.

Erklärlicherweise spricht Heinrich selber in dem Briefe an Dietrich von Verdun[1] von dieser Neuwahl nicht, denn die Worte [scias] .. et electum papam nostrum Clementem in sede apostolica sublimatum omnium Romanorum acclamatione beziehen sich meines Erachtens auf die Inthronisation.

Ganz sicher aber ist das Zeugnis Walrams von Naumburg[2]: ergo cum misereretur Christus ovibus suis, quibus noluit Hildebrant misereri, relictis eis, fugit in Traianium, quae scilicet munitio hactenus inexpugnabilis dicta est, vulgo domus Theodorici. Tum quidem Romana ecclesia elegit Wigberdum successorem illi fugitivo. Diese Stelle bezieht sich zweifellos auf die Synode von 1084. Derselbe Schriftsteller ergänzt seine Aussage an zwei anderen Stellen, die der obigen so analog sind, dafs sie hierher und nicht auf die Brixener Synode bezogen werden müssen, womit sich die beachtenswerte Thatsache ergiebt, dafs Walram von letzterer überhaupt schweigt[3]. An der einen Stelle[4] heifst es: Ergo quibus ex causis et qua necessitate Wigberdus papa sit electus, supra iam diximus, qui certe per eius, quae vere est Romana ecclesia, consensum et per suffragium Henrichi regis eiusdemque Romani patritii est ordinatus[5].

---

alii Lateranensium clericorum, quorum iudicio ex privilegio sanctae sedis totus subiacet mundus, apostasim eius intolerabilem perpendentes, ab eius communione recesserunt.

[1] Gesta Trev. SS. VIII, 185; Stumpf 2859.
[2] Walram de unit. eccl. 2, 7 ed. Schwenkenbecher S. 51; vgl. 2, 17 S. 71.
[3] Ewald, Walram von Naumburg S. 80, spricht sich nicht darüber aus, ob er die beiden Stellen zu 1080 oder zu 1084 bezieht. Die Stelle 2, 6 führt Jaffé-L. I, 649 für 1080, Panzer, Wido 45 Anm. 1 für 1084 an.
[4] Walram a. a. O. 2, 21 S. 80.
[5] Gleich darauf heifst es in demselben Kapitel: Nunc autem Romana ecclesia et patritius Romanorum consenserunt in Wigberti electione.

Diese Stelle, welche ein klares Bild von dem Wahlvorgange giebt, wird durch die andere nur scheinbar widersprechende bestätigt[1]: Romana ecclesia. . . . elegit . . . . Wigberdum Ravennatis ecclesiae episcopum ad pastoralem curam Romani pontificatus, consentiente pariter et agente rege Henricho eodemque patricio Romanae ecclesiae. Da ferner auch Benzo[2], die vita Henrici IV.[3] und die Annales Yburgenses[4] von einer Wahl in Rom sprechen, so leidet die Neuwahl wohl keinen Zweifel[5].

Darum ist nichts natürlicher, als daß wir eine ganze Reihe Nachrichten haben, die Wibert erst mit dem Jahre 1084 Papst werden lassen, wobei sie seine Erhebung allein Heinrich zuschreiben. So die Annales Einsidlenses[6], die Ottenburani[7], die Lütticher[8] und die Gruppe der unteritalienischen Annalen[9] nebst den Annales Beneventani[10], zahlreiche andere, allgemeiner gehaltene Angaben, die ich nicht citiere, die aber ganz dasselbe aussagen, namentlich alle die Erhebung Wiberts allein als Heinrichs Werk hinstellen.

Am Sonntage — dieser Tag war Regel[11] — nach der vollzogenen

----

[1] Walram a. a. O. 2, 6 S. 49. Vgl. Zöpffel, Die Papstwahlen, S. 97 u. 98.

[2] Benzo 6, 6 SS. XI, 666: eligitur; 7 prol. S. 669: elevatur.

[3] Vita Hrci. IV. c. 6 SS. XII, 276: Clementem papam ad electionem omnium instituit.

[4] Ann. Yburg. 1084 SS. XVI, 438: (Rex Hrc.)... Wicbertum Ravennae episcopum electione cunctorum constituit (aus Ann. Patherbr. ed. Scheffer-Boichorst S. 99).

[5] Allgemein drücken sich aus Ann. August. 1084 SS. III, 131: Romani... Wicpertum... receperunt. Vgl. auch die oben S. 52 f. aus Sudendorfs Registrum beigebrachte Stelle.

[6] Ann. Einsidl. 1084 SS. III, 146: Wigbertum Ravennatem archiepiscopum... subrogavit.

[7] Ann. Ottenbur. 1084 SS. V, 8: Wigbertus papa factus est et Clemens nominatus.

[8] Ann. Laubienses 1084 SS. IV, 21: Heinricus rex... Clementem subrogat. — Ann. Leod. 1083 SS. IV, 29 Ann. S. Jacobi Leod. 1084 SS. XVI, 639: Vicbertus, qui et Clemens, papa sufficitur.

[9] Ann. Cavenses 1083 SS. III, 190; Ann. Casin. 1082 SS. XIX, 306; Ann. Cecean. 1083 SS. XIX, 281; danach Petrus Casin. 3, 50 SS. VII, 739: Heinricus rex iterum Romam veniens porticum S. Petri per vim cepit et ex magna parte destruxit. Archiepiscopum Ravennensem, invasorem apostolicae sedis, absque consilio et voluntate totius Romanae ecclesiae papam constituit. Die chronologische Differenz wird auf einem Irrtum beruhen; denn 1084 wird Wibert gar nicht wieder erwähnt.

[10] Ann. Benevent. 1084 SS. III, 182: Heinricus imperator ordinavit Clementem papam Romae, qui erat archiepiscopus Ravennae, wollen wohl weiter nichts sagen als die anderen. — Vgl. noch Will. Malmesb., Gesta regum Angl. 3, 262 u. 266 SS. X, 473 u. 475; Gesta pontif. Angl. 1, 49 SS. XIII, 136.

[11] S. Zöpffel, Papstwahlen 250.

Wahl, es war der Palmsonntag (24. März)[1], fand dann die feierliche Inthronisation Wiberts statt, der den Namen Clemens III. angenommen hatte, sicherlich, um damit an Clemens II., den ersten der von Heinrich III. ernannten Päpste, und dadurch indirekt an die Basis seiner Würde zu erinnern. Erst von diesem Tage ab rechnete er die Jahre seines Pontifikats, und ebenso kommt erst von nun an seine päpstliche Würde in seinen Urkunden zum Ausdruck.

Diese muſs man in zwei Gruppen scheiden: in solche, die er als Erzbischof von Ravenna ausgestellt hat, und andere, die von ihm als Inhaber des apostolischen Stuhles erlassen wurden.

Es ist mir keine erzbischöfliche Urkunde von ihm begegnet, in der er je nach Gregors Pontifikat datiert hätte, auch nicht vor 1080. Nach diesem Jahre verbot sich das ja von selbst; aber bis 1084, d. h. bis zu seiner Inthronisation, findet sich auch keine Hindeutung auf seine eigene päpstliche Würde, nur daſs sich dreimal ein servus servorum Dei zwischen den Namen Wibertus und den Titel archiepiscopus Ravennae verirrt hat[2]. Nach der Inthronisation wird in der Datierung gewöhnlich ein temporibus domni Clementis pape vermerkt, im Text aber handelt und verfügt dominus Gibertus archiepiscopus oder wie er sich sonst bezeichnet, als ob er von Papst Clemens weit verschieden wäre. Zwei Beispiele mögen genügen, eine Urkunde vom 5. April 1088[3]: Anno domin. inc. 1088 temporibus domni Clementis papae sedis eius anno 5. sicque imperante domno Henr. filio qu. Henrici imp. anno 5. die 5. mensis Aprilis ind. 11. Rav. domino sancto et meritis beatissimo atque apostolico patri patrum[4] domno Vuiberto, sanctae cathol. Ravenn. eccl. archiepiscopo etc., und eine zweite vom 22. September 1097[5]: In nomine patris et filii et spiritus sancti. Anno ab incarn. eius 1097 temporibus domni Clementis pape et Inrici imperat. die 22. mensis Septembris ind. 6 in urbe Cesene.... Dum sederet dominus Gibertus archiepiscopus sancte Ravennatis ecclesie in claustro Cesenatis canonice etc.

---

[1] Ekkeh. 1084 SS. VI, 205.

[2] Am 8. Mai 1081 (Rubeus, Hist. Rav. 307 f., Bertoldi, Mem. stor. d'Argenta I, 181), am 23. Januar 1084 (Fantuzzi, Mon. Rav. I, 395 No. 72 Reg.) und ohne näheres Datum 1084 in einer Ravennatischen Angelegenheit, also vor dem März (Fantuzzi a. a. O. II, 383 No. 37 Reg.).

[3] Jaffé-L. 5327.

[4] Daſs dies keine Bezeichnung für seine päpstliche Würde ist, beweist, daſs er genau denselben Titel schon am 14. Mai 1074 führt; s. o. S. 26 Anm. 2.

[5] Mittarelli, Ann. Camald. III, 56. Fantuzzi a. a. O. IV, 228. — Die Beispiele lassen sich leicht vermehren: es steht z. B. ebenso mit Jaffé-L. 5323, 5328, 5338 und den daselbst ohne Nummer angeführten Urkunden von 1090 u. 1098 bei Rubeus 314 und Amadesi II, 345 u. 346; ersterer hat diese Erscheinung bereits bemerkt und erwähnt.

Päpstliche Urkunden sind vor der Inthronisation nicht bekannt, denn Jaffé-Löwenfeld 5319 kann kaum am 2. März 1084 erlassen sein; nachher lautet die Formel, wie üblich: Clemens episcopus servus servorum Dei, nur ein einziges Mal anders [1]: Clemens ego III. presul Romanus [2].

Darf man nun den feierlichen Akt des 24. März 1084, wie ich oben (S. 55) gethan habe, als Inthronisation, mufs man ihn nicht vielmehr als Konsekration bezeichnen? Von vornherein ist zu beachten: wer zum Papst gewählt wird und schon im Besitz der Bischofsweihe ist, kann nicht noch einmal geweiht werden, es giebt keine Papstweihe neben der Bischofsweihe; in diesem Falle tritt an die Stelle der Konsekration eine einfache Benediktion, die ganz Nebensache ist. Fehlt dem Neugewählten aber noch die höchste Weihe, so hat er sie noch zu empfangen. Inthronisation indessen findet in jedem Falle statt [3]. Gregor VII. z. B., bis zu seiner Wahl Kardinal-Archidiakon, wurde am 22. April 1073 inthronisiert, am 29. Juni konsekriert [4]. Ein anderes noch schicke ich voraus: es war im 11. Jahrhundert noch eine durchaus neue Erscheinung, dafs ein Papst der Konsekration nicht bedurfte. Denn von 891 bis 1012 wurden nur 6 Bischöfe zu Päpsten gewählt [5]; erst die von Heinrich III. ernannten waren alle Bischöfe, dann auch ihre Nachfolger aufser Stephan IX. und Gregor VII. Wenn Fernerstehende dadurch sollten in Verwirrung geraten sein, so wäre das nicht zu verwundern, um so weniger, als Konsekration und Inthronisation in dieser Reihenfolge in der Regel (wenn auch nicht immer) an einem und demselben Tage gleich nacheinander vorgenommen wurden [6].

---

[1] Jaffé-L. 5326.

[2] Urkunden anderer aus den Jahren 1080—1084 mit einer Beziehung auf Wiberts Pontifikat habe ich nur eine gefunden, deren Datierung aber fehlerhaft ist. Sie wird erwähnt bei Rubeus, Hist. Rav. 309 und ist gedruckt bei Amadesi, Antist. Rav. II, 347, App. No. 80. Aussteller ist Abt Gerhard zu Imola, dessen Bischof Suffragan von Ravenna ist. Der Eingang lautet: Annus inc. Jesu Christi ... 1084(?) Giberto archiepiscopo papa electo anno 3. Inricus Inrici filius in Italia regnante annis tribus gratia Dei regi die 16. mensis Maii (so im Druck bei Amadesi; bei Rubeus: XVI Kal. Apr.) ind. 7 in domo S. Mariae in Regula in civitate Corneliensi.

[3] So Hinschius, Kirchenrecht I, 291. Sehr entschieden äufsert sich in diesem Sinne auch Martens, Besetzung des päpstlichen Stuhls 41 ff., wo er einen guten Überblick über diese Frage giebt; während Zöpffel in der 3. Abteilung seiner Papstwahlen (S. 233 ff.) Inthronisation und Konsekration für jeden Papst in Anspruch nimmt. S. daselbst u. a. S. 239 Anm. 12, wo die schon von einer anderen Seite ausgesprochene Martenssche Ansicht scharf zurückgewiesen wird.

[4] Jaffé-L. I, 598, 599.   [5] Vgl. Martens a. a. O. 42.

[6] Zöpffel, Papstwahlen 243 ff. u. 257.

Da nun Wibert als Erzbischof von Ravenna im Besitz der höchsten Weihe war, so wäre a priori anzunehmen, dafs er am 24. März 1084 lediglich inthronisiert worden sei. Wir haben nach dieser Richtung indes noch eine Prüfung der Quellen vorzunehmen.

Bonizo schreibt [1]: Heinricus ... ad dedecus et infamiam totius ecclesiae Guibertum in sede sancti Petri o r d i n a r e constituit. Et cum non haberet episcopos cardinales sacerdotes sanctae Romanae ecclesiae, nec levitas, nec comprovinciales episcopos, quibus mos est papam i n t r o n i z a r e, a Mutinensi episcopo et a Bononiensi et a Cerviensi in sede beati Petri i n t r o n i z a t u s est. Er redet also nur von Inthronisation, auf die er auch den Ausdruck ordinare anwendet. Lediglich von intronizatio berichten Ekkehard [2], Sigebert [3] und Deusdedit [4]; ferner diejenigen Quellen, welche den vorgenommenen Akt als collocatio in sede Petri bezeichnen, denn nichts anderes ist er, also Marianus Scottus [5], Hugo von Flavigny [6] und Donizo [7]. Der Ausdruck, den Heinrich IV. in seinem Briefe an Dietrich von Verdun braucht [8], ist ziemlich indifferent, spricht aber zunächst nur für eine collocatio in sede Petri, es heifst: [scias] ... et electum papam nostrum Clementem i n s e d e a p o s t o l i c a s u b l i - m a t u m omnium Romanorum acclamatione.

Bernold [9] verlegt den Akt, um den es sich handelt, irrtümlich

---

[1] Bonizo 679.

[2] Ekkeh. 1084 SS. VI, 205: Qui (Wib.) sequenti dominica per multos pontifices apostolico nomini dicatus nomenque Clemens accipiens, reverenter est i n t r o n i z a t u s.

[3] Sigeb. 1084 SS. VI, 364: Guicbertus Ravennarum archiepiscopus in sedem apostolicam i n t r o n i z a t u s Clemens nominatur.

[4] Deusdedit c. invas. 2, 11 bei Mai, Nova patr. bibl. VII, 3, 93: Et tandem suo Simone magis pretio quam vi i n t h r o n i z a t o, ab eodem imperialem coronam accepit. [Nach ihm Petrus Casin. 3, 70 SS. VII, 751].

[5] Marianus Scottus cont. II, 1083 (wie Gregors Tod 1084 statt 1085 um ein Jahr verschoben) SS. V, 563: Heinricus ... Wicbertum in s e d e a p o s t o - l i c a c o n s t i t u i t [wenn dies nicht nur heifsen soll: machte zum Papst].

[6] Hugo Flav. 1084 SS. VIII, 461: Heinricus suum papam i n e c c l e s i a s a n c t i P e t r i s e d e r e c o n s t i t u i t. [Nach ihm Hugo Flor. de mod. Franc. regibus SS. IX, 392 zu 1084: (Hrc.) Ravennorum archipresulem ordinari precepit et in e c c l e s i a s a n c t i P e t r i s e d e r e c o n s t i t u i t, et eum Clementem appellari fecit.]

[7] Donizo 2, 216 f. SS. XII, 384:
.... papam statuens ibi turpem.
In c a t h e d r a l o c a t hunc (sc. Wib.), falso Clemens vocitatur.
Cfr. 2, 228 ff. SS. XII, 384.

[8] Gesta Trev. SS. VIII, 185; Stumpf 2859.   [9] SS. V, 438.

in das Jahr 1083 [1]. Zu diesem Jahre berichtet er nämlich: (Sicque)
Guibertum Ravennatem ... apud Sanctum Petrum intronizavit.
Anläfslich der Kaiserkrönung Heinrichs kommt er zum Jahre 1084 [2]
auf Wibert zurück, dessen Person und Handlungen er seinem Standpunkt angemessen ziemlich abfällig beurteilt, dabei den schon öfter
genannten Brief Gebhards von Salzburg an Hermann von Metz aus
dem Jahre 1084 benutzend [3]. Er sagt ausdrücklich: Hic (sc. Wib.)...
sedem Romani pontificis ... praeterito anno invasit, und ändert dieser
Ansicht entsprechend eine Stelle des Briefes. Während Gebhard
gesagt hatte: (Wib.) in Romana synodo inrecuperabiliter depositus
et anathematizatus est ab apostolica sede et ab episcopis totius
ecclesiae; nec hoc semel in una synodo, sed in omnibus synodis, quotquot iam septennio Romae celebratae sunt, schreibt Bernold im
übrigen fast wörtlich so, zum Schlusse aber: quotquot iam sexen-
nio Romae celebratae sunt.

Nun werden in der Einleitung Hugos von Flavigny zum Briefe
Gebhards auf den in Frage stehenden Akt nacheinander die Ausdrücke promotio, intronizatio, execratio bezw. consecratio, ordinatio
angewendet. In bunter Folge kehren dieselben Bezeichnungen (nur
noch vermehrt um das Wort benedictio) in Gebhards Brief und an
beiden Stellen Bernolds wieder. Man darf daraus nicht entnehmen,
dafs etwa intronizatio und consecratio identisch seien; es liegt vielmehr Lässigkeit im Ausdruck vor. Da gewöhnlich beide Akte er-
forderlich waren und auf denselben Tag fielen, war man gewohnt,
die Worte intronizatio, consecratio, ordinatio promiscue zu ge-
brauchen; promotio ist einfach gleich intronizatio. Jedenfalls —
soviel glaube ich behaupten zu dürfen — widersprechen diese Stellen
dem nicht, dafs lediglich eine Inthronisation stattgefunden hat. In
derselben Weise sind auch zu erklären die Nachrichten der Annales
Augustani 1084 [4]: Romani ... Wicpertum superpositum receperunt
et ordinaverunt, Clementis nomine imposito, der Annales Yburgenses 1084 [5]: Qui mox consecratus, Clemens est nominatus und
Landulfs [6]: electum (sc. Wib.) ... summa cum devotione consecra-

---

[1] Panzer, Wido 51 f. sicht darin eine beabsichtigte Verdrehung der Thatsachen; ich kann aber nicht finden, wie die Inthronisation illegaler erscheint
oder damals erschienen wäre, wenn sie 1083, als wenn sie 1084 erzählt wird;
es ist ein chronologischer Irrtum, nichts weiter.

[2] SS. V, 440.

[3] Bei Hugo Flav., SS. VIII, 459 und im cod. Udalr. 69 bei Jaffé, Bibl.
V, 141.

[4] SS. III. 131.   [5] SS. XVI. 438.

[6] Landulfi hist. Mediol. 3, 32 SS. VIII, 99.

runt. Schliefslich ist noch Benzo zu erwähnen [1], der an den beiden
einschlägigen Stellen das Wort benedicere braucht. Dadurch wird
die Annahme, dafs nur Inthronisation mit einfacher Benediktion vorgenommen wurde, in bedeutsamer Weise gestützt; ich halte sie nunmehr für erwiesen.

Dieser ganzen Argumentation scheint aber eine Nachricht der
Annales Augustani 1083 zu widersprechen, welche lautet [2]: Saltem
rex Romam ingressus, cum omni humilitate et devotione apostolorum
limina petens, Wicpertum dudum superpositum in vigilia apostolorum
(28. Juni) in sede apostolica constituit [3]. Derselbe Annalist berichtet,
wie eben mitgeteilt, zu 1084 [4]: Romani ... Wicpertum superpositum
receperunt, et ordinaverunt, Clementis nomine imposito. Danach
könnte es scheinen, dafs am 28. Juni 1083 eine Inthronisation, am
24. März 1084 eine Konsekration Wiberts stattgefunden habe. Denn
in sede apostolica constituit wird von den Chronisten des 11. und
12. Jahrhunderts, freilich nicht häufig, für in cathedra beati Petri
collocavit oder dergleichen gesagt [5]. So fafste denn auch Giesebrecht [6] den Bericht auf. Ihm meinte Löwenfeld [7] sich nicht anschliefsen zu können und dachte seinerseits an die introductio in
Lateranense patriarchium und die collocatio in sede post altare, über
die Zöpffel [8] ausführlich redet. Diese Annahme verbietet sich darum,
weil Heinrich im Jahre 1083 nur in den Besitz der Leostadt mit
der Peterskirche, nicht einmal in den von Trastevere, geschweige in
den der Stadt Rom links des Tiber gelangte; da in letzterem Teile
der Lateran gelegen ist, so konnte Wibert dort nicht introduziert
werden [9]. Freilich kann auch ich mich mit Giesebrecht nicht einverstanden erklären, denn an Inthronisation und Weihe ist bei Wibert

---

[1] Condempnato incubone, Ravennas eligitur
 Orthodoxus, qui de regum traduce producitur,
 Cesare precipiente papa benedicitur.
So Benzo 6, 6 SS. XI, 666. Derselbe 7 prol. SS. XI, 669: Remoto itaque noctis
filio, elevatur Ravennas filius lucis in Petri domicilio. Quem rex benedici pre-
cipiens, imposuit ei nomen Clemens.

[2] SS. III, 130.

[3] Ann. Ratispon. 1083 SS. XVII, 584: Heinricus ... constituit in apostolica
sede ... Guibertum unterstützen diese Nachricht schwerlich; ebensowenig die
oben (S. 54 Anm. 9) citierte unteritalienische Annalengruppe. Beide berichten
die Thatsache eben nur einmal, und es liegt näher, einen Irrtum im Jahr anzunehmen.

[4] SS. III, 131.   [5] Zöpffel, Papstwahlen 248 f.   [6] III, 548 u. 1161.
[7] Jaffé-L. I, 650.   [8] Papstwahlen 219 ff.
[9] Giesebrecht III, 548. · Darüber ist ein Zweifel nicht möglich; vgl. z. B.
Ann. Cav. 1083 SS. III, 190. Bernold 1083 SS. V, 438 u. a.

nicht zu denken; auch Panzer[1] kann ich mich nicht anschliefsen, der (S. 46) Wibert am 24. März 1084 fälschlich inthronisiert und geweiht werden läfst und (S. 51) die Angabe der Augsburger Annalen zu 1083 für durchaus ungenau erklärt und verwirft. Martens[2] endlich meint, da der Verfasser der Annalen zum Jahre 1084 die Ordination Wiberts richtig notiert habe, so könne er bei dem Passus in 1083 unmöglich an die eigentliche locatio in sede Petri gedacht haben. Er versucht (S. 215) so zu erklären: Der Annalist habe sich mifsverständlich ausgedrückt, Heinrich habe ja die Peterskirche erobert und damit erreicht, dafs Wibert in St. Peter kirchliche Funktionen vornehmen konnte. Das habe der Annalist sehr ungeeignet mit constituere in sede apostolica bezeichnet.

Man könnte an eine königliche Inthronisation zu denken geneigt sein, die dann nachher wie der Tag von Brixen totgeschwiegen worden sei. Aber gerade in dieser Zeit eine solche anzunehmen, halte ich für wenig geraten, da Heinrich in Verhandlungen mit den Römern begriffen war und ja daran dachte, Wibert fallen zu lassen. Auch war der 28. Juni ein Mittwoch, der 29. dagegen ein hoher Festtag; warum wurde dann die strenge Vorschrift[3], dafs die Inthronisation an einem Sonntage oder hohen Festtage zu erfolgen habe, nicht beachtet, da man doch nur einen Tag hätte zu warten brauchen? Und so neige auch ich mich dahin, einen sehr unglücklichen Ausdruck des Annalisten anzunehmen, der sich wohl nicht bewufst war, wie leicht seine Worte mifsdeutet werden konnten. Es soll wohl nur gesagt sein, dafs an dem so hohen kirchlichen Festtage St. Peter und Paul die gottesdienstlichen Funktionen, die ja schon am Vorabend beginnen, von Wibert in St. Peter verrichtet werden konnten.

Ein Punkt ist noch zu erörtern, ehe wir die Besprechung der Inthronisation abschliefsen können. Nach Gebhard von Salzburg stand es den Kardinalbischöfen von Ostia, Albano und Porto zu, bei der Inthronisation zu assistieren; diese aber gehörten nicht zu Heinrichs Partei. Deshalb liefs er andere eintreten, nach den einen[4] die Bischöfe von Modena und Arezzo, die beide seit 3 Jahren[5] exkommuniziert waren, nach den anderen[6] die Bischöfe

---

[1] Panzer, Wido 46 u. 51; vgl. noch Buchholz, Ekkehard 86.

[2] Martens, Besetzung des päpstlichen Stuhls 214 f.

[3] Zöpffel, Papstwahlen 250.

[4] Bern. 1083 SS. V, 438; 1084 SS. V, 480 nach dem Briefe Gebhards von Salzburg an Hermann von Metz bei Hugo Flav. SS. VIII, 459 und im cod. Udalr. 69 bei Jaffé, Bibl. V, 141.

[5] Nach dem Briefe Gebhards von 1084; es konnte im Februar 1081 geschehen sein, s. Reg. 8, 20a bei Jaffé, Bibl. II, 452.

[6] Bonizo 679.

von Modena, Bologna und Cervia, also drei Suffragane Wiberts. Indes waren nach Bernold[1] noch reliqui excommunicati oder reliqui heretici, nach Ekkehard[2] multi pontifices bei der Inthronisation beteiligt. Fragt man, ob Gebhard-Bernold oder Bonizo zu glauben sei, so wird ein non liquet die Antwort sein müssen; ich halte eine Entscheidung, mag sie nach der einen oder der anderen Seite fallen, für ganz willkürlich[3]. Übrigens machte diese Inthronisation durch Exkommunizierte in den Augen der Gegner den Akt natürlich ungültig.

Der feierlichen Inthronisation Wiberts folgte die Kaiserkrönung Heinrichs auf dem Fufse. Nach 8 Tagen, am Ostersonntag, den 31. März 1084, erreichte der König endlich sein lange ersehntes Ziel: Papst Clemens III. setzte ihm und seiner Gemahlin Bertha die Kaiserkrone aufs Haupt[4]. Dies Ereignis ist natürlich fast in allen gleichzeitigen Quellen berichtet, ein Verzeichnis der hervorragendsten nur gebe ich in der Anmerkung[5], während ich eine ganze Reihe unwichtigerer und allgemeinerer Angaben übergehe. Nach der Krönung bezogen Heinrich und Wibert den Lateran und weilten dort einige Zeit[6].

Nicht lange erfreuten sie sich ungestört ihres Besitzes[7]. Der bedrängte Gregor hatte endlich an Robert Guiscard Hülfe gefunden. Der streitbare Normannenherzog, der die Gefahr für sich selber gröfser werden sah, rückte im Mai heran. Heinrich, der sich ihm nicht gewachsen fühlte, zog am 21. Mai ab, die Stadt Rom ihrem

---

[1] Bern. 1084 a. a. O.   [2] Ekkeh. 1084 SS. VI, 205.

[3] Giesebrecht III, 558 und 1163 folgt Gebhard-Bernold, Panzer, Wido 46 lieber Bonizo. Letzterem würde ich mich anschliefsen, wenn ich eine Entscheidung treffen müfste.

[4] Dafs die Römer Heinrich bei der Gelegenheit auch noch zum Patricius gemacht hätten, behaupten Sigeb. 1084 SS. VI, 365 und die vita Hrci. IV. c. 6 SS. XII, 276. Diese Würde besass er aber schon seit der Versammlung von Basel im Oktober 1061 (Berth. 1061 SS. V, 271; Bern. 1061 SS. V, 428; Giesebrecht III, 74).

[5] Das vornehmste ist Heinrichs Brief an Dietrich von Verdun: Gesta Trever. SS. VIII, 185; Stumpf 2859. Dann Ekkeh. 1084 SS. VI, 205. Weiterhin: Ann. August. 1084 SS. III, 131; Ann. Einsidl. 1084 SS. III, 146; Ann. Mosomagenses 1084 SS. III, 162; Ann. Laub. 1084 SS. IV, 21; Ann. Leod. 1083 SS. IV, 29 und Ann. S. Jacobi Leod. 1084 SS. XVI, 639; Ann. Ottenbur. 1084 SS. V, 8; Ann. S. Eucharii Trev. 1084 SS. V, 10; Bern. 1084 SS. V, 440; Sigeb. 1084 SS. VI, 365; Hugo Flav. SS. VIII, 460; Vita Hrci. IV. c. 6 SS. XII, 276; Ann. Yburg. 1084 SS. XVI, 438; Walram de unit. eccl. 2, 7 ed. Schwenkenbecher S. 51; Bon. 679; Schrift de papatu bei Scheffer-Boichorst, Neuordnung der Papstwahl 140; Deusdedit c. invas. 2, 11 bei Mai, Nova patrum bibl. VII, 3, 93, danach Petrus Casin. 3, 70 SS. VII, 751.

[6] Bern. 1084 SS. V, 440. Bon. 679.   [7] Vgl. Giesebrecht III, 559 ff.

Schicksal überlassend. Das war furchtbar genug, denn die dem
Einzuge der Normannen (28. Mai) folgenden Tage sind durch schreck-
liche Greuel bezeichnet. Die Römer faßten einen tiefen Groll, in
erster Linie gegen Gregor, dann aber auch gegen Heinrich, der
seinen Rückweg unbeirrt fortsetzte. Die Folgen sollten sich später
zeigen.

Wibert zog mit Heinrich ab und begleitete ihn eine Strecke,
trennte sich aber schon in den nächsten Tagen von ihm und begab
sich nach Tivoli[1], von wo aus er ja schon im Sommer 1082 Rom
belästigt hatte[2].

Etwa Ende Juni verließ auch Robert Guiscard Rom wieder
und nahm Gregor mit sich, zog aber zuerst vor Tivoli, um es zu
berennen und, wenn möglich, mit der Stadt auch den Gegenpapst in
seine Gewalt zu bekommen. Wiberts Geschick hing an einem Faden.
Robert verwüstete die Umgegend schwer, konnte aber Tivoli nicht
erobern, da die Stadt auf ihre starke Besatzung vertraute, die offenbar aus einem von Heinrich zurückgelassenen Teil des kaiserlichen
Heeres bestand. Unverrichteter Dinge zog Robert Guiscard weiter[3].

War nun die Stimmung der Römer ebensowohl Heinrich un-
günstig, da auch er an ihrem Unglück schuld war, so waren sie ihm
gegenüber doch milder gesinnt, als gegen Gregor. Das erleichterte
Wiberts Rückkehr, die wohl nicht lange auf sich warten ließ; seine
Anwesenheit in Rom ist noch für Weihnachten 1084 ausdrücklich
bezeugt[4], dehnte sich also sehr aus.

Der gestürzte Gregor blieb unversöhnlich; ohnmächtig, wie er
war, versammelte er doch eine Synode seiner Anhänger, unter denen
namentlich die Kardinalbischöfe waren, in seinem Exil Salerno und
konnte sich nicht versagen, noch einmal das Anathem gegen Hein-

---

[1] Bonizo 680. Hugo Flav. SS. VIII, 463 (Brief der Gräfin Mathilde) (danach Hugo Flor. de mod. Franc. reg. SS. IX, 392), cfr. Will. Malmesb., Gesta
regum Angl. 3, 262 SS. X, 473.

[2] Stumpf gibt in den Regesten zu No. 2858 (24. Mai 1084 in Borgo San Va-
lentano) an: „praesente Heinrico (imp. cum pont. Clemente)“, offenbar nach
Mabillon, Ann. S. Benedicti V. 200. Die von ihm selber in den Acta imp.
No. 320 gedruckte Urkunde zeigt aber, daß die Annahme der Anwesenheit
Wiberts auf einem Irrtum beruht. Die Urkunde ist nur nach dem 1. Pontifi-
katsjahre Clemens' III. datiert.

[3] Wido Ferr. 1, 20 SS. XII, 166. (Giesebrecht III, 563 u. 1164. Lehmann-
Danzig, Das Buch Widos von Ferrara 89 möchte diesen Bericht Widos ver-
werfen, wozu kein Grund vorhanden ist.

[4] Ann. Saxo 1085 SS. VI, 721. cfr. Will. Malmesb., Gesta regum Angl.
3, 262 SS. X, 474: nachdem er Heinrichs und Wiberts Abzug erzählt hat, fährt
er fort: vacua ab obsessoribus Roma legitimum praesulem accepit, sed non multo
post eadem violentia qua prius amisit.

rich, Wibert und deren Anhänger zu schleudern. Dies geschah etwa im Oktober 1084. Um seine Sentenz wirksamer zu verbreiten, sandte er nach Frankreich den Kardinalbischof Petrus von Albano, nach Deutschland den Kardinalbischof Otto von Ostia[1]. Dieser, ein höchst energischer Mann, that sein möglichstes, um Wibert zu schaden und dessen Anhänger abtrünnig zu machen. In der Woche nach Ostern (20. April) 1085 hielt er in Quedlinburg eine grofse Synode der päpstlichen Partei[2], der auch der Gegenkönig Hermann von Luxemburg anwohnte. Am Schlusse derselben erging eine ganze Reihe von Anathemen gegen Anhänger der kaiserlichen Partei in der Geistlichkeit, an der Spitze gegen Wibert[3]. Otto dachte wohl, ein Anathem wirke da, wo es ausgesprochen werde, und in den umgebenden Landen unmittelbarer; Wibert war in Deutschland noch nie gebannt worden, stets in Italien, wovon man immer nur aus der Ferne gehört hatte. Dies Versäumnis suchte Otto jetzt gutzumachen, erzielte aber keine Wirkung; die Gegensätze waren schon zu tief eingewurzelt, als dafs ein Anathem noch jemand hätte erschrecken oder von seiner Partei abziehen können.

Kaum fünf Wochen darauf, am 25. Mai 1085, verschied dazu sein Auftraggeber, Gregor VII., in Salerno[4]. Bis zum letzten Augenblicke wahrte er seinen Standpunkt gegenüber den Gegnern. Seinen Kardinälen und Bischöfen erklärte er etwa 8 Tage vor seinem Tode ausdrücklich, er absolviere Heinrich und Wibert nicht, ebensowenig wie diejenigen, die deren Bestrebungen in hervorragender Weise unterstützt hätten; er verpflichtete sogar die Kardinäle durch Handschlag, diese Absolution ihrerseits eventuell nur dann zu erteilen, wenn sowohl Heinrich wie Wibert sich demütigten und zuvor ihre Würden niedergelegt hätten[5].

---

[1] Bern. 1084 SS. V, 441. Jaffé-L. I, 646. Giesebrecht III, 568 u. 1164. Vgl. Stern, Zur Biographie des Papstes Urban II. S. 23 ff.

[2] Vgl. Giesebrecht III, 608 f. u. 1169. Böhmer-Will, Regesta archiepiscoporum Maguntinensium I, 219 f.

[3] Bern. 1085 SS. V, 443. [4] Vgl. Giesebrecht III, 573 u. 1165.

[5] Brief Urbans II. im cod. Udalr. 71 bei Jaffé, Bibl. V, 143 und bei Hugo Flav. SS. VIII, 466. Vgl. dazu Hugo Flav. a. a. O. und Paulus Bernried. c. 110 bei Watterich I, 539. — Im übrigen s. Giesebrecht III, 1165, der über die verschiedenen an Gregors Tod sich heftenden Erzählungen bereits das Genügende gesagt hat.

Siebentes Kapitel.

Vom Tode Gregors VII. bis zum Tode Viktors III.

Der Tod des Hauptes der Gegner soll im Lager Wiberts große
Freude erregt haben, waren doch die Aussichten, die sich eröffneten,
unberechenbare! Aber sehr merkwürdig ist es, daß Wibert trotzdem
im Sommer 1085 von den Römern genötigt wurde, aus Rom zu weichen
und nach Ravenna zurückzukehren [1]. Und noch merkwürdiger ist die
Thatsache, daß, obwohl die gegnerische Partei ein volles Jahr ohne
Haupt und völlig zerfahren war, Wibert die ganze Zeit nicht be-
nutzte, um sich wieder in den Besitz Roms zu setzen, und daß überhaupt alle Aussichten, die beim Tode Gregors für ihn vorhanden
schienen, in nichts zerrannen.

Über die Gründe dieser Erscheinung können wir so klar nicht
sehen, wie es erwünscht wäre. Gewiß ist einer derselben Mathildes
seit dem Tage von Sorbaria (2. Juli 1084) langsam, aber stetig
wachsende Macht in Nord- und Mittelitalien. Ein anderer aber ist
erst neuerdings herausgestellt und beleuchtet worden: herrschte auch
in der Partei Wiberts nicht diejenige Zerfahrenheit wie in der gregorianischen, so war doch nicht die wünschenswerte Einigkeit vorhanden. Dieses Resultat verdanken wir Panzers Arbeit über das
Buch Widos von Ferrara [2]. Mit dem Ergebnis, welches er S. 22
über die Datierung des Traktates aufstellt, muß ich mich nach
wiederholter Prüfung durchaus einverstanden erklären: Wido hat
seine Schrift mit Benutzung einer zwischen Wibert und Anselm von
Lucca gepflogenen Korrespondenz zwischen dem 15. März und dem
24. Mai 1086 verfaßt [3].

---

[1] Bern. 1085 SS. V, 444. Auch vita Hrci. IV. c. 7 SS. XII, 276 ist wohl
hierher zu ziehen; nachdem bemerkt worden ist, daß Heinrich nach Deutschland zurückgekehrt sei, heißt es hier weiter: Sed nulla fortuna longa est; nam
hi quos imperator Romae praesidium imposuerat, aegritudine correpti, quam et
locus et tempus intulerat — erat enim aestas — ne uno quidem superstite
mortui sunt. (Irrtum, bezieht sich jedenfalls auf Udalrich von Godesheim und
dessen 300 Ritter, die Heinrich im Sommer 1083 in der Leostadt zurückließ,
und die in der That fast alle starben; s. auch Buchholz, Ekkehard 80.) Tunc
Roma iugo praesidii sublato, compos arbitrii sui facta, ad ingenium rediit, et
resumptis adversus imperatorem armis, pulso apostolico alium constituit;
nam ille prior Gregorius a vita decesserat. S. Giesebrecht III, 586.

[2] Erschien Leipzig 1880.

[3] Auch Bernheim, Gött. gelehrte Anz. 1881 S. 1520 und Friedensburg,
Histor. Zeitschrift XLVII, 496 haben Panzers Aufstellungen fast ohne Einschränkung zugestimmt, während Löwenfeld in den Papstregesten 1, 650 u. 652
sich ablehnender verhält. Gegen ihn richtet sich eine Bemerkung Panzers in

Als Wibert Rom hatte verlassen müssen und, wie es scheint, zunächst nicht daran denken konnte, es wieder zu nehmen, als er sich sonach sagen mußte, daß seine Lage schon jetzt, wo es der Gegenpartei an Geschlossenheit und Kraft so sehr mangelte, wenig hoffnungsvoll sich anlasse, daß sie sich nur noch verschlechtern könne, wenn die Aussichten der Gegner sich auch nur um weniges besserten — da schrieb Anselm von Lucca, Mathildens Berater, an ihn und suchte für einen neuen Papst dadurch freie Bahn zu schaffen, daß er nach dem Tode des einen dem Konkurrenten riet, freiwillig zurückzutreten [1]. Wibert indes ging auf diesen Vorschlag nicht entfernt ein, der wohl auch weniger auf seine Person als darauf berechnet war, Uneinigkeit unter seinen Anhängern, den entschiedeneren und den schwächeren, hervorzurufen; er antwortete ausführlich und legte dar, wie er die Dinge ansehe. Seinen uns nicht erhaltenen Brief hat Panzer (S. 57—63) mit Glück zu rekonstruieren versucht, er hat, soweit er eben wiederherstellbar ist, im wesentlichen folgenden Inhalt.

Wibert weist zunächst darauf hin, daß ein großer Mangel bei Hildebrands Wahl darin bestehe, daß sie stattgefunden habe absque consensu et opera christiani principis Heinrici scilicet imperatoris et successorum eius; wer aber ohne diesen Konsens nach dem Pontifikat strebe, sei zufolge dem Dekret Nikolaus' II. auf immer dem Anathem verfallen [2]; dieses Dekret habe er mit eigenen Augen zu Rom gesehen und gelesen.

Wenn Gregor aber auch rechtmäßiger Papst gewesen wäre, so habe er sich doch selber verdammt, denn er sei von Jugend auf kriegerischem Wesen zugethan gewesen und habe sich mit Mord, Tempelraub und Meineid befleckt. Durch viele Citate aus Kirchenschriftstellern erweist Wibert, daß der Geistliche mit den Waffen nichts zu thun haben dürfe, und entwirft eine beredte Schilderung der Kriege und der mit ihnen verbundenen Greuel, welche entgegen den Satzungen der Kirche Hildebrand hervorgerufen habe. Nicht

---

seinem Aufsatz „Papstwahl und Laieninvestitur zur Zeit Papst Nikolaus' II.", Separatabdruck aus dem Histor. Taschenbuch 1885 S. 16 Anm. 3, auf die Löwenfeld RP. II, 713 geantwortet hat. — Die Benutzung des erhaltenen Briefes Anselms ist zweifellos, die der anderen Stücke der Korrespondenz hat Panzer im höchsten Grade wahrscheinlich gemacht. Ich kann mich sonach im wesentlichen, da ich nur Wiederholungen zu bieten hätte, darauf beschränken, Panzers Resultate für meine Zwecke zu verwerten, und verweise für das Nähere auf dessen Schrift.

[1] Vgl. Panzer, Wido 4 u. 48 ff.

[2] Wibert beruft sich auf die kaiserliche Fassung des Dekrets; s. Scheffer-Boichorst, Neuordnung der Papstwahl 93 f.

den Krieg hätte er gegen diejenigen heraufbeschwören sollen, welche nach seiner Meinung Übelthäter waren, satis erat, si more decessorum suorum et secundum normam apostolicae institutionis sacrique aeuangelii peccantes argueret, si secretius conveniret, causam ad medium duceret, si nec sic correctos sicut ethnicos et publicanos haberet.

In allen Zeiten unerhört sei es, dafs Herzog Rudolf, seinen Eid brechend, das Reich seines Herrn einzunehmen getrachtet habe. Und wenn Hildebrand zu nichts anderem als hierzu seine Hand geboten hätte, so genügte dies, ihn zu verurteilen. Denn hätte er nicht dahinter gestanden, so wäre es nicht geschehen. Des Tempelraubes habe sich Hildebrand schuldig gemacht, weil er Rudolf mit Geld unterstützt habe, das eigentlich der Kirche gehörte. Weil endlich die Lösung der Unterthanen Heinrichs von ihrem Eide den göttlichen Gesetzen widerspreche, habe sich Hildebrand in den Meineid jener verstrickt und sei selber des Meineids schuldig.

Weiter war von der Investitur die Rede, die für den Kaiser in Anspruch genommen wird; dann von Anselms Stellung zur Gräfin Mathilde, die er doch nicht länger hintergehen, täuschen und betrügen solle; auch wird ihm der Vorwurf gemacht, er verabscheue die Sakramente; von Interesse ist endlich eine Äufserung Wiberts [1], die auch sonst bestätigt wird [2]: qui universalis ecclesiae curam susci(e)pimus licet i n v i t i.

Der Brief zeigt, dafs Wibert beweisen wollte, er sei Papst geworden, als Hildebrand sich selbst seiner Würde schon verlustig gemacht habe, und daher vollständig rechtmäfsig zu seiner Stellung gelangt. Dem zu entgegnen, hielt Anselm einen zweiten Brief für nötig, der ganz erhalten ist und eine schärfere Sprache führt [3].

Nach wenigen einleitenden Bemerkungen wendet sich Anselm gleich zu der Behauptung Wiberts: als er, Wibert, den päpstlichen Stuhl bestiegen habe, sei dieser frei gewesen, denn Gregor habe sich seiner unwürdig gemacht. Dem gegenüber stellt Anselm den Satz hin, Wibert habe gar kein Recht, davon zu reden, dafs er die Leitung der ganzen Kirche übernommen habe. Apostolica enim et universalis ecclesia suum habebat pastorem. Die wahre Kirche habe mit Wibert nichts zu schaffen. Dies gilt Anselm für ausgemacht, der Beweis, den er noch dafür zu erbringen sucht, ist für ihn eigentlich überflüssig, denn er sagt (Canisius 205): Sicut enim iam dictum est,

[1] Panzer 63, vgl. SS. XII, 3 u. 5.
[2] Cfr. Ekkeh. 1100 SS. VI, 219; Petrus Casin. 3, 50 SS. VII, 741. Buchholz, Ekkehard 135.
[3] Gedruckt bei Canisius, Antiquae lectiones VI, 202, nova editio III, 369. Im Auszuge SS. XII, 3—5.

si Gregorius in ecclesia fuit, qui apud te etiam constitit et iudex a nullo condemnari potuit, manifestum est te ab ecclesiae radice praecisum aruisse nihilque habere potestatis ac iuris.

In ausführlichster Weise geht Anselm weiter auf den Vorwurf ein, Gregor habe sich mit Blut befleckt, weil er zu weltlichen Waffen gegriffen habe, um seine Gegner zu bekämpfen. Wibert sei aber ein Schismatiker, diese müßten verfolgt werden nicht nur mit geistlichen, sondern auch mit weltlichen Waffen; durch eine große Reihe von Citaten aus den Kirchenvätern wird nachgewiesen, daß dies durchaus statthaft sei, ebenso daß der Besitz der Schismatiker in den der wahren Kirche auch auf gewaltsamem Wege übergehen dürfe.

Dazwischen weist Anselm gelegentlich die Behauptung Wiberts ab, daß er die Sakramente verabscheue, das thue er nicht, sondern nur mit den schismatischen Spendern der Sakramente wolle er nichts zu thun haben, auch entziehe sich ihren Händen der Nutzen dieser heiligen Handlungen.

Freilich müßten er und seine Anhänger wünschen, daß die Schismatiker überwunden würden, ihr Hab und Gut in die Hände der Gerechten überginge; aber wenn sich auch der Gerechte über den Triumph der Sache des Herrn freue, doch jammere ihn die Strafe der Verlorenen; und schöner wäre es, wenn die Nötigung zu solchen Kämpfen nicht bestände. Die Schuld an diesen trage aber nicht die Partei Anselms. Denn da Schismatiker auch mit weltlichen Waffen bekämpft werden dürften, so seien ja diese der Anlaß, und auf sie falle die Schuld zurück. Sie hätten die Kirche zerrissen und sie der weltlichen Macht unterworfen, da sie dem Kaiser wider die göttlichen Gebote die Investitur zugeständen. Demzufolge seien sie verdammt und ein Verkehr mit ihnen gemäß den Aussprüchen der heiligen Väter nicht möglich; vielmehr sei es seine, Anselms, Pflicht, ihnen Widerstand zu leisten und zu versuchen, sie zur Umkehr zu bewegen. Wenn daraus Ungemach für sie entstehe, so komme das nicht auf sein Haupt.

Dem Umstande, daß Wibert nach seiner Aussage sein Amt wider seinen Willen auf sich genommen habe, legt Anselm kein Gewicht bei; habe er damals der Gewalt weichen müssen, seitdem hätte er längst umkehren können. Endlich antwortet er auf die Mahnungen Wiberts wegen Mathilde, aus denen er den Vorwurf fleischlichen Verkehrs herausliest, um zum Schlusse noch einmal einen kräftigen Ruf zur Reue und zur Rückkehr in den Schoß der einigen Kirche an Wibert ergehen zu lassen.

Man sieht, nicht auf alle Punkte Wiberts geht Anselm ein, es steht zu vermuten, daß er seine Auffassung im allgemeinen schon

in seinem ersten Briefe dargelegt hat und hier nur diejenigen Punkte
beleuchtet, die sein Gegner neu vorgebracht hat, namentlich also
den Vorwurf, dafs Papst Gregor sich durch seinen Anteil an den
weltlichen Kämpfen gegen die Gesetze der Kirche vergangen habe.
Im übrigen bemerke ich noch einmal, dafs bei der Lückenhaftigkeit
unserer Kenntnisse absolute Gewifsheit über Wiberts Brief zu erreichen nicht möglich ist.

Anselms Briefe, von vornherein für die Veröffentlichung bestimmt
und auf sie berechnet, thaten ihre Wirkung. Der Kleinmut regte
sich im Lager Wiberts, zumal man die wenig aussichtsvolle Situation
erwog; viele wären jetzt gewifs gern mit heiler Haut davon gewesen.
Als der zweite Brief eintraf, war dazu schon die Aussicht vorhanden,
dafs die Gegner in Bälde ein neues Oberhaupt erhalten würden; man
sprach von dem versöhnlichen Desiderius von Monte-Casino, der dann
leicht die Männer der Mitte aus beiden Lagern auf seine Seite ziehen
konnte.

Dieses Schwanken, diese Streitigkeiten im Schofse der Partei
selbst erkennt man an der Einleitung Bischof Widos von Ferrara [1]:
In meditullio quadragesimae nuper exactae, cum apud Ravennam
domnus Clemens apostolicus moraretur, negociis curiae vehementer
urguebar, si quando tamen sinebat tempus et divertendi locus erat,
conferebar ad studia litterarum: cum interea, nescio quo casu, de
eo scismate quod nuper emersit orta est inter fratres contentio quod
Iltibrandinum dicunt, aliis hoc impugnantibus, aliis defendentibus cet.

Um den Zwiespalt zu beschwichtigen, erhielt eben Wido von
Wibert und den entschiedener gesonnenen Bischöfen den Auftrag [2],
eine Denkschrift auszuarbeiten, die uns noch vorliegt, und in welcher
die eben besprochene Korrespondenz benutzt ist. Sie näher zu wür-
digen, liegt aufserhalb des Rahmens dieser Arbeit, man möge dieser-
halb Panzer nachlesen. Sein Resultat fafst Wido selber kurz zusammen [3]: Omnia largiente Deo, sicut proposui, percucurri. Restat
quod me facturum inicio promisi persolvam, ut, quod mihi de hac
re visum fuerit, in neutram partem propensior explicem, postquam
utriusque partis allegationes constat a me comprehensas esse. Duo
sunt, quae dampnatione dignum Ildibrandum ostendunt: quod Rodul-
fum in regem creari fecit, et Teutonicum bellum fieri non prohibuit,
in quo sanguis octo milium hominum fusus fuit. In eo etiam per-
iurii reatum incurrit, quod iuramenti vinculis obligatos Teutonicos
sacramenti religionem violare fecit. In eo etiam scismaticus extitit,

---

[1] Wido Ferr. praef. lib. 1 SS. XII, 153.   [2] SS. XII, 153 u. 179.
[3] SS. XII, 178 f.

quod indignorum ministrorum et excommunicatorum sacramenta polluta docuit, non recipienda mandavit, nec sacramenta quidem dici debere perhibuit, in quibus a sanctorum patrum regulis omnino dissensit.

Unverkennbar steht Wido auf der Seite der Entschiedeneren und will zeigen, dafs man auf seinem Standpunkte zu beharren habe, denn Wibert sei vollkommen rechtmäfsig Gregors Nachfolger geworden, da dieser durch sein Verhalten seiner Würde verlustig gegangen sei.

Unter diesem Zögern war die Zeit seit Gregors Tode verflossen, die anscheinend so günstige Aussichten eröffnet hatte. Wenn die Wirkung von Widos Schrift die gewesen sein sollte, dafs sie die Einigkeit in der wibertistischen Partei wiederherstellte und den Entschlufs zu kräftigerem Vorgehen ins Leben rief, so wird derselbe gar bald wieder geschwächt worden sein durch die Nachricht von der am 24. Mai 1086 in Rom vollzogenen Wahl des Abtes Desiderius von Monte-Casino zum Papst. Denn die bisherige Unthätigkeit der Anhänger Wiberts dauerte fort.

Dieser selbst ist bis tief in die erste Hälfte des Jahres 1086 in Ravenna nachweisbar, man mufs ferner annehmen, dafs er diese Stadt auch in der anderen Hälfte von 1086 nicht verlassen hat.

In der ersten Fastenwoche dieses Jahres (22.—28. Februar) hielt er in der Kathedrale der Erzdiözese, Sanctae Resurrectionis, seine, soweit uns bekannt ist, erste Synode [1]. Wir haben von ihr Kunde durch eine Urkunde vom 27. Februar, an deren Schlufs es heifst [2]: Acta sunt haec Ravennae in plenaria synodo, in matrice ecclesia, quae dicitur Agiae Anastaseos, anno domin. inc. 1086 etc. Dafs die Bezeichnung plenaria synodus gebraucht ist, soll wohl andeuten, dafs die Synode von Papst Clemens III., nicht von Erzbischof Wibert von Ravenna gehalten wird; dem entsprechend findet sich auch in dieser Urkunde zum ersten Male der Titel: Clemens episcopus servus servorum Dei. An eine erzbischöfliche Urkunde, an eine Diözesansynode kann somit nicht gedacht werden; dies verbietet sich auch durch die Namen der Konsentierenden, unter denen sich zwei Kardinäle und die Bischöfe von Padua und Vicenza befinden [3], wie durch

---

[1] Mansi XX, 615 f.

[2] Jaffé-L. 5322. Aufser den dort sich findenden Druckangaben noch Fragmente bei Gloria, Cod. dipl. Padov. 314 und bei Dondi dall' Orologio, Diss. IV, 12, beide nach Mittarelli.

[3] Bei Mittarelli, Ann. Camald. III, 39 finden sich drei der im Text als anwesend aufgeführten Bischöfe als Zeugen unterschrieben: Roland von Treviso, Milo von Padua, Ezzelin von Vicenza.

die Worte des Textes: consideratis privilegiis decessorum nostrorum Romanorum pontificum. Teilnehmer an der Synode waren wibertistische Kardinäle und Bischöfe aus Ober- und dem östlichen Mittelitalien (Fossombrone, Città di Castello), die alten Parteigänger. Von den Arbeiten der Synode können wir weiter nichts aussagen, als dafs auf ihr eben unsere Urkunde für das Erzbistum Ravenna ausgestellt wurde, dem alle Privilegien bestätigt werden, die es von den früheren Päpsten und Kaisern erhalten hat. Man kann nicht umhin anzuerkennen, dafs Wibert aus allen Kräften und im besten Sinne für Ravenna sorgte, Heinrichs Urkunde von 1080, die Gründung des Kanonikatsstiftes von 1081 und dieses Privileg von 1086 sind des Zeugen.

Mit dieser Synode wird ein bei Sudendorf [1] zuerst gedruckter, gänzlich undatierter Brief Wiberts an einen Kardinal U. zusammenhängen [2], unter welchem man seit dem Herausgeber allgemein und wohl mit Recht Hugo den Weifsen verstanden hat. Diesem schreibt Wibert, er habe erfahren, dafs die andere Jesabel (d. h. die Gräfin Mathilde von Canossa) dem Kardinal arge Feindseligkeiten bereite, er bitte ihn, dieselben gering zu achten und, wenn ihm auch etwas Schlimmes begegne, nicht abzufallen; dann werde der himmlische Lohn nicht ausbleiben. Im Falle der Kardinal zu ihm käme, könne er der ehrendsten Aufnahme und vertrauter Freundschaft sicher sein. Deshalb möge er einer von ihm, Wibert, beabsichtigten Synode anwohnen, mit dem Parmesischen oder mit einem anderen Bischof zusammen [3].

Als terminus a quo für diesen Brief hat schon Giesebrecht [4] den Tag der Schlacht von Sorbaria (2. Juli 1084), wie mir scheint, sehr passend angenommen. Dann hat Löwenfeld in den Regesten ihn noch in das Jahr 1084 gesetzt: diese Ansetzung ist vielleicht zu berichtigen. Denn meines Erachtens ist unter der Synode, zu welcher Hugo berufen wird, die vom Februar 1086 zu verstehen, von einer anderen ist uns in dieser Zeit nichts bekannt. Auch wurde Hugo spätestens im Anfang des Jahres 1085 als päpstlicher Legat nach Deutschland geschickt, wie wir noch sehen werden. Sonach wäre der Brief Ende 1085 geschrieben, wozu alle Indicien stimmen. Was von Mathilde gesagt wird, pafst auf 1085 in ebenso hohem, wenn nicht höherem Grade als auf 1084, denn seit Sorbaria nahm

---

[1] Sudendorf. Registrum II, 37 No. 31.   [2] Jaffé-L. 5320.
[3] Bischof Eberhard von Parma starb etwa Mai 1085: Bern. 1085 SS. V, 443. Sein schismatischer Nachfolger hiefs Wido (seit 1085). Gams, Series episcoporum 745; cfr. Ughelli, Italia sacra II, 168.
[4] Giesebrecht III, 1165.

ihre Macht noch stetig zu[1]. Der Brief zeigt weiter unverkennbare Besorgnis vor einem Abfall Hugos zu der gegnerischen Partei. Nun safs 1084 noch Gregor VII. auf dem apostolischen Stuhl, da brauchte sich Wibert nicht im geringsten um Hugos Treue zu sorgen. 1085 aber war der apostolische Stuhl erledigt, die eigene Partei nicht einig, bei einer Neuwahl liefs sich durch eine Schwenkung vielleicht ein persönlicher Vorteil erreichen, und so lag bei dem wandelbaren und ehrgeizigen Charakter Hugos die Befürchtung eines Abfalls bedeutend näher. Es ist dann zu verstehen, dafs Wibert ihn in seiner Nähe zu haben wünscht, die Synode bietet einen geeigneten Anlafs, dies zu bewerkstelligen. Indes finden wir weder ihn noch den Bischof von Parma in der Urkunde aufgeführt. Da sich Hugo der Weifse sicher nicht unter den aliis quampluribus qui fuere praesentes versteckt, so wird es ihm nicht möglich gewesen sein zu erscheinen; vielleicht haben ihn die Anhänger Mathildes daran gehindert, Genaueres läfst sich nicht sagen, da sein Aufenthaltsort unbekannt ist[2].

Eine Angelegenheit mehr lokaler Bedeutung fand ihre Regelung durch Urkunde vom 15. Mai 1086 aus Ravenna[3]. Bischof Siegfried von Bologna, Suffragan und eifriger Parteigenosse Wiberts, war samt seinem Bruder Roland gestorben. Der Bischof, seit der Fastensynode 1079 exkommuniziert[4], war bei Wiberts Inthronisation beteiligt gewesen[5]. Um nun als Lohn für treue Dienste ihr Andenken zu ehren und zu erhalten, schenkte Wibert dem Nonnenkloster St. Georg zu Ferrara 50 Morgen Ackerland in Mutafenum im Gebiet von Faenza, wogegen sich die Nonnen verpflichteten, täglich zu Ehren der Genannten eine Andacht zu verrichten. Diese Mafsregel verdient Anerkennung, denn sie ist ein Zeichen von Pietät und von einer Dankbarkeit, die sich nicht blofs auf die Gesinnung beschränkt, sondern auch in Thaten ihren Ausdruck findet.

Ich habe bereits erwähnt, dafs nach einem Jahre Zwischenraum endlich am 24. Mai 1086 die gregorianische Partei ein neues Oberhaupt erhalten hatte in der Person des Abtes Desiderius von Monte-Casino (Viktors III.), der einer versöhnlichen Auffassung zuneigte[6].

---

[1] Bern. 1085 SS. V, 443. Giesebrecht III, 572 u. 586.

[2] Giesebrecht III, 572 (2. Hälfte des Jahres 1084) sagt: „Hugo der Weifse, der in der Lombardei zurückgeblieben war, hatte sich dort nicht mehr für sicher gehalten und sich zu Wibert begeben." Diese Behauptung scheint sich nach S. 1165 auf den eben besprochenen Brief zu stützen, ist aber dann nicht haltbar.

[3] Jaffé-L. 5323, auch gedruckt nach Savioli bei Fantuzzi, Mon. Rav. I, 304.

[4] Greg. VII. Reg. 6, 17a bei Jaffé, Bibl. II, 355.   [5] Bonizo 679.

[6] Vgl. Giesebrecht III, 585—592 u. 1166. Hirsch, Forschungen VII, 91—103.

Die Erhebung war ganz wider seinen Willen geschehen; und dafs
er sich sträubte, war ihm gar nicht zu verdenken, denn er war seiner
ganzen Natur nach der Ungeeignetste, um seine Partei wieder zu
Ansehen zu bringen, alt, schwächlich, gutmütig. Gleich zu Anfang
wurde ihm in der neuen Würde schwül, schnell kehrte er wieder
nach Monte-Casino zurück, ein ganzes Jahr verstrich, ohne dafs man
von seiner Existenz als Papst etwas Wesentliches wahrnahm. Mit
dieser Unthätigkeit unzufrieden, wollte die strengere Partei eine von
Viktor nach Capua berufene Synode (Fastenzeit 1087), die über
eine Neubesetzung des päpstlichen Stuhles beraten sollte, benutzen,
ihn zu verdrängen. Das litt nun sein Ehrgeiz nicht, er raffte sich
auf, legte wieder die päpstlichen Insignien an und machte sich, nachdem er noch das Osterfest 1087 (28. März) in Monte-Casino gefeiert
hatte, auf den Weg nach Rom, um sich weihen zu lassen, von nor-
mannischen Waffen geschützt.

Bis hierher hatte Wiberts Unthätigkeit gedauert, jetzt aber war
der letzte, entscheidende Augenblick gekommen: gelang es den Gregorianern, ihrem Papst die Weihe zu verschaffen, so trübten sich
seine Aussichten auf die Zukunft noch mehr. Und so ist er denn
bereits zur Stelle [1], als Viktor Ende April vor der Leostadt erscheint.

---

[1] Der genaue Zeitpunkt der Rückkehr Wiberts nach Rom ist nicht bekannt.
Er würde sich sicherer bestimmen lassen, wenn die Datierung von Jaffé-L. 5319
eine zweifellose wäre. Diese Urkunde bestätigt nach einem Privileg Leos IX.
(Jaffé-L. 4166), das als Vorlage gedient hat, die Besitzungen und Rechte der
Kanoniker zu Verona und ist zu Ravenna am 2. März 1084 oder 1087 ausge-
stellt. Gedruckt ist sie bei Ughelli, Italia sacra V, 769 und danach bei Migne
CXLVIII, 827. Ihr Eschatokoll lautet: Actum Ravennae, anno domin. incar-
nationis 1084, indict. VII. Datum per manum Roberti card. presb., anno III.
ordinationis d. Clementis III. papae, VI. Non. Mart. feliciter. Auf 1084 weisen
Inkarnationsjahr und Indiktion, wie Löwenfeld in den Papstregesten ganz richtig
bemerkt. Wenn der Datar Robert, wie anzunehmen, identisch ist mit dem
Datar Bischof Robert von Faenza (Jaffé-L. 5334; Bischof schon 1086, Strocchi,
Serie de vescovi Faentini 105), so spricht auch dies für 1084, da er hier noch
nicht Bischof genannt wird und 1084 ein Bischof Hugo II. von Faenza vor-
kommt. S. o. S. 49 und Strocchi 104. Ebenso sicher aber weisen die Worte
anno III. ordin. d. Cl. III. papae auf das Jahr 1087, denn nie und nirgends
sonst hat Wibert sich selbst vor dem 24. März 1084 Clemens genannt, noch ist
er von anderen so genannt worden. Mit dem bisher vorliegenden Material ist
eine Entscheidung unmöglich. Anzunehmen, dafs zwischen Handlung und Be-
urkundung drei Jahre verflossen seien, scheint mir nicht rätlich. Eher wäre
an eine Interpolation der Worte anno III. ordin. d. Cl. III. papae zu denken.
Das Original der Urkunde ist, soviel ich sehe, nicht erhalten; der einzige
Ughelli, den Migne abdruckt, hat sie uns überliefert, seine Akribie ist keine
ersten Ranges. Eine erneute Prüfung der Überlieferung der Urkunde ergäbe
möglicherweise Anhaltspunkte zur Lösung der Schwierigkeit.

nachdem er bei Ostia über den Tiber gegangen war. Gerade der
Leostadt hatte sich Wibert bemächtigt und St. Peter mit seinen
Bewaffneten besetzt. Sofort aber unternahmen die Viktor begleitenden Normannen den Angriff, die Wibertisten wurden vertrieben,
und am 9. Mai fand Viktors Weihe in aller Form statt, wie es
scheint, unter nicht sehr bedeutender Beteiligung der Römer. Aber
schon nach 8 Tagen fühlte er sich veranlafst, sein Monte-Casino
wieder aufzusuchen[1]. So viel hatte er erreicht, dafs in formeller
Beziehung seiner päpstlichen Würde kein Vorwurf zu machen war;
in Rom hatte er sich nicht halten können, Wibert hingegen blieb dort.

Aber schon 14 Tage darauf, Anfang Juni, traf Viktor wieder
vor Rom ein und versuchte von neuem sich der Stadt zu bemächtigen, diesmal von der Gräfin Mathilde unterstützt[2]. Man mufs sich
über den Mangel an Geschlossenheit in der Partei der Gregorianer
billig wundern. Anfang Mai sind die Normannen in Rom, können
sich aber nicht behaupten; Ende Mai ergeht es der Gräfin Mathilde,
wie wir gleich sehen werden, ebenso. Im Verein hätten sie Wibert
wohl vertreiben können, die Normannen scheinen aber keine Lust
gehabt zu haben, nach so kurzer Zeit noch einmal nach Rom
zu ziehen. Es fehlte eben ein Vereinigungspunkt für alle diese
Elemente.

Jetzt gab es neue Kämpfe. Beide Päpste standen sich eine
Zeitlang bei der Peterskirche gegenüber. Für Viktor bezeugt dies
für die Zeit vom 4. bis 11. Juni Petrus Casinensis[3]: apud ecclesiam beati Petri octo diebus permansit. Deinde in festivitate sancti
Barnabae (11. Juni) super altare sancti Petri missam sollemniter
celebrans, eadem die auxilio et ope praefatae comitissae per Transtiberim Romam intravit. Wibert aber stellte am 8. Juni 1087 eine
Urkunde für den Abt Libo von Selz aus, deren Datierung lautet:
Datum Rome ad S. Petrum VI. Idus Junii anno nostri pontificatus IV.[4]

Da Viktor am 11. Juni in St. Peter die Messe lesen konnte,
wird sich Wibert infolge von nicht glücklichen Kämpfen zwischen
dem 8. und 11. Juni zum Rückzuge genötigt gesehen haben. In der
That meldet Bernold, dafs sich Wibert bei Sancta Maria ad Mar-
tyres, d. h. beim Pantheon verschanzt, Viktor aber sein Hauptquartier

---

[1] Petrus Casin. 3, 68 SS. VII, 749. Kurze Notiz über Viktors Zug: Ann.
Brunwilar. 1083 SS. XVI, 725. Falsch ist die Angabe der Ann. August. (die
diese Vorgänge überhaupt in kaiserlichem Sinne entstellen) 1087 SS. III, 132,
Viktor sei absente Wigberto in Rom eingedrungen.

[2] Petrus Casin. 3, 69 SS. VII, 750.   [3] Petrus Casin. 3, 69 SS. VII, 750.
[4] Jaffé-L. 5326 im Neuen Archiv II, 219. S. u. Exkurs I.

auf der Tiberinsel aufgeschlagen habe[1]. Wenn Bernold diesen Vorgang als Rückzug Viktors bezeichnet, so ergiebt das, zusammengehalten mit den Worten des Petrus: eadem die (11. Juni) .... per
Transtiberim Romam intravit, dafs Viktor sich auch des eigentlichen
Rom zu bemächtigen versuchte, dafs dieser Versuch aber mifslang.
Wibert war somit auf die Stadt links des Tiber beschränkt, Viktor
besafs Trastevere und die Leostadt mit Peterskirche und Engelsburg,
dazu Ostia und Porto[2].

Aus dieser Lage suchte Wibert sich Ende des Monats zu befreien, er machte gegen den Peter- und Paulstag (29. Juni) einen
Versuch namentlich zur Eroberung der Peterskirche[3]. Ein unver-
muteter Angriff der Römer auf die Leostadt brachte am 28. Juni
einen grofsen Teil derselben in ihre Hände, nur die Peterskirche
nicht, auf die es gerade abgesehen war. Doch drangen Wiberts
Anhänger, die denen Viktors an Zahl bedeutend überlegen waren,
bis unmittelbar an dieselbe vor; an die beiden Haupttürme an der
Vorderseite wurde Feuer gelegt, und man bemächtigte sich ihrer;
viele Viktorianer zogen sich nach Trastevere oder in die Engelsburg
zurück, den eigentlichen Dom aber hielten sie besetzt. Am folgenden
Tage, dem 29. Juni (St. Peter und Paul), wurden die Feindseligkeiten nicht fortgesetzt, sei es, dafs man sich nicht stark genug
fühlte, sei es aus Scheu vor dem hohen Feste. Sein Ziel, im Dom
die Messe zu lesen, erreichte Wibert nicht, den hielten bis zum Abend
die Gegner; er mufste sich begnügen, diese Feier in einer Kapelle
der heiligen Maria zwischen den Türmen vorzunehmen. Am anderen
Tage indes räumten die Gegner den Dom, Wibert reinigte den von
ihnen befleckten Altar und las die Messe, zog sich aber schon am
1. Juli wieder über den Tiber zurück.

Auch weiterhin wird es an Kämpfen nicht gefehlt haben, am
14. Juli finden wir Viktor gar im Lateran[4]. Indes war Wibert in
Rom doch ein zu gefährlicher Gegner, dessen Überfälle man täglich
gewärtigen konnte, und der über eine bedeutende Zahl von Anhängern verfügte. So überliefsen ihm sein Gegner und Mathilde
das Feld bald wieder, Rom war Viktor verloren.

Um so sicherer fühlte er sich in Unteritalien und versäumte
nicht, den Spuren seines grofsen Vorgängers folgend, von hier aus

---

[1] Bern. 1087 SS. V, 446. Den Aufenthalt auf der Tiberinsel seit dem 11. Juni
bezeugt auch Petrus Casin. 3, 69 SS. VII, 750.

[2] Petrus Casin. a. a. O.

[3] Petrus Casin. 3, 69 SS. VII, 750. Angeblich sollen die Römer durch
einen Boten des Kaisers ermutigt worden sein.

[4] Er stellt hier eine Bulle aus, Jaffé-L. 5344 und Addenda II, 713.

Wibert für seiner priesterlichen Ehren beraubt zu erklären und mit dem Anathem zu belegen. Das geschah auf einer fast nur von der unteritalienischen Geistlichkeit besuchten Synode zu Benevent im August 1087 [1].

Schon wenige Wochen darauf, am 16. September 1087, endete er sein Leben, wieder stand die gregorianische Partei vor einer Neuwahl.

Achtes Kapitel.

Von der Erhebung Urbans II. zum Papst bis zum Abzuge Heinrichs IV. aus Italien im Jahre 1097.

Es ist auffallend, daſs die Zeit vom 16. September 1087 bis 12. März 1088 verstreicht, ehe die Wahl eines Nachfolgers Viktors III. stattfindet, und daſs dann der Wahlort nicht Rom, sondern Terracina ist. Die Partei Wiberts muſs in Rom zu mächtig gewesen sein, als daſs die Wahl dort ausführbar gewesen wäre, aber nicht mächtig genug, um sie ganz zu hindern [2]. Keinen Augenblick aber war man zweifelhaft, daſs man überhaupt einen Nachfolger wählen wollte. Auch hatte Viktors III. Pontifikat gezeigt, daſs Männer der Vermittelung jetzt nicht an der Zeit seien; die Zahl der Wähler war nicht groſs, aber sie enthielt fast alle Kardinalbischöfe und traf eine Entscheidung, wie sie für ihre Sache sie günstiger nicht treffen konnte: denn Kardinalbischof Otto von Ostia ging als erwählter Papst aus ihrer Abstimmung hervor und nahm den Namen Urban II. an. Sein Pontifikat hat die auf ihn gesetzten Erwartungen vollauf gerechtfertigt. Er war ein Mann der strengen Richtung und trat ganz in Gregors Fuſstapfen, ohne sich zu extremen Schritten hinreiſsen zu lassen. Am Tage nach seiner Wahl kündigt er diese den deutschen Anhängern an und fügt hinzu [3]: De me porro ita in omnibus confidite et credite sicut de beatissimo patre nostro papa Gregorio. Cuius ex toto sequi vestigia cupiens, omnia quae respuit respuo, quae dampnavit dampno, que dilexit prorsus amplector, quae vero rata et catholica duxit confirmo et approbo, et ad postremum in utramque partem qualiter ipse sensit, in omnibus omnino sentio atque consentio.

Von Wibert haben wir während des Jahres 1088 nur ganz dürftige Nachrichten. Wir wissen nichts weiter, als daſs er sich im April 1088 in Ravenna befand, da uns Kunde von zwei erzbischöflichen,

---

zu Anfang dieses Monats dort ausgestellten Urkunden erhalten ist[1]. Wann und aus welchen Gründen die Übersiedelung von Rom nach Ravenna vor sich gegangen ist, ob sie freiwillig oder gezwungen war, ist in tiefstes Dunkel gehüllt.

Wiberts Abwesenheit ermöglichte es Urban, im November 1088 in Rom einzudringen[2], ein Ereignis, das auch seinen Gegner wieder dorthin zurückführte. Die mächtige wibertistische Partei bereitete Urban schwere Tage[3]; er war auf die Tiberinsel beschränkt, ohne Subsistenzmittel und lebte von Almosen. Seine nicht eben glanzvolle und Achtung gebietende Lage hielt ihn aber nicht ab, eine umfangreiche Thätigkeit zu entfalten; er machte wahr, was er in seiner Wahlanzeige angekündigt hatte, dafs er nämlich ganz in den Bahnen Gregors wandeln werde. Dies zeigt sich Heinrich und Wibert gegenüber in einem Schreiben aus Rom vom 18. April 1089 an Bischof Gebhard von Konstanz[4], das neben der Ernennung Gebhards und Altmanns von Passau zu ständigen Legaten in Deutschland und ähnlichem allgemeine Anweisungen darüber enthält, wer für exkommuniziert zu gelten habe, Anweisungen, die in einem Briefe an die Gesamtheit der deutschen Bischöfe bestätigt werden[5]. An der Spitze der Verdammten stehen Wibert von Ravenna und Kaiser Heinrich.

Dafs Wibert in Rom entschieden im Vorteil war, zeigt der Umstand, dafs er trotz Urbans Anwesenheit in der Peterskirche eine Synode halten konnte; in einem undatierten Rundschreiben an die gesamte Geistlichkeit berichtet er selber über deren Verhandlungen und fordert zur Nachachtung der Beschlüsse auf[6]. Das Schreiben ist jedenfalls nach der Wahl Ottos von Ostia zum Papst erlassen; dies geht aus einer in dasselbe eingefügten Ladung hervor, durch welche Otto vor eben die in Frage stehende Synode gerufen wird[7]. In dieser Ladung heifst es: apostolica auctoritate praecipimus:

---

[1] Jaffé-L. 5327, 5328. Vgl. eine Notiz bei Ginanni, Scrittori Ravennati I, 397. Giesebrecht III, 599 u. 1168.

[2] Jaffé-L. 5372 ff.

[3] Bern. 1089 SS. V, 448. Pandulfi vita Gelasii II. bei Watterich II, 93. Pandulfs ohne Zeitangabe überlieferte Nachricht wird durch Bernolds Mitteilung zeitlich fixiert. Aus Pandulf geht Wiberts Anwesenheit hervor.

[4] Jaffé-L. 5393 (Mansi XX, 666 u. 715). Cfr. Bern. 1089 SS. V, 448 f. Ann. S. Disibodi 1085 SS. XVII, 9.

[5] Jaffé-L. 5394 (cod. Udalr. 74 bei Jaffé, Bibl. V, 153).

[6] Jaffé-L. I, 652 f., 5330; cod. Udalr. 73 bei Jaffé, Bibl. V, 145. Ich erinnere an eine Bemerkung Giesebrechts III, 1168: „Diesen Beschlüssen (nämlich der Synode von 1089) traten die Hirschauer in einer Streitschrift entgegen, gegen welche sich dann wieder das 2. Buch der Schrift de unitate ecclesiae richtet. Vgl. Ewald, Walram von Naumburg S. 42, 43.“

[7] Jaffé-L. 5329; cod. Udalr. 73 bei Jaffé, Bibl. V, 150.

ut ad synodum, quam in ecclesia beati Petri Deo auxiliante c e l e -
b r a m u s, securi penitus veniatis; ut de eo, quod sanctam ecclesiam
perturbastis, sicut decet, rationem reddatis.   Aber Gesandte und
Brief wollten die Gegner weder hören noch sehen.   Das Präsens
celebramus zeigt klar, dafs die Synode schon begonnen hat, als die
Ladung erfolgt; dazu besagen auch die Worte, mit denen diese in
das Rundschreiben eingeführt wird, sie sei erst nach der Erörterung
der Exkommunikations- und der Sakramentenfrage ergangen.   Eine
Ladung zu diesem Zeitpunkte hat doch nur dann einen Sinn, wenn
Urban so nahe ist, dafs er noch kommen kann, d. h. wenn er auch
in Rom oder dessen nächster Nähe sich aufhält.   Nun befand er sich
in Rom: November 1088 bis Juli 1089, Dezember 1089 bis Sommer
1090, November 1093 bis Sommer 1094. Seit Ende 1096 überwiegend.
Wibert war in Rom anwesend: Ende 1088 bis Herbst 1089, Frühjahr 1091 bis gegen Mitte 1092 [1].   Dann kam er erst Mitte 1099
kurz vor Urbans Tode wieder vor Rom an.

Schon diese Zusammenstellung lehrt, dafs die Synode nur in das
Jahr 1089 gesetzt werden darf.

Die Neueren haben von hier aus die Sache nicht betrachtet und
sich über die Zeit der Synode gestritten.   Für 1089 haben sich Jaffé
und Panzer, dagegen Wilmans und Lehmann-Danzig für 1092 entschieden.   Ersteren hat sich Giesebrecht, letzteren Watterich angeschlossen [2].

Seit Wilmans zuerst sich geäufsert hatte, folgte man ihm allgemein darin, dafs man Widos von Ferrara Schrift de scismate Hilde-
brandi mit dem Rundschreiben Wiberts in Verbindung brachte und
erstere nach letzterem datierte.   Man glaubte gewisse gleichförmige
Gedanken und dieselben Hauptpunkte in beiden gefunden zu haben.
Als ich Wilmans' Gründe las, kam mir bereits dieser angebliche Zusammenhang sehr zweifelhaft vor, nachher fand ich bei Panzer (S. 18 ff.)
eine Auseinandersetzung, auf die ich lediglich verweisen kann.   Wenn
auch nicht alle seine Gründe gleiches Gewicht haben, so sind doch
unter ihnen so entscheidende, dafs ich seinem Resultat nur zustimmen
kann: Widos Schrift hat mit unserem Rundschreiben nicht das geringste zu thun.   Übrigens, wenn jemand dem auch nicht beistimmt,
so würde dies nur für die chronologische Bestimmung Widos, nicht
für die der Synode von Bedeutung sein.

---

[1] Vgl. zu diesen Angaben die Jaffé-L.schen Regesten.

[2] Jaffé, Einleitung zu Wido von Ferrara SS. XII, 153. Panzer, Wido 18 ff.
Wilmans, Einleitung zu Wido von Ferrara SS. XII, 150 f. Lehmann-Danzig,
Das Buch Widos von Ferrara S. 8—14. Giesebrecht III, 599 u. 1168. Watterich.
Vitae pont. I, 583 f. Vgl. Hefele, Konziliengesch.[2] V, 196.

Wenn wir nun das Schriftstück daraufhin durchsehen, ob sich in ihm selbst noch weitere Anhaltspunkte für die zeitliche Fixierung finden, so ergiebt sich wenig, aber genug.

Unmittelbar nach jener Vorladung Ottos von Ostia heifst es weiter[1]: Verum ipsi, nec Deum timentes nec hominem reverentes, legatos et litteras nostras nec audire nec videre voluerunt. Unde in erroribus suis perdurantes, ex latebris, quas serpentino more incolunt, ad decipiendos incautos et simplices dira sibila emittunt etc. Schon Jaffé[2] hat darauf hingewiesen, dafs Wibert in der Peterskirche dies ganz vortrefflich von dem auf der Tiberinsel weilenden Urban des Jahres 1089 sagen könne, der von da aus jene beiden Schreiben an Gebhard von Konstanz (18. April 1089) und die deutschen Bischöfe ergehen liefs, durch welche Heinrich und Wibert von neuem und zum ersten Male von Urban für exkommuniziert erklärt wurden[3]. Diese erste Bannung konnte sehr wohl den Anlafs geben, die ganze Streitsache auf der Synode wieder durchzunehmen[4].

Dem Einwand, dafs Urban nicht vom März 1088, seiner Wahl, bis längstens Juli 1089, seinem Abzug aus Rom, oftmals berufen sein könne (multociens vocatus a. a. O. S. 150), und dafs Wibert nicht mehrere Konzilien (in praeteritis conciliis a. a. O. S. 150) könne gehalten haben, ist Jaffé[5] dadurch begegnet, dafs er nachwies, wie 1049 und 1050 unter Leo IX. je vier Synoden stattgefunden hätten. Er hätte hinzufügen können, dafs solches jetzt um so eher möglich war, als etwa seit November 1088 beide Gegner in Rom weilten, und dafs Wibert in seiner Lage auf die Vollzähligkeit der Synode so sehr nicht sehen konnte, dafs er sich vielmehr mit einer nicht eben grofsen Teilnahme wird haben begnügen müssen.

Wenn Jaffé seine übrigens hinreichend begründete Ansicht auch auf RP. 5326 stützen wollte, so ist diese Stütze hinfällig[6], da sich herausgestellt hat, dafs diese Bulle aus dem Jahre 1087 stammt.

Andererseits kann gegenüber den hervorgehobenen Indicien wenig in die Wagschale fallen — was Wilmans für 1092 wesentlich bestimmt hat —, dafs von einer Synode im Jahre 1089 kein Autor etwas weifs, dafs dagegen die Annales Ottenburani 1092[7] melden: Wigbertus papa synodum indixit, quae prorsus contempta est. Letztere ist einfach eine andere neue Synode; wie viele Synoden wohl die Päpste gehalten haben, von denen unsere Quellen nichts mehr berichten!

Und nun ist in der That neuerdings ein Zeugnis für eine Synode

---

[1] Jaffé, Bibl. V, 151; cod. Udalr. 73. [2] SS. XII. 153.
[3] Jaffé-L. 5393, 5394. [4] Trotz Lehmann-Danzig S. 14. [5] SS. XII. 153.
[6] S. u. Exkurs I. [7] SS. V, 8.

in dieser Zeit bekannt geworden in einem griechischen Briefe Wiberts an den Metropoliten Basilius von Kalabrien [1]. Er ist undatiert, fällt aber, da von der kürzlich erfolgten Wahl eines Gegenpapstes und von der nahe bevorstehenden Ankunft Heinrichs IV. in Italien die Rede ist, spätestens in den Anfang des Jahres 1090. Am Schlusse heifst es: Der Abt von Trutapherne (?) und die Kardinäle, die Basilius bei diesem angetroffen habe, seien als Urbanisten und Schismatiker von ihm und einer heiligen Synode verdammt worden. Damit ist eine Synode für 1089 auch durch ein von jenem Rundschreiben unabhängiges Zeugnis nachgewiesen.

Sie ist also gehalten nach dem 18. April vor dem Juli 1089; episcopi, et abbates et quam plures honesti viri ex diversis partibus nahmen an ihr teil; damit ist einfach der Mund etwas voll genommen, jedenfalls darf man aus diesen Worten nicht einen Grund gegen die Ansetzung der Synode in 1089 herleiten, wie Lehmann-Danzig (S. 13) thut, wenn er behauptet, 1089 sei die Zeit zu kurz gewesen, als dafs diese Teilnehmer aus den verschiedenen Gegenden hätten zusammenkommen können.

Nach dem Rundschreiben hat die Versammlung zunächst die Exkommunikation des Kaisers, die sich weder durch weltliche noch durch kirchliche Gesetze rechtfertigen lasse, gemifsbilligt und dem entsprechend sich scharf gegen die ausgesprochen, die es für erlaubt halten, nunmehr den dem Kaiser geleisteten Eid zu brechen. Die Begründung der Mifsbilligung pafst, streng genommen, nur auf die Bannung durch Gregor, auf die seitens Urbans nur insofern, als sie erstere bestätigt; sie lautet: quod in eos, qui non sunt legitime vocati et rationabiliter convicti quique bonis suis sunt expoliati, sententia dampnationis non sit proferenda (Jaffé a. a. O. S. 146).

Dann hat sich die Synode eingehend mit den Vorwürfen der Gegner beschäftigt, die da behaupten: Taufe, Abendmahl, überhaupt alle bischöflichen und priesterlichen Amtshandlungen, von Nicht-Gregorianern ausgeübt, seien unwirksam, verderblich und bedürften der Wiederholung. Dem gegenüber wird durch zahlreiche Stellen der Kirchenväter zu beweisen gesucht, dafs es bei diesen Amtshandlungen ganz gleichgültig sei, wer sie verrichte, ob ein Orthodoxer oder ein Häretiker; sie hätten ganz den gleichen Erfolg. Papst Clemens behauptet, er erkenne auch die seiner Gegner an, wiewohl diese Schismatiker seien.

Dann sind die Gegner vorgeladen worden, das betreffende Schrei-

---

[1] Gedruckt bei Pitra, Analecta novissima spicil. Solesmensis I, 479 f.; Jaffé-L. II, 752 No. 5326 a. An der Echtheit des Briefes zu zweifeln, ist kein Grund vorhanden.

ben wird mitgeteilt.   Sie sollten nicht erst gehört werden, dazu ist
ihnen auf den früheren Synoden, vor die sie gefordert worden sind,
schon Gelegenheit geboten gewesen; weil sie nicht erschienen sind,
sind sie alle, also auch Urban, der Exkommunikation verfallen.
Jetzt kann man nicht mehr auf dem Fuße von Gleichberechtigten
mit ihnen verhandeln, jetzt haben sie sich nur noch zu verantworten
und ihr Urteil (das natürlich feststand) zu hören, damit dann die
Einheit der Kirche wiederhergestellt werde.   Sie sind auch jetzt
nicht gekommen, und wenn all das unsägliche Unheil, welches aus
der Kirchenspaltung entsteht, weiter dauert, so tragen die Gegner
die Schuld daran.

Ferner sind strenge Bestimmungen gegen die Simonie erlassen,
wer ihrer schuldig ist, soll nicht ordiniert werden; vom Nikolaitismus wird die Geistlichkeit in milder Form abgemahnt und zu einem
züchtigen Leben aufgefordert, da sonst das Volk murre.   Diesem
aber wird verboten, von sich aus nikolaitische Geistliche zurückzu-
weisen, ehe sie vom Papste verurteilt seien.   Die Heiraten Bluts-
verwandter sollen gehindert werden.

Der Papst schließt mit einer langen und eindringlichen Mah-
nung, im wahren Glauben zu beharren, ihn zu verkündigen und den
Häretikern zu widerstreiten; was er selbst nach dem Beispiele seiner
Vorgänger stets zu thun wünsche.

In dem, was es sagt, und in dem, was es verschweigt, trägt das
Rundschreiben den Stempel des Wibertinismus an der Stirn.   Über
die Hauptfragen, die Exkommunikation Heinrichs und die Sakraments-
erteilung, konnte es sich nicht anders aussprechen, wie es thut.   Wo
es sich aber gegen Simonie und Nikolaitismus wendet, sieht man,
daß Wibert sich gern strenger ausgedrückt hätte, seinen persönlichen Anschauungen gemäß, daß er aber durch Rücksichten auf
so viele unlautere Elemente in seiner Partei sich daran gehindert
fühlte.   Von der Investitur schweigt er ganz, denn niemand unter
seinen Anhängern bestritt dies Recht dem Kaiser, auch er selbst nicht.

Den geschilderten Zustand der Dinge ertrug Urban bis in den
Juli 1089, dann wich er [1].

Rasch und auffallend aber vollzog sich auch ein Umschwung
in der Stimmung Roms gegen Wibert.   Denn noch in demselben
Jahre wurde er gewaltsam vertrieben, wie Bernold berichtet [2]; wenn

---

[1] Ob Wiberts Sache auf der Synode von Melfi (September 1089) vorgekommen ist, läßt sich nicht sagen.   Bekannt ist nur ein allgemeines statutum de
excommunicatis non recipiendis (Jaffé-L. I, 664).   Bern. 1089 SS. V, 449 f. sagt
nur, Urban habe die ecclesiastica statuta seiner Vorgänger bestätigt.

[2] Bern. 1089 SS. V, 450 (nach dem Bericht über die Synode von Melfi er-

er hinzufügt, Wibert sei gezwungen worden, einen Eid abzulegen, nicht ferner nach Rom zurückkehren und den apostolischen Stuhl usurpieren zu wollen, so ist hier wohl der Wunsch Vater des Gedankens gewesen. Die Folge war, dafs Urban Weihnachten 1089 in Rom feiern konnte, wo er sich freilich noch immer nicht dauernd zu behaupten vermochte; schon im Sommer 1090 verliefs er den heifsen Boden der Stadt, die er erst im November 1093 wieder betreten sollte.

Was wir nun von Wibert aus den letzten 10 Jahren seines Lebens über seine persönlichen Verhältnisse wissen, ist leider sehr geringfügig. Von 1090 bis 1095 tritt seine Person hinter die Heinrichs, von 1095 bis 1100 hinter die Kreuzzugsangelegenheit zurück.

Anfang April 1090 kam Kaiser Heinrich zum dritten Male nach Italien[1]. Er hatte in den 6 Jahren seit 1084 in Deutschland nicht viel Freude gehabt; nie war er zur Ruhe gekommen, stete Kämpfe mit seinem Gegenkönig Hermann von Luxemburg, mit dem treulosen Markgrafen Ekbert von Meifsen und anderen hatten ihn von einem Ende des Reiches zum anderen getrieben, Siege und Niederlagen unaufhörlich gewechselt. Sichtlich aber war allmählich ein allgemeines Ruhebedürfnis eingetreten, und Ende 1089, Anfang 1090 war das Reich mit Ausnahme Schwabens befriedet, Heinrich, der alleinige Kaiser, von der überwiegenden Mehrheit anerkannt.

Da türmten sich neue Schwierigkeiten in Italien auf. Urban, eifrig bemüht, der kirchlichen Partei neue Anhänger zu werben, alte zu erhalten, gewann den langjährigen Gegner Heinrichs, den abgesetzten Welf von Bayern, für sich. Dessen siebzehnjähriger Sohn vermählte sich auf Urbans Anregung in einer Scheinehe mit der vierzigjährigen Gräfin Mathilde, durch deren reiche Güter gelockt, und kam 1089 nach Italien. So war ein Ring der Zähringer in Schwaben, der Welfen in Bayern und Mathildes in Italien gebildet; den beschlofs Heinrich zu brechen und zwar in seinem eigentlichen

---

zählt). Giesebrecht III, 600 u. 1168. Vielleicht bezieht sich hierauf eine gelegentliche Erwähnung Wiberts durch Urban in dessen Brief an Erzbischof Hartwich von Magdeburg (Jaffé-L. 5422 im cod. Udalr. 75 bei Jaffé, Bibl. V, 154), dessen Zeit unbestimmt ist. Da der Anfang von Urbans Pontifikat mit dem Übertritt Hartwichs zu Heinrich zeitlich fast zusammenfällt, da Urban nach seinen eigenen Worten schon mehrere Briefe an Hartwich geschrieben hat, ohne überhaupt oder aber erst spät Antwort erhalten zu haben, so kann man den Brief wohl in die zweite Hälfte von 1089 setzen. Die Wibert betreffenden Worte lauten: Quoniam, decidente veteri controversia... Baal paulatim confusus est, et mundo obsordet donorum Spiritus sancti fraudulentus mercator.

[1] Vgl. Giesebrecht III, 600—643.

Mittelpunkte. Am 10. April 1090 war er in Verona, im Mai schritt er zur Belagerung von Mantua, einer Hauptposition der Gräfin.

Wibert hatte nach seiner Vertreibung aus Rom Ravenna aufgesucht, wo wir ihn in den Monaten April und Mai des Jahres 1090, viele Verleihungen an Grund und Boden vollziehend, finden[1]. Erst als Heinrich vor Mantua lag, begab er sich zu diesem: am 26. Juni 1090 wird er als Intervenient bei Heinrich genannt neben dem Kanzler Oger von Ivrea und dem Bischof Konrad von Utrecht in einer Urkunde, welche dem Bischof Milo von Padua die Stadt Padua nebst anderen Besitzungen und Rechten bestätigt[2]. Ausgestellt ist sie vor der Burg Rivalta am Mincio, westlich von Mantua, die Heinrich im Sommer 1090 eroberte[3].

Des Kaisers Geschicke in Italien gestalteten sich im Anfange seines Aufenthalts sehr günstig[4]; Mantua wurde im April 1091 genommen, damit Norditalien bis zum Po unterworfen. Ende 1091 erlitt ein Heer Mathildes eine bedeutende Niederlage bei Tricontai. Im Sommer 1092 begann Heinrich die apenninischen Burgen Mathildes anzugreifen und eroberte mehrere. Die Gräfin war in der äußersten Bedrängnis während der Belagerung von Monteveglio und nahe daran, mit Heinrich ihren Frieden zu machen.

Es war nicht das erste Mal, daß in diesen Jahren Friedensvorschläge an Heinrich herantraten, alle Verhandlungen aber scheiterten, wie diese, zumeist an der Existenz Wiberts, daher wir hier auf diese Dinge eingehen müssen.

Wiberts Erhebung war einst für Heinrich eine Notwendigkeit gewesen, wenn er die Kaiserkrone erlangen wollte. Aber kaum ist ihm eine Handlung in der Art verdacht worden und hat schlimmere Folgen für ihn gezeitigt, als diese. Wir sahen (S. 49), daß er im Jahre 1083 noch geneigt gewesen war, Wibert fallen zu lassen. Dies zu thun war unmöglich, und der Bruch unheilbar geworden, als Heinrich die Kaiserkrone von dem durch seine Macht inthronisierten Wibert erhalten hatte; hätte er ihn da noch aufgegeben, so hätte er die Axt an die Wurzeln seiner eigenen Existenz gelegt. Und seitdem ist Wibert das hauptsächlichste Hindernis gewesen, das allemal zwischen den Kaiser und seine Gegner getreten ist, wenn sie zu einer Verständigung sonst geneigt oder etwa genötigt waren.

Auf Walrams Nachrichten über den Erzbischof Hartwich von Magdeburg[5] will ich in dieser Hinsicht so viel Gewicht nicht legen,

[1] Jaffé-L. 1, 653 nach Rubeus 314.
[2] Jaffé-L. 1, 653. Stumpf 2904. Giesebrecht III, 1176.
[3] Donizo 2, 466 SS. XII. 389. [4] Vgl. Giesebrecht III, 643 650.
[5] Walram de unit. eccl. 2, 25 ed. Schwenkenbecher S. 91 f.

da sie allem widerstreiten, was wir sonst von diesem Geistlichen wissen. Er habe sich 1088 mit Heinrich ausgesöhnt und sein Erzbistum zurückerhalten, dann aber gegen den Kaiser gewühlt und u. a. erklärt: imperatori vero promissam fidem et promissum servitium libenter conservare, si velit publice confiteri, se vinculo anathematis ligatum esse et inde solvi per participes sui Gregorii papae, si etiam velit Wigbertum deponere.

Als aber die Friedenssehnsucht in Deutschland immer stärker wurde, kamen Ende 1089 die gregorianisch gesinnten deutschen Fürsten persönlich mit Heinrich zusammen [1]. Sie versprachen, ihn im Reiche zu erhalten, wenn er sich von Wibert lossagen und in die kirchliche Gemeinschaft, rite absolviert zurückkehren wolle. Heinrich soll nach Bernold geneigt gewesen sein, auf diese Bedingungen einzugehen, und zur Ablehnung derselben nur durch die Vorstellungen der Bischöfe bewogen worden sein, welche von Wibertisten geweiht waren und nach einer Versöhnung für ihre Stellen fürchteten. Die Glaubwürdigkeit dieser Nachricht möchte ich bezweifeln, Bernold hat sich die Dinge nach seinem Standpunkt zurechtgerückt; wollte Heinrich Wibert fallen lassen, so brauchte er auf die Bischöfe keine Rücksicht zu nehmen, denn er befand sich durchaus in keiner Zwangslage, aber er wollte und konnte ersteres nicht.

Von einem Friedenskonvent in Speier im Februar 1090 ist uns Näheres nicht bekannt [2].

Wieder aber kam zur Zeit der gröfsten Waffenerfolge Heinrichs im August 1091 Herzog Welf von Bayern in die Lombardei nach Verona [3] und machte neue Anerbietungen zum Frieden. Die Bedingungen, die er stellte, waren Rückgabe der welfischen Güter und kanonische Neubesetzung des von Wibert usurpierten apostolischen Stuhles. Erstere Bedingung war erfüllbar und wurde ja auch später (1097) wenigstens durch die Rückgabe des Herzogtums Bayern erfüllt. Die Sache scheiterte daran, dafs Heinrich Wibert nicht preisgeben konnte, der eben erst [4] von den Römern zurückgerufen worden war. Voll Groll kehrte Welf nach Schwaben zurück [5].

---

[1] Bern. 1089 SS. V, 450. Giesebrecht III, 641 u. 1175. Man kann diese Verhandlungen nicht mit Wiberts Vertreibung aus Rom in Zusammenhang bringen, wie Lehmann-Danzig, Das Buch Widos von Ferrara S. 9 u. 14 f. zu thun geneigt ist. Deutsche Verhältnisse gaben den Anlafs.

[2] Ann. Rosenveld. 1090 SS. XVI, 101. Ann. Saxo. 1090 SS. VI, 726.

[3] Ann. August. 1091 SS. III, 133.

[4] S. u. S. 86.

[5] Bern. 1091 SS. V, 452. Giesebrecht III, 645 f. u. 1176. Cfr. Ann. August. 1091 SS. III, 133.

Noch einmal ging es so, wie schon angedeutet, während der Belagerung von Monteveglio (August, September 1092). Schon waren Friedensverhandlungen zwischen Heinrich und Mathilde im Zuge, fast hatte man sich für den Abschluſs des Vertrages entschieden, als Mathilde noch im letzten Augenblicke in einer Versammlung hoher, ihr nahestehender Geistlicher zu Carpineto den Entschluſs faſste, ihn nicht zu unterzeichnen. Hauptanstoſs war auch hier die von Heinrich gestellte Bedingung, Wibert müsse als rechtmäſsiger Papst anerkannt werden[1].

Noch ist für die Friedenssehnsucht, die sich in den Jahren 1089—91 geltend machte, charakteristisch die sogenannte Altercatio inter Urbanum et Clementem[2]. Beide werden mit einander streitend eingeführt, jeder behauptet, er sei der rechtmäſsige Papst.

---

[1] Donizo 2, 625 ff. SS. XII, 392. Giesebrecht III, 648 f. u. 1176.

[2] Cod. Udalr. 79 bei Jaffé, Bibl. V, 158—161. Jaffé setzt sie in das Jahr 1090, Giesebrecht III, 646 u. 1176 in 1091. Vgl. Lehmann-Danzig, Das Buch Widos von Ferrara S. 15 f. Die zeitliche Begrenzung ergiebt sich folgendermaſsen. Terminus a quo ist zunächst Urbans II. Wahltag, der 12. März 1088; dann aber wird mit Urbans Namen ein Wortspiel getrieben, indem ihm (v. 3) der Vorwurf gemacht wird, er heiſse Urbanus und sei doch ab urbe proiectus. Das war der Fall Sommer 1089 bis Winter 1089 und Sommer 1090 bis November 1093. 1089 wurde auch Wibert bald vertrieben, und Urban kehrte schnell zurück, mit mehr Wahrscheinlichkeit ist daher das Gedicht nach der zweiten Vertreibung (Sommer 1090) anzusetzen. Der terminus ad quem wird, wie Jaffé schon festgestellt hat, durch Vers 49 u. 50 bestimmt. Die beiden Verse zielen unzweifelhaft auf Bischof Heinrich von Lüttich (1075—1091): dieser ist am 31. Mai oder am 2. November 1091 gestorben. S. Aegidii Aureaevall. gesta epp. Leod. 3, 13 SS. XXV, 90 u. Anm. 12 das. Gams 249. Der 2. November stützt sich auf die Angabe des liber ecclesiae Leodiensis defunctorum oder liber mortualis Lambertianus bei Foullon I, 246 und scheint mir den Vorzug zu verdienen. — Das Gedicht fällt also zwischen Sommer 1090 und Spätherbst 1091, wenn Heinrich am 2. November gestorben ist. — Kaiser Heinrich war jedenfalls schon in Italien, wozu stimmt, daſs die auſser Heinrich von Lüttich genannten beiden deutschen Bischöfe, Erzbischof Liemar von Bremen und Bischof Konrad von Utrecht, Heinrich dorthin begleiteten (Giesebrecht III, 645 nach einer Urkunde vom 17. Mai 1091, Stumpf 2909). — Ich entscheide mich für 1091; dazu bestimmt mich wesentlich, daſs in den August dieses Jahres der Versuch Welfs fällt, mit dem Kaiser seinen Frieden zu machen, wobei ja die Forderung war, Wibert solle fallen gelassen werden. Das war ein geeigneter Zeitpunkt für solche Vorschläge, wie sie in unserem Gedicht enthalten sind. — Auch dürfte ins Gewicht fallen, daſs es doch des komischen Beigeschmacks nicht entbehren würde, wenn der Verfasser durch Wiberts Mund Urban vorhält, er sei aus Rom verjagt, und Wibert sich in gleicher Lage befand. Dieser aber war seit Anfang 1091 das ganze Jahr in Rom. — Ich bleibe also beim Herbst 1091, nicht lange vor Heinrichs von Lüttich am 2. November 1091 erfolgten Tode.

Urban will diesen Streit von einer Versammlung von Geistlichen und Juristen entscheiden lassen. Als Mitglieder derselben schlägt er sechs französische (einschliefslich Besançon), drei deutsche, drei italienische Bischöfe und eine Anzahl Juristen vor.[1] Clemens ist mit dem Modus und den Personen ganz einverstanden, dem Verdikte habe sich der für unrechtmäfsig Erklärte zu unterwerfen. Als Ort und Zeit der Versammlung bringt er Rom und den Dreikönigstag, 6. Januar (1092), in Vorschlag.

Dem stimmt wieder Urban zu, dann auch der Kaiser, der von dieser Übereinkunft hört. Er erklärt: wenn einer von beiden als der rechtmäfsige Papst von dieser Versammlung werde anerkannt werden, so wolle er dem betreffenden anhangen; würden beide verworfen, so wolle er den anerkennen, den die Versammlung zum Nachfolger wählen würde, und ihn, wenn nötig, mit seinem Heere unterstützen.

Diese Lösung war natürlich bei den gegebenen Verhältnissen unmöglich, und das Gedicht ist ein naiver Ausdruck der frommen Wünsche des Verfassers, symptomatisch aber für das Verlangen nach Frieden, das sich freilich vergebens aussprach.

Naturgemäfs erstreckte sich der Einflufs des Glückes der kaiserlichen Waffen auch auf Wiberts Stellung. Dieser blieb im weiteren Verlaufe des Jahres 1090 bei dem Kaiser, den er auch auf einem Streifzuge in die Gegenden am unteren Po Ende 1090, Anfang 1091 begleitete. Am 31. Dezember 1090 und am 6. Januar 1091[2] nämlich urkundet Heinrich in Padua, am 19. Januar 1091 ebenda Wibert[3], dieser in paduanischen Angelegenheiten. Auf Bitten der Bischöfe Milo von Padua und Robert von Faenza, sowie des Archidiakonen von Padua, Petrus, bestätigt er für alle Zeiten Existenz und Besitz des Nonnenklosters St. Peter in Padua[4].

In dieselbe Zeit wird eine Urkunde Wiberts für das Nonnenkloster St. Stephan in der Vorstadt von Padua fallen, die ganz ohne Datum überliefert ist, aber dieselben Intervenienten, Milo von Padua und Robert von Faenza, aufweist. Auch diesem Kloster werden sämtliche Besitzungen bestätigt[5].

---

[1] Sollte der Verfasser ein Franzose sein? Jedenfalls stimme ich Lehmann-Danzig, Wido 16 zu, dafs er Urban geneigter ist.

[2] Stumpf 2905, 2906.

[3] Jaffé-L. 5332 u. Addenda II. 713 bei Migne CXLVIII, 838.

[4] S. u. S. 88 u. Anm. 7 daselbst.

[5] Gloria, Cod. dipl. Padovano 331, Jaffé-L. II, 752 No. 5332 *a*.

Nicht lange darauf thaten Heinrichs Erfolge ihre Wirkung in Rom, die Partei Wiberts daselbst nahm einen Aufschwung, wie noch nie, selbst die Engelsburg, die bis dahin noch stets von den Gregorianern behauptet worden war, fiel Anfang 1091 in die Hände der Wibertisten. Sofort beriefen diese Wibert in die Stadt zurück[1]. Er entsprach ihrer Aufforderung auf der Stelle und zog etwa um dieselbe Zeit wieder in seine Hauptstadt ein, zu welcher er von Urban, der indessen in Unteritalien von einem Orte zum anderen zog, auf der Synode von Benevent (28.—31. März 1091) von neuem mit dem Bannfluche belegt wurde[2].

Das ganze Jahr hindurch hielt er sich hier, denn Bernold mufs zu seinem Schmerz berichten, dafs Urban das Weihnachtsfest 1091 aufserhalb Roms verlebt habe, da Wibert sich bei der Peterskirche (domus sancti Petri) dermafsen verschanzt habe. dafs er nicht leicht ohne Blutvergiefsen hätte vertrieben werden können[3]; solch gewaltsames Vorgehen habe aber der gutmütigen Natur Urbans widerstrebt, der mit einem Heere sich Roms ohne Mühe hätte bemächtigen können[4], d. h. wenn er eines gehabt hätte.

Zum Jahre 1092 berichten nun die Annales Ottenburani: Wigbertus papa synodum indixit, quae prorsus contempta est. natürlich nur von den Gegnern[5]. Wohin und wann des näheren diese Synode berufen. und was auf ihr verhandelt worden ist, davon kann man sich keine Vorstellungen machen, da die eben mitgeteilte Nachricht die einzige Spur ist, die wir von dieser Versammlung haben. Vielleicht kann man aus der Form der Nachricht entnehmen, dafs die Synode in den Kriegsläuften nicht zustande gekommen ist; sie wird vor dem Juni angesetzt werden müssen, da Wibert in diesem Monat nicht mehr in Rom und dann nach kurzem Aufenthalt im Ravennatischen im Kriegslager Heinrichs IV. anwesend war; an beiden letzteren Orten wird sie schwerlich gehalten oder zu halten beabsichtigt worden sein.

Wibert verliefs Rom freiwillig. denn seine Partei besafs noch bis November 1093 die Oberhand und konnte Urban von Rom fernhalten. Er begab sich zuerst in seine Diözese. während Heinrich in den Apenninen Mathildes Burgen belagerte; er ahnte wohl nicht. dafs er Rom nicht wieder betreten würde. Am 13. Juni urkundet

---

[1] Bern. 1091 SS. V, 451.
[2] Bern. 1091 SS. V, 451. Jaffé-L. I, 653 u. 668.
[3] Bern. 1092 SS. V, 453.
[4] Bern. 1091 SS. V, 451.
[5] Ann. Ottenbur. 1092 SS. V, 8. S. o. S. 78.

er in Cesena zu Gunsten der Kanoniker von Reggio, deren Besitzungen er bestätigt [1].

Im August finden wir ihn wieder beim Kaiser, der ja längere Zeit vor der Burg Monteveglio liegen mußte [2], ohne sie erobern zu können. Seine Anwesenheit ergiebt sich zunächst aus Donizo [3]; weiter aus einer von ihm am 9. August 1092 [4] für die Abtei St. Deodat, d. i. St. Dié-en-Vosges südöstlich Luneville ausgestellten Urkunde. Als Intervenient wird in ihr der Kardinal Anastasius genannt [5], Kanonikus von St. Deodat, der erste, den Wibert zum Kardinal gemacht hatte. Der Papst nimmt die Abtei in seinen Schutz und bestätigt ihre Besitzungen und Rechte [6]. Drei Tage darauf, am 12. August, thut Kaiser Heinrich dasselbe, und zwar obtentu summi pontificis ac universalis papae tertii Clementis [7], womit wir ein drittes Zeugnis für dessen Anwesenheit erhalten.

Aber schon hatte Heinrich den Höhepunkt seiner Machtentwickelung erreicht, ein um so tieferer Fall folgte [8]. Der Oktober 1092 war der Wendepunkt; nachdem die Belagerung von Monteveglio hatte abgebrochen werden müssen, erlitt Heinrich eine Niederlage bei Canossa, die ihn zum Rückzug hinter den Po zwang, über den er nicht wieder hinausgekommen ist. Rasch folgten harte Schläge: im Anfang 1093 der Bund lombardischer Städte gegen ihn; das Wiederaufleben der Pataria; etwa um Ostern 1093 die Empörung seines ältesten Sohnes Konrad; endlich 1094 die Skandale, welche

---

[1] Jaffé-L. 5333 bei Migne CXLVIII, 839. — Um dieselbe Zeit kann auch die Schenkungsurkunde an 24 Kardinäle von ihm ausgestellt sein, die Fantuzzi, Mon. Rav. II, 289 No. 1 Reg. erwähnt, ohne im geringsten nähere Angaben zu machen.

[2] Donizo 2, 616 ff. SS. XII, 392.   [3] Donizo 2, 622 ff. SS. XII, 392.

[4] Jaffé-L. 5334 bei Pflugk-Harttung, Acta pontif. I, 53.

[5] rogatu Anastasii apostolatus nostri primogeniti cardinalis et dilectissimi filii, ecclesiam beati Deodati, cuius ipse canonicus est . . . .

[6] Pflugk-Harttung macht S. 55 der Acta ganz richtig darauf aufmerksam, daß die corroboratio: Quod ut certius credatur et diligentius ab omnibus observetur, presentes litteras manus nostre signo firmavimus et sigilli nostri impressione corroborari precepimus auf den Einfluß fremder Kanzlei zurückzuführen sei. Ich denke an deutsche, aus der kaiserlichen Kanzlei übernommene Beamte (S. u. Exkurs I S. 130). Ganz ähnliche corroboratio (s. Pflugk S. 55) in Jaffé-L. 5322 u. 5324 bei Migne, CXLVIII, 830 u. 831, namentlich in 5322. S. auch 5323 bei Savioli, Ann. Bologn. I, 2, 133; 5326 im Neuen Archiv II, 219. Und nicht nur in diesem Punkte zeigt sich Verwandtschaft mit der kaiserlichen Kanzlei, auch in anderen, was jedem auffallen wird, der die Urkunde liest.

[7] Stumpf 2915 bei Duhamel, Documents de l'hist. des Vosges II, 154. S. Exkurs II.

[8] Vgl. Giesebrecht III, 650—660.

seine zweite Gemahlin Adelheid, eine Russin, gegen ihn erregte. Er mußte gar hinter die Etsch weichen, seine Sache war gänzlich verloren, er hatte keine namhaften Anhänger mehr und war zur Ohnmacht verdammt.

Diesen Umschwung der Dinge erlebte Wibert in Heinrichs Nähe. Um Weihnachten 1092 waren beide in der Lombardei [1], Weihnachten 1093 in Verona [2]. Sie waren in der entsetzlichsten Stimmung, vor allem natürlich Heinrich, der an Selbstmord gedacht haben soll [3]. Wibert aber erklärte sich bereit, auf sein Papsttum zu verzichten, wenn der kirchliche Friede anders nicht hergestellt werden könne [4]. Dazu war es nun zu spät. Seine Lage wird ihm um so unerträglicher gewesen sein, als er sich von seiner Diözese ausgeschlossen sah; dort hatte er wohl genug Anhänger, aber er durfte Heinrich nicht verlassen, der wieder seine Verbindung mit Deutschland nicht aufgeben konnte. Ravennatische Urkunden Wiberts haben wir aus all diesen Jahren nicht.

Und das Ende dieser Leidenszeit war nicht abzusehen. Drei lange Jahre noch (1094, 95, 96) war Heinrich, fast von allen verlassen, eingezwängt im Osten Italiens zwischen der Etsch, über die er nur selten und wenig hinauskam, und den Alpen, zwischen Mathilde und Welf [5]. Während dieser ganzen Zeit war Wibert bei ihm, ebenso ohne Macht und Ansehen, wie Heinrich ohne Heer. Die einzige Spur, die man von seinem Dasein in diesen Jahren hat, ist die, daß er wiederholt als Intervenient in kaiserlichen Urkunden genannt wird.

Im März 1095 waren beide in Padua; denn in einer Urkunde aus dieser Zeit, durch welche dem Bistum Basel die Abtei Pfeffers geschenkt wird, heißt es: grato interventu domini G. (wohl C.) apostolici [6]; nach dem Mai (vielleicht im Juni) 1095 in Verona, wo Heinrich u. a. auch auf Bitten Wiberts (venerabilis domini papae Clementis interventu) das Nonnenkloster St. Peter zu Padua und dessen Besitzungen in seinen Schutz nimmt [7]. Wahrscheinlich fällt in den Mai des Jahres 1095 noch eine Urkunde ohne Orts- und Zeitangabe, in der aber Bischof Walbrun von Verona als Kanzler genannt wird, der als solcher nur im Mai und Juni 1095 nachweisbar

---

[1] Bern. 1093 SS. V, 455.   [2] Bern. 1094 SS. V, 457.

[3] Bern. 1093 SS. V, 456.   [4] Bern. 1094 SS. V, 457.

[5] Vgl. Giesebrecht III, 673—676.

[6] Stumpf 2928 bei Herrgott, Genealogia Habsburg. II, 130 und bei Trouillat, Mon. de Bâle I, 210; Jaffé-L. II, 752.

[7] Jaffé-L. I, 654. Stumpf 2931. Es ist dasselbe Kloster, für welches Wibert am 19. Januar 1091 urkundete (Jaffé-L. 5332). S. o. S. 85.

ist. Es werden in der Urkunde sämtliche Privilegien des Bistums
Padua bestätigt; unter den Intervenienten befindet sich dominus
Clemens apostolicus [1].

Aus dem Jahre 1096 haben wir dann noch ein urkundliches
Zeugnis in einer Schenkungsurkunde für Erzbischof Liemar von
Bremen-Hamburg [2]. Die Schenkung, heißt es da, sei schon in puri-
ficatione sanctae Mariae (2. Februar) in Verona gemacht worden, damals sei Papst Clemens nicht anwesend gewesen; jetzt werde darüber
eine Urkunde ausgestellt und zwar in Padua presente et laudante
ac confirmante domno papa Clemente. Dies muß zwischen dem 1. April
(wegen anno imperante XIII) und dem 1. September (wegen ind. IV)
geschehen sein, näher läßt sich die Zeit nicht bestimmen.

Während dieser langen gezwungenen Unthätigkeit Heinrichs
und Wiberts konnten die Gegner um so energischer vorgehen.
Nachdem Mathildes Waffen den Sieg der päpstlichen Partei entschieden hatten, und es Urban im November 1093 gelungen war,
sich wieder in Rom festzusetzen, trat er jene berühmte Reise
an [3], welche die ganze Welt in Bewegung setzen sollte, und deren
hervorragendste Staffeln die Konzilien von Piacenza (März 1095)
und Clermont (November 1095) sind [4]. Auch hierin folgte er
den Fußstapfen Gregors. Den Zug der Zeit erkennend, hat er es
verstanden, ihn für seine Zwecke, für die römische Kirche auszu-
nutzen und in deren Dienst zu stellen. Und wohl wird er sich be-
wußt gewesen sein, in einen wie unendlichen Vorteil er gegenüber
den kirchlichen Gegnern damit sich setzte. Freilich traf er während
dieser Reise auf den Konzilien und sonst noch eine Fülle ander-

---

[1] Jaffé-L. I, 654. Stumpf 2994.   [2] Jaffé-L. I, 654. Stumpf 2934.

[3] Vgl. Giesebrecht III, 661—672.

[4] Während dieser Reise. vielleicht zur Zeit des Aufenthaltes Urbans in
Poitiers (Januar 1096) (Jaffé-L. I, 684) sind wohl jene Verse an Wibert entstanden, die Wilhelm von St. Hilarius zu Poitiers zum Verfasser haben. Ausbeute für die Geschichte Wiberts ergeben sie nicht, sie enthalten eine Ermahnung, den betretenen Weg zu verlassen, umzukehren und bei Urban Verzeihung
nachzusuchen, von dem (v. 19) gesagt wird:

Est pius indultor, tamen equo criminis ultor.

Die Verse sind neuerdings mit orientierenden Bemerkungen von L. Weiland in
den Roman. Forschungen I, 418 herausgegeben; hinzuzufügen wäre etwa, daß
man sie auch bei Migne CL, 1573 gedruckt finden kann.

Von Wibert heißt es u. a. v. 11:

Stat merito Demens nomen tibi, stat male Clemens.

Dieses Wortspiel muß damals beliebt gewesen sein. Cfr. Deusdedit contra invas. 2, 12 bei Mai, Nova patrum bibl. VII, 3, 94: Idem vero Guibertus, qui
multo rectius papa demens, quam papa Clemens dici debuit etc. Ihm schreibt
es Petrus Casin. 3, 70 SS. VII, 751 nach.

weitiger Verordnungen allgemeiner und spezieller Natur, doch ist
die Kreuzzugsfrage die Hauptsache. Naturgemäfs aber, wenn auch
nicht mehr in erster Reihe, wurde der Gegner in gewohnter Weise
gedacht, d. h. sie wurden exkommuniziert.

Dies hatte schon vor Urbans Reise der energische päpstliche
Legat in Frankreich, Erzbischof Hugo von Lyon, am 16. Oktober
1094 auf einem französischen Konzil in Autun gethan, wo er ähnlich
wie einst Otto von Ostia in Quedlinburg (s. S. 63) Kaiser Heinrich,
Wibert und alle Anhänger derselben mit dem Banne belegte [1]. Urban
selbst erneuerte den Bann über Heinrich, Wibert und deren Anhänger auf der Synode zu Piacenza im März 1095 [2]. Ausdrücklich
wird uns von gleichzeitigen Autoren zwar dasselbe nicht berichtet
von den Konzilien von Clermont (November 1095) und Tours (März
1096); da aber auf beiden Urban die Beschlüsse bezw. von Piacenza
und der vorhergegangenen Konzilien bestätigte, ist es wohl inbe-
griffen [3]. Dazu weifs wenigstens der etwas spätere Wilhelm von
Malmesbury († 1141), dafs in Clermont Heinrich und Wibert gebannt worden seien [4].

Im Dezember 1096 traf Urban gleichzeitig mit den ersten Kreuzfahrern wieder in Rom ein [5]. Von Wiberts Stellungnahme zum Kreuz-
zugsgedanken hören wir gar nichts und sind rein auf Vermutungen
angewiesen. Da auf ihm die Hauptstärke seiner Gegner beruhte,
konnte er ihm nicht günstig gesinnt sein, dem entsprechend mifs-
handelten seine Anhänger in Rom die Kreuzfahrer [6]. Gleichwohl
wird er sich ihm offen schwerlich entgegengesetzt haben, abgesehen
davon, dafs ihm die Macht dazu fehlte; denn die Zeitgenossen waren
meistens so sehr von dem Gedanken ergriffen, dafs Wibert seine
ohnehin schlechte Stellung damit nur noch mehr erschüttert haben
würde. Aufgreifen konnte er ihn aber auch nicht, da Deutschland,
das doch seine Hauptstütze hätte bilden müssen, sich damals noch
den Kreuzzügen gegenüber gleichgültig verhielt, und da er in Frankreich, wo die gröfste Begeisterung für dieselben herrschte, keine
Anhänger hatte.

---

[1] Bern. 1094 SS. V, 461. Giesebrecht III, 662.

[2] Bern. 1095 SS. V, 461. Donizo 2, 766 ff. SS. XII, 394. Giesebrecht III,
663. Cfr. Jaffé-L. I, 677 u. No. 5538.

[3] Bern. 1095 SS. V, 463 f. u. 1096 SS. V. 464. Cfr. Jaffé-L. I, 681 u. 685.

[4] Will. Malmesb., Gesta regum Angl. 4, 345 ed. Hardy II, 526.

[5] Über die römischen Verhältnisse siehe das Nähere unten S. 93 ff.

[6] S. u. S. 94.

Neuntes Kapitel.
Vom Abzuge Heinrichs IV. aus Italien im Jahre 1097 bis zu Wiberts Tod.

Das Jahr 1097 brachte Heinrich und Wibert Erlösung aus ihrer Lage [1]. Infolge einer Versöhnung mit den Welfen wurden die Alpenpässe frei und Heinrich konnte im Frühjahr nach Deutschland zurückkehren; er nahm das Bewufstsein mit, dafs seine Macht in Italien vernichtet war. In den nächsten Jahren gelang es ihm zwar, mit den deutschen Fürsten ein Einvernehmen zu erzielen, aber nur wegen der allseitigen Erschöpfung und Sehnsucht nach Ruhe. Und wurde er auch von den Fürsten als Kaiser anerkannt, so war die mit dieser Würde verbundene Machtfülle gering, zwischen Kaiser und Fürsten bestand mehr ein Vertrags-, denn ein Unterthanenverhältnis. Dazu herrschte eine höchst betrübende öffentliche Unsicherheit im Reiche, der Heinrich nicht zu steuern vermochte. So war er daheim genugsam beschäftigt und nicht imstande, sich irgendwie thätig um seinen Papst in Italien zu bekümmern. Sein trauriges Ende liegt aufserhalb der Zeit, die wir zu betrachten haben.

Wibert war seit 1097 ganz auf sich und die Hülfsquellen angewiesen, die ihm Italien zu bieten vermochte. Als er sich von Heinrich getrennt hatte, gelang es ihm, endlich in sein Erzbistum zurückzukehren, das er seit 5 Jahren nicht hatte betreten können. In seinem Sprengel hielt er sich bis zum Sommer 1099 auf und stärkte langsam in steter Arbeit seine Kräfte; und während es schien, als ob das Jahr 1097 seinen Ansprüchen gründlich ein Ende bereitet habe, gelang es ihm doch noch wieder, eine Rolle zu spielen.

Wie unsicher zu Anfang seine Lage war, zeigt, dafs er sich in einem stark verschanzten Kastell zu Argenta am Po festsetzte [2], wodurch er den Übergang über diesen Flufs hinderte. Aber auch dieses verlor er Ende 1097 oder Anfang 1098 [3], ohne dafs er bei der Eroberung durch die Gegner noch anwesend war [4]. Doch konnten diese ihren Erfolg nicht ausnutzen. Wibert entfaltete eine lebhafte Thätigkeit, seine Stellung immer fester zu machen, wie wir aus den noch vorhandenen Spuren deutlich erkennen können.

---

[1] Vgl. Giesebrecht III, 675 ff.

[2] Deusdedit contra invas. 2, 12 bei Mai, Nova patrum bibl. VII, 3, 94. Hiernach Petrus Casin. 3, 70 SS. VII, 750 f., der Deusdedit 2, 11 u. 12 sinnlos verschmolzen hat. Vgl. Giesebrecht, Münch. histor. Jahrbuch 1866 S. 185 f. und KZ. III, 1166 u. 1181.

[3] Bern. 1098 SS. V, 465.   [4] Cfr. Bertoldi, Mem. stor. d'Argenta II, 170.

Als er am 22. September 1097 in Cesena weilte[1], war er von zweien seiner Suffragane, Bischof Morand von Imola und Bischof Wido von Ferrara, und einer ganzen Anzahl weltlicher Grofser umgeben. Und der beurkundete Vorgang war auf die Stärkung seiner Macht gerichtet: Ugolinus nämlich, der Sohn jenes Grafen Wido von Imola, an den sich einst Gregor in der Imolensischen Streitsache gewendet hatte[2], schwört ihm Treue, sicut vassallus solet iurare domino suo; dafür dafs er seinen Eid halten werde, leistet er Bürgschaft, indem er gewisse Besitzungen an Land zu Händen Wiberts deponiert. Weil er frei über die Güter verfügt, wird der alte Graf Wido verstorben sein. Für 1098 wird eine umfassende Thätigkeit Wiberts durch Rubeus bezeugt, der viele Urkunden aus diesem Jahre gesehen hat[3], die sich auf Güterverleihungen beziehen; erhalten sind uns zwei, die Wiberts Anwesenheit in Ravenna am 15. Mai und am 9. Juni 1098 verbürgen[4], beide überweisen Güter an sonst unbekannte Eingesessene, die vom 15. Mai unter dem Vorbehalt, dafs der Empfänger, Petrus de Berta, nichts gegen die Ravennatische Kirche unternehme. Sonst läfst sich für Wibert nichts aus ihnen gewinnen.

Schon im Frühjahr 1098 war er in der Lage, einen der hervorragendsten Anhänger Urbans, Anselm von Canterbury, der nach Rom reisen wollte, ernstlich in die Furcht zu versetzen, dafs er könnte abgefangen werden. Anselms Begleiter Eadmer erzählt nämlich[5]: Supererat quoque ea tempestate Wibertus archiepiscopus Ravennas, qui de apostolatu, quem contra ius invaserat, pulsus, omni religiosae personae Romam petenti per se suosque modis quibus poterat struebat insidias. Unde quidam episcopi, monachi et religiosi clerici, ea seviente persecutione, capti, spoliati multisque contumeliis affecti, necati sunt. . . . . . Der Erzbischof entging freilich diesen Fährlichkeiten. Noch mehr aber mufs man sich wundern, dafs Wibert daran denken konnte und dazu aufforderte, am 9. Oktober 1098 eine Synode in Vercelli zu halten[6], auf der die Angelegenheit des Erzbischofs Ruthard von Mainz vorkommen sollte, von welcher weiter unten die Rede sein wird; ob sie zusammengetreten ist, wissen wir nicht.

---

[1] Mittarelli, Ann. Camald. III, 56 und Fantuzzi, Mon. Rav. IV, 228. Cfr. Jaffé-L. I, 654.

[2] S. o. S. 23.   [3] Rubeus, Hist. Rav. 315.

[4] Gedruckt bei Amadesi, Antist. Rav. II, 345 u. 346; s. daselbst S. 188. Cfr. Fantuzzi, Mon. Rav. II, 419 No. 16 Reg.

[5] Eadmeri hist. nov. in Anglia lib. 2 SS. XIII, 140; vgl. S. 141 daselbst.

[6] Jaffé-L. 5337 im cod. Udalr. 89 bei Jaffé, Bibl. V, 174; vgl. Giesebrecht III, 694 u. 1182.

Und im Sommer 1099 fühlte er sich gar stark genug, einen Zug gegen Rom zu unternehmen [1], wo er erst kurz vorher, auf der Synode vom Ende April 1099, von Urban noch einmal und zum letzten Male mit dem Banne belegt worden war [2].

Wir müssen uns kurz unterrichten, wie sich seit der ersten Hälfte des Jahres 1092, seitdem Wibert Rom verlassen hatte, die Lage der Stadt und der Anhänger Wiberts in ihr gestaltet hatte [3]. Noch bis Ende 1093 behaupteten sich diese im Alleinbesitze Roms [4], und Urban mußte Weihnachten 1092 auswärts feiern. Heinrichs sich drängende Niederlagen brachten auch hier einen Umschwung hervor, freilich erst ganz allmählich; seit den Tagen Robert Guiscards war die Partei der Gregorianer noch nie wieder recht zu Kräften gekommen. Am 2. November 1093 konnte Urban aus Alatri den südfranzösischen Bischöfen und Äbten schreiben [5], er hoffe, daß demnächst die Freiheit des apostolischen Stuhles werde wiederhergestellt werden.

Wirklich gelangte er zwischen dem 20. und 24. November 1093 nach Rom hinein, ohne daß er ein Heer bei sich hatte, und feierte dort Weihnachten [6]. Im Anfange aber glich seine Lage sehr der von 1088/89, noch waren die Wibertisten stärker als er; indes vermochten sie nicht, seinen Verkehr mit der Außenwelt ganz zu hindern; Bischof Ivo von Chartres z. B., der mit ihm in Rom eingezogen war, konnte ihn im Januar 1094 ungehindert verlassen [7], Abt Gottfried von Vendôme bald darauf, zur Fastenzeit, freilich im Schutze der Nacht zu ihm gelangen [8]. Urban hielt sich in einer Befestigung des

---

[1] Eine direkte Nachricht, daß Wibert diesen Zug angetreten habe, besitzen wir nicht. Zu dem Schlusse, daß er schon im Sommer 1099 vor Rom stand, berechtigt die Datierung von Jaffé-L. 5339: Data per manus Tiedrici Albanensis episcopi IV. Kal. Augusti, defuncto Urbano VI. Kal. Augusti sine viatico corporis et sanguinis Domini. Urbans Todestag ist aber irrig angegeben, es ist der 29., nicht der 27. Juli; Wibert hat wohl ein verfrühtes Todesgerücht gehabt, jedenfalls konnte er nur vor Rom dieses Ereignis so schnell erfahren.

[2] Jaffé-L. I, 700. Bern. 1099 SS. V, 466. Vgl. im allgemeinen Eadmeri hist. nov. lib. 2 SS. XIII, 143 (vita Ans. 2, 49) und Will. Malmesb., Gesta pont. Angl. lib. 1 ed. Hamilton S. 103. Giesebrecht III, 692.

[3] Vgl. außer Giesebrecht auch Gregorovius, Geschichte der Stadt Rom [3] IV, 260 ff.

[4] Bern. 1093 SS. V, 455.   [5] Jaffé-L. 5494 bei Migne CLI, 368.

[6] Jaffé-L. 5498, 5499 I, 673, 674. Bern. 1094 SS. V, 457 f. Ivo Carnot. epist. 27 bei Migne CLXII, 40. Goffr. Vindocin. epist. 1, 8 nach Sirmonds Ausgabe bei Migne CLVII, 48 und bei Watterich, Vitae pont. I, 590. Giesebrecht III, 654 u. 1177.

[7] Ivo Carnot. epist. 27 a. a. O.

[8] Goffr. Vindocin. epist. I, 8 a. a. O. Dagegen fiel ein Gesandter des Her-

Johannes Frangipani bei der Kirche Sancta Maria Nova am Palatin auf. Seine Gegner befanden sich namentlich noch im Besitze des Lateran und der Engelsburg, von letzterer aus beherrschten sie die Tiberbrücke zwischen der Leostadt und dem jenseitigen Rom.

Die eine dieser Positionen gelangte noch Ostern 1094 in Urbans Gewalt; der Befehlshaber des Lateran nämlich, Ferruccio, begann einzusehen, daſs von Heinrich und Wibert nicht mehr viel zu erhoffen sei. So wandte er sich 14 Tage vor Ostern, am 26. März 1094, durch Unterhändler an Urban und erklärte sich zur Übergabe des Lateran bereit, wenn man ihn mit Geld abfinde. Urban hatte indes nur viele Schulden, aber kein Geld. Da war Abt Gottfried von Vendôme ein Retter in der Not — worauf er sich nachmals nicht wenig zu gute that —, er schaffte das Geld, und Urban gehörte der Lateran [1].

Daſs der Papst im Sommer 1094 die Stadt verlieſs, um seine groſse Reise nach Oberitalien und Frankreich anzutreten [2], darf gewiſs als ein Anzeichen dafür betrachtet werden, daſs nach Urbans Meinung die Römer, noch zu groſsem Teile wibertistisch gesinnt, vielleicht die Kraft haben würden, ihm die ganze Stadt wieder abwendig zu machen, daſs aber, selbst dies Äuſserste von Ungunst gesetzt, der allgemeine Gang der Dinge dadurch nicht würde aufgehalten werden können. Er überlieſs Rom sich selbst in der Erwartung, daſs es ihm schon zufallen werde, wenn erst die anderen seine Anhänger wären. Die Rechnung trog nicht. Freilich erhoben während seiner Abwesenheit die Wibertisten ihr Haupt kühner, noch besaſsen sie die Engelsburg und St. Peter. Es kam wiederholt zu Kämpfen zwischen den beiden Parteien. Das hatten gegen Ende 1096 französische Kreuzfahrer bitter empfinden müssen, welche in St. Peter ihre Andacht halten wollten, ehe sie die Reise antraten: sie wurden von den Wibertisten beraubt und miſshandelt [3]. Bald

zogs Berthold von Zähringen und des Bischofs Gebhard von Konstanz, ein schwäbischer Abt, in die Gefangenschaft der Gegner, als er die Tiberbrücke überschreiten wollte. Bern. 1094 SS. V, 458.

[1] Goffr. Vindocin. epist. 1, 8 a. a. O. Vgl. auch epist. 1, 9 u. 14 bei Migne CLVII, 51 u. 55. Nach 1, 9 war auch Petrus, der Sohn Leos, an der Wiedergewinnung des Lateran in hervorragender Weise beteiligt. — Nach 1, 14 erhielt Gottfried von Urban für seine Dienste die Kirche der heiligen Prisca am Aventin zurück, welche seine Vorgänger schon lange besessen hatten. Da sie aber Wibert nicht hatten gehorchen wollen, waren sie verjagt worden. Mit der Kirche war die Kardinalswürde verbunden. Näheres in der ausführlichen Anm. 37 bei Migne CLVII, 49 u. 52. — Jaffé-L. I, 674, 675. Giesebrecht III, 656 u. 1177.
[2] Jaffé-L. I, 675.
[3] Fulcherius Carnot., Hist. Hierosol. 1, 2 bei Duchesne, Script. hist. Franc.

darauf kehrte Urban zurück[1], begleitet von neuen Scharen von
Kreuzfahrern, so dafs er ohne jeden Kampf einzog. In einem Schreiben
aus den ersten Monaten des Jahres 1097 an Hugo von Lyon
sagt er, dafs er feierlich eingeholt worden sei, die Stadt zum gröfsten
Teil besitze, im Lateran eine Synode gehalten habe und sich von
den Bürgern und Regionen einen Eid habe schwören lassen[2]. Das
Weihnachtsfest 1096 hatte er in Rom glanzvoll gefeiert[3]. Nur ein
Punkt noch befand sich in den Händen der Wibertisten, nämlich
die Engelsburg[4]. Es herrschte also jetzt das umgekehrte Verhältnis
wie 1083—1091, als die Engelsburg die letzte Stütze der Gregorianer
gewesen war. Es war das immerhin eine starke Stellung,
und wir dürfen wohl annehmen, dafs die Besatzung der Burg Urban
manchen schweren Tag bereitet hat.

Die Lage blieb unverändert bis zum August 1098. Den weitaus
gröfsten Teil von 1097 verbrachte Urban in Rom, wo er auch das
Weihnachtsfest beging[5]. Ebenso die erste Hälfte von 1098, während
er zur Ordnung der unteritalienischen Angelegenheiten vom
Juni bis November 1098 im Süden Italiens sich aufhielt[6]. Während
seiner Abwesenheit gelang es seiner Partei, einen grofsen Erfolg
zu erringen und den Wibertisten einen Schlag zu versetzen.
dessen Folgen noch Wibert bei seinem Erscheinen vor Rom zu
spüren hatte.

Noch kurz vor ihrem Falle hatten die Wibertisten stolze Beschlüsse
gefafst. Am 5., 6. und 7. August 1098 nämlich versammelten
sich hohe Geistliche, darunter die Kardinalbischöfe von
Silva-Candida, Ostia und Palestrina, ein Teil des anderen Klerus,
des Adels und des Volkes von Rom und verdammten noch einmal
die bereits früher verworfenen Ketzereien Hildebrands und seiner
Anhänger, die Schismatiker seien; sie beriefen die Gegner zur Verantwortung
auf eine Synode um den 1. November und gewährleisteten
ihnen bis dahin Sicherheit, zu kommen und zu gehen,
soweit dies in ihrer Macht stehe[7]. Dies blieb eine Demonstration

IV, 820 und bei Bongars, Gesta Dei per Francos 385, auch bei Bouquet, Recueil
XIV, 685 Anm. b. Cfr. Tudebodus, Hist. de Hieros. itin. lib. 1 bei Duchesne,
a. a. O. IV, 778 u. a. Vgl. Giesebrecht III, 673; von Sybel, Geschichte
des ersten Kreuzzuges 332.

[1] Jaffé-L. I, 690.

[2] Jaffé-L. 5678. Cfr. Otto Frising. chron. 7, 6 SS. XX, 251 und Donizo 2,
818 ff. SS. XII, 395 f. Giesebrecht III, 673 u. 1179.

[3] Bern. 1097 SS. V, 465. [4] Otto Fris. a. a. O. Bern. 1097 a. a. O.
[5] Bern. 1098 SS. V, 465. [6] Jaffé-L. I, 691—694. Giesebrecht III, 688 ff.

[7] S. das Manifest der Versammelten: omnibus deum timentibus et salutem
Romanae reipublicae diligentibus vom 7. August 1098 bei Sudendorf, Registrum

ohne Folgen, die Synode konnte nicht gehalten werden, denn wenige
Tage darauf, am 10. August, verlor die Partei Wiberts ihren letzten
festen Stützpunkt. die Engelsburg [1], wie es scheint, durch Verrat [2]
und Bestechung. Bald darauf, im November, kehrte Urban nach
Rom zurück und weilte hier bis an sein Lebensende (29. Juli 1099) [3].
Nur darf man nicht glauben, daſs er ruhig und sicher sein konnte;
er starb in der Burg des Petrus Leonis und wurde mit Anwendung
von Vorsichtsmaſsregeln bestattet [4]. Denn noch immer hielt ein
groſser Teil der Bürgerschaft es mit Wibert, dem Vertreter der
kaiserlichen Sache [5]. Und nun erschien dieser bei solcher Lage der
Dinge im Sommer 1099 kurz vor Urbans Tode vor den Thoren der
Stadt.

Das Glück war ihm günstig, da es ihn dergestalt von seinem
Gegner plötzlich befreite [6]. Nun aber zeigten sich die Nachwirkungen
der Niederlage vom August 1098. Hätten seine sonst so zahlreichen
Anhänger in Rom sich im Besitze eines festen Mittelpunktes, wie
die Engelsburg war, noch befunden, so wäre eine Kooperation zu
ermöglichen gewesen, und die Aussicht, in Rom eindringen zu können,
steigerte sich in hohem Grade. Nun waren die in der Stadt zer-
streut; und Wibert selbst scheint allein nicht stark genug gewesen

---

II, 111 ff. No. 38. Mansi XX, 959. Cfr. Beno de vita et gestis Hiltebr. lib. 2
bei Goldast, Apologiae 26 f. Giesebrecht III, 691 u. 1181. — Die bei Sudendorf, Registrum II No. 34, 35, 36, 37, 39 Seite 45—111 u. 115 f. gedruckten
antigregorianischen Schriften hängen zum Teil sicher (wie No. 39; 36, wo sich
S. 97 fast dieselben Geistlichen namhaft machen, wie in No. 38, und von der
Verbrennung der Dekrete Urbans in der August-Versammlung reden), zum Teil
wahrscheinlich mit der Zusammenkunft vom August 1098 zusammen, bieten aber
dem Historiker so gut wie gar keine Ausbeute.

[1] Das Datum giebt der Catal. imper. et pontif. Rom. Cencianus SS. XXIV,
106; die Notiz lautet: Tempore Urbani pape et Henrici imperatoris terre motus
fuit Rome in festo sancte Agnetis. Et castrum sancti Angeli a Romanis captum
est in festo sancti Laurentii. Castrum ipsum Sancti Angeli traditum est Petro
Leonis in vigilia sancti Bartholomei. Der letzte Satz soll wohl besagen, daſs
die eroberte Engelsburg am 23. August dem Petrus Leonis zur Bewachung über-
geben wurde. Vgl. auch Gregorovius, Gesch. der Stadt Rom [3] IV, 280. — Bern.
SS. V, 466 meldet zu Weihnachten 1098, daſs Urban dieses Fest in Rom gefeiert habe und zwar im Besitze der Engelsburg, während man zu Weihnachten
1097 davon noch nichts hört.

[2] Cfr. Otto Frising. chron. 7, 6 SS. XX, 251.   [3] Jaffé-L. I, 694—701.

[4] Petrus Pis., Vita Urb. II. bei Watterich I, 574.

[5] Eadmeri vita Anselmi 2. 49 SS. XIII, 143 Anm. (zur Frühjahrssynode
1099): Quid referam, nonnullos cives Urbis, quorum ingens multitudo propter
fidelitatem imperatoris ipsi papae erat infesta, nonnunquam etc. Vgl. Gregorovius, Gesch. der Stadt Rom [3] IV, 281.

[6] Vgl. Giesebrecht III, 694—698. Jaffé-L. I, 701—703.

zu sein, um sich die günstige Konstellation zu nutze machen zu
können. So blieb Rom ruhig, und es war möglich, am 13. August
einen Nachfolger Urbans zu erwählen, am 14. zu konsekrieren in
der Person des Kardinalpriesters vom Titel des heiligen Clemens
(des gregorianischen Nachfolgers von Hugo Candidus) Rainerius, der
den Namen Paschalis II. annahm [1]. Damit war auch in diesem
dritten Interregnum Wiberts Sache aussichtslos geworden. Der neue
Papst liefs es sich sehr angelegen sein, seinen Widersacher von Rom
zu verdrängen, wozu ihm eine Geldhülfe des Grafen Roger von Sici-
lien im Betrage von 1000 Unzen Goldes sehr gelegen kam [2].

Wibert befand sich in Albano [3], wohl infolge von Bestechungen
fiel es von ihm ab, er mufste weichen. Er wandte sich nach Norden
und setzte sich in Sutri fest [4]. Auch von hier vertrieben, warf er
sich schliefslich nach Castellum, d. i. Cività-Castellana (Herbst
1099) [5], wo er seitdem ein wenig beachtetes Dasein führte: Paschalis
war Sieger. Indes suchte Wibert von Sutri und Cività-Castellana
aus den Gegnern noch möglichst Abbruch zu thun und sie zu reizen,
indem er die nach Rom Pilgernden anhalten und berauben [6], bedeutendere Persönlichkeiten einfach gefangen setzen liefs. Unter
den vielen, denen es nach Hugo von Flavigny so ergangen sein soll,
war z. B. Bischof Berard von Mâcon [7], der auf dem Rückwege von
Rom war und so verhindert wurde, dem Konzil von Valence (30. September 1100) anzuwohnen [8]. Ferner der Karthäuser-Prior Landuin
von Lucca; dieser war auf einer Reise zu Ordensbrüdern in Calabrien begriffen, fiel in Wiberts Hände, widerstand aber allen Ver-
lockungen desselben trotz Drohungen und Versprechungen und wurde
in einem Kastell am Fufse des Monte-Soratte in der Nachbarschaft
von Cività-Castellana interniert [9]. Dagegen waren im Frühjahr er-

---

[1] Jaffé-L. I, 703.

[2] Ausführliche Erzählung bei Petrus Pis., Vita Pasch. II. bei Watterich II, 4.
Cfr. Jaffé-L. RP. I, 655 u. 703.

[3] Alba steht bei Petrus Pis., jedenfalls ist Albano, das alte Albalonga, zu
verstehen.

[4] Donizo 2, 884 ff. SS. XII, 397. Ordericus Vitalis, Hist. eccl. lib. 10
SS. XX, 66 und Watterich II, 20.

[5] Petrus Pis. nennt die civitas Castellana gelegentlich ihrer Eroberung durch
Paschalis II. im September 1105 einen locus natura satis munitus.

[6] Donizo 2, 888 f. SS. XII, 397. In Vers 886 könnte übrigens Romanos
seducere caepit vielleicht bedeuten, dafs Wibert in Rom Zettelungen gegen
Paschalis anzustiften suchte.

[7] Hugo Flav. SS. VIII, 475.

[8] Hugo Flav. SS. VIII, 488. Mansi XX, 1115.

[9] Brevis historia ordinis Carthusiensis bei Martène, Collectio amplissima
VI, 162.

neue Versuche, Anselm von Canterbury auf seiner am 1. Mai 1099 angetretenen Rückreise von Rom nach Lyon gefangen zu nehmen, fehlgeschlagen [1]. Von den grofsen Gefahren der Reise weifs Wilhelm von Malmesbury Näheres [2]. Anselm habe den direkten Weg nach Lyon gar nicht einschlagen können, sondern sei auf Umwegen durch Berg und Wald gezogen. Es habe nämlich geheifsen, Wibert habe einen Maler nach Rom geschickt, der Anselms Bildnis angefertigt habe, damit er in jeder Verkleidung erkannt werden könne.

Unterdes hatte Wibert in einem Leben voll Thätigkeit, Aufregung und Enttäuschungen ein hohes Alter erreicht, er zählte vielleicht 70 bis 80 Jahre [3], seine körperlichen Kräfte waren erschöpft, und er verfiel in Krankheit [4], bis ihn am 8. September 1100 in Cività-Castellana der Tod aus einem freudelosen Dasein abrief [5]. Dieses Ereignis melden im allgemeinen fast alle zeitgenössischen Annalen und Schriftsteller [6], die näheren Daten ergeben sich aus folgenden Nachrichten.

Den Ort nennen Ordericus Vitalis und Peter von Pisa [7], den Tag des Todes näher zu bezeichnen hält letzterer bei diesem Ketzerführer für nicht der Mühe wert, indes läfst sich das Datum noch ermitteln. Die Annales Besuenses [8] wissen: Hoc anno (1101) obiit Wibertus, successit .... et conciliabulum .... con .... II. Kal. Octbr., also endete Wibert vor dem 30. September. Dazu stimmt Hugo von Flavigny [9], der ihn in der Zeit des Konzils von Valence sterben läfst, das nach seiner eigenen Angabe um den 30. September 1100 versammelt war. Genau endlich ergiebt sich der Tag aus den Angaben über den Tod des Karthäuser-Priors Landuin, der sieben

---

[1] Eadmeri hist. novorum in Anglia lib. 2 SS. XIII, 144.

[2] Will. Malmesb., Gesta pont. Angl. 1, 55 SS. XIII, 137.

[3] Donizo 2, 896 SS. XII, 397 bezeichnet ihn als senex hebes.

[4] Donizo a. a. O. 899: dolore gravi tactus.

[5] Vgl. Giesebrecht III, 697 u. 1182. Angeblich hat er kurz vor seinem Tode alle Gefangenen freigegeben und den Bischof von Mâcon beauftragt, sich in Rom bei Paschalis pro sua creptione zu verwenden. Hugo Flav. SS. VIII, 490. Ich bin wenig geneigt, dieser Nachricht Glauben zu schenken.

[6] Ann. Wirzib. 1100 SS. II, 246. Ann. August. 1100 SS. III, 135. Ann. Benevent. 1100 SS. III, 183. Ann. Laub. 1099 SS. IV, 21. Die Lütticher Annalen in den Ann. Leod. 1100 SS. IV, 29 und den Ann. S. Jacobi Leod. 1100 SS. XVI, 639. Ann. Ottenbur. 1100 SS. V, 8. Flor. Wigorn. 1122 (1100) SS. V, 565. Ekkeh. 1100 SS. VI, 218 u. 219. Sigeb. 1100 SS. VI, 368. Ann. Casin. 1100 SS. XIX, 308 (danach Petrus Casin. 4, 20 SS. VII, 771). Donizo 2, 890 ff. SS. XII, 397.

[7] Verse des Petrus Leo bei Ordericus Vit., Hist. eccl. lib. 10 SS. XX, 66 und Watterich II, 20. Petrus Pis., Vita Pasch. II. bei Watterich II, 4.

[8] Ann. Besuenses 1101 SS. II, 250.   [9] Hugo Flav. SS. VIII, 488 u. 490.

Tage nach dem Wiberts erfolgte [1]. Als dessen Todestag wird der 14. September genannt [2], also ist Wibert am 8. September 1100 gestorben.

Selbst im Grabe sollte ihm Ruhe nicht beschieden sein. Man hatte ihn bestattet, wo er gestorben war, in Città-Castellana [3]. Bald entdeckten seine Anhänger, dafs, wie es damals bei bedeutenden Kirchenfürsten sich einzustellen pflegte, auch am Grabe Clemens' III. Zeichen und Wunder geschähen; wir haben darüber einen Bericht des Bischofs Petrus von Padua an Kaiser Heinrich IV., der seine Angaben auf ein Schreiben des kompetentesten Zeugen, des Bischofs Johannes von Città-Castellana, stützt [4]. Das mufste natürlich die nach Wiberts Tode stetig im Aufblühen begriffene kirchliche Partei stark erbittern, und dies geschah in dem Mafse, dafs im Jahre 1106 Paschalis II. sich zu dem unschönen Befehl hinreifsen liefs, man solle Wiberts Leichnam ausgraben und dem Tiber überliefern. Der Befehl wurde ausgeführt; gleichzeitig erfolgte die Annullierung aller Dekrete Wiberts [5].

---

[1] Brevis hist. ord. Carthus. bei Martène, Coll. ampl. VI. 162; s. o. S. 97.

[2] Cfr. Mabillon, Ann. ordinis Benedicti (Paris 1713) V, 417. Jaffé-L. I, 655. Die bei Mabillon citierte Stelle Labbe, Nova bibl. manuscr. I, 639 war mir nicht möglich einzusehen.

[3] Ordericus Vit., Hist. eccl. lib. 10 SS. XX, 66 und Watterich II, 20. Ekkeh. 1106 SS. VI, 233 irrt, wenn er angiebt, Wibert sei in Ravenna begraben gewesen. Wo er den Tod erzählt (S. 219), sagt er selber: nec Roma tunc nec Ravenna bene usus. S. das gleich im Text über die Wunder am Grabe Wiberts Mitgeteilte.

[4] Im cod. Udalr. 108 bei Jaffé, Bibl. V, 194—196. Da von einem anniversarius von Wiberts Tode die Rede ist, ist der Bericht mindestens nach dem 8. September 1101 abgefafst. Nach Gams, Series episc. 798 wurde Petrus 1106 vom bischöflichen Stuhl von Padua entfernt, also fällt der Bericht zwischen 1101 u. 1106, wohl näher an 1101 als an 1106. Cfr. Ann. S. Disibodi 1099 SS. XVII, 17.

[5] Ekkeh. 1106 SS. VI, 233 f. cfr. Ann. S. Disibodi 1099 SS. XVII, 17. Ekkehard berichtet noch, dafs auch in Deutschland die Leichen der im Banne gestorbenen schismatischen Bischöfe aus den Gräbern in Kirchen entfernt wurden. Diese Vorgänge waren Folge päpstlicher Anordnung, wie aus Jaffé-L. 6252 hervorgeht (Paschalis II. an Bischof Gebhard von Konstanz): u. a. excommunicatorum cadavera de sanctorum basilicis proiicienda esse.

Am Schlusse dieses Kapitels will ich eine Bemerkung zu Jaffé-L. 5340 anfügen, die ich sonst nicht unterbringen kann. Es ist No. 5340 eine Verordnung an alle Bischöfe gegen den Mifsbrauch des zur Taufe geweihten Wassers. Kein Getaufter soll es berühren, abgesehen natürlich von den taufenden Priestern. Die Geistlichen sollen streng auf die Beobachtung dieses Gebotes halten. Löwenfeld hat in den Regesten seinem Zweifel Ausdruck gegeben, ob diese Verordnung Wibert wirklich gehöre. Abgedruckt ist sie bei Sudendorf, Registrum II, 36 No. 30, und wird dort Wibert zugeteilt. In den dem 2. Bande vorge-

Zehntes Kapitel.
Wiberts Stellung in Italien und Deutschland.

Was Wibert in Italien galt, und wie weit dort seine Macht reichte, geht im wesentlichen aus unserer bisherigen Erzählung hervor. Es erübrigt nur, einige Beziehungen zu erörtern, die bisher nicht berücksichtigt werden konnten und im Zusammenhange nachgeholt werden sollen.

Wiberts Hauptstützpunkt war Oberitalien, sein eigenes Erzbistum und die Lombardei besonders. Von einem der angesehensten kirchlichen Würdenträger Oberitaliens wird ausdrücklich berichtet, daſs er die Verleihung des Palliums von Wibert nachgesucht habe, von dem er auch ordiniert worden sei: es ist der Patriarch Udalrich von Aquileja, Abt von St. Gallen, der 1086 von Heinrich zum Patriarchen ernannt wurde [1]; die Verleihung des Palliums wird noch in dasselbe Jahr fallen [2].

Von Beziehungen zu Mittel- und Unteritalien haben wir nur geringe Spuren.

In Mittelitalien beschränkte sich Wiberts Einfluſs wesentlich auf Rom und dessen Umgebung. In letzterer scheint einer der ihm sichersten Punkte Sutri gewesen zu sein. Hier hatte er bald nach seiner Inthronisation, aber erst nach dem Abzuge Robert Guiscárds [3]

druckten Addenda aber sagt derselbe Sudendorf, unser Schreiben sei schon von Clemens II. in der Zeit vom 25. Dezember 1046 bis 9. Oktober 1047 erlassen, und beruft sich dafür auf Berthold 1077 SS. V, 293. Hier nun wird erzählt: König Rudolf feierte Ostern 1077 in Augsburg; da erlassen die anwesenden päpstlichen Legaten eine Verordnung: ne ultra omnino usurpatio haec in aecclesia fieret, quae a nonnullis simplicioribus fratribus temere et praesumptuose contra decreta Clementis papae actitatur. Solent namque in sabbatho sancto paschae ante infusum chrisma in aquam baptismi, omnes circumstantes ex ipsa aspergere, et ea in vasis suis accepta, sic per totam quinquagesimam huius modi tantum abutuntur usurpativa et inordinata aspersione etc. Unter den angezogenen decreta Clementis papae ist zweifellos die bei Sudendorf veröffentlichte Verordnung (Jaffé-L. 5340) zu verstehen, die demnach einzig und allein Papst Clemens II. zugeschrieben werden kann.

[1] Cfr. Casuum S. Galli cont. II. c. 7 SS. II. 159.

[2] Casus monast. Petrishus. 3, 29 SS. XX, 656. Uodalscalcus de Eginone et Herimanno c. 12 SS. XII, 437. Bestes Zeugnis aber Jaffé-L. 6626 (Ewald, Neues Archiv III, 172), ein Brief Paschalis' II. an Bischof Wido von Chur: Aquileiensis preter concessionem nostram pallio utitur Guibertino.

[3] In dem Schreiben der Gräfin Mathilde nach Deutschland bei Hugo Flav. SS. VIII, 463, welches zwischen Heinrichs und Robert Guiscards Abzuge aus Rom im Jahre 1084 geschrieben ist, heiſst es, daſs Sutri und Nepi wieder in Gregors Gewalt seien; was also nur vorübergehend der Fall gewesen sein kann. Daſs die Ernennung Odos überhaupt in das Jahr 1084 fällt, geht aus dem Zusammenhang der Erzählung bei Order. Vit., Hist. eccl. lib. 7 SS. XX, 59 hervor.

einen seiner Neffen, Odo, als Grafen eingesetzt, der auf das eifrigste für das Interesse seiner Partei thätig war und vor Gewalt nicht zurückscheute, wenigstens nach dem Zeugnis des Ordericus Vitalis. Noch in den ersten Jahren Urbans wird er erwähnt und wie eben geschildert [1]. Bald nach Urbans Ende 1096 erfolgter Rückkehr nach Rom scheint er gestorben zu sein [2], doch blieb Sutri wibertistisch gesinnt [3]. In Velletri hatte Wibert „pravas constitutiones vel exactiones" eingetrieben, die Paschalis II. schon am 6. April 1101 wieder aufhebt, indem er die alten Steuerprivilegien der Leute von Velletri wiederherstellt [4]. In Palestrina fungierte Hugo Candidus (der Weifse) als Kardinalbischof und erhielt die Stadt der wibertistischen Sache [5]. Des eifrig kaiserlich gesinnten Klosters Farfa Gunst hätte Wibert bald verscherzt, da er zur Zeit des Abtes Rainald (November

---

[1] Order. Vit., Hist. eccl. lib. 8 SS. XXVI, 22. Donizo 2, 318 ff. SS. XII, 386, wo er de Tuliore genannt wird. Wahrscheinlich ist er der in einer Urkunde Urbans II. vom 8. Juli 1089 (Jaffé-L. 5403) erwähnte Otto, es heifst dort: Nec ignotum vobis esse cognoscimus, qua immani crudelitate Guibertus heresiarcha, sedis apostolicae invasor, per apostatas et tiramnos s. ecclesiae, Hugonem album et Johannem Portuensem antyepiscopos, et Petrum quondam cancellarium (vgl. unten S. 104), Wezelonem et Otonem tiramnum membra diaboli seduxerit filios Dei. Freilich ist die Echtheit dieser Urkunde von Pflugk-Harttung bestritten, s. die Regesten I, 663 u. II, 713 und neuerdings Pflugk im Histor. Jahrbuch der Görres-Gesellschaft VII, 234—237. Aber der eben citierte Teil geht jedenfalls auf eine echte Vorlage zurück, die auch bei Bern. 1085 SS. V, 443 benutzt ist. Denn dafs ein Fälscher in Velletri sollte Bernold ausgeschrieben haben, wie Pfl.-Hartt. auch für möglich zu halten scheint, daran ist doch gar nicht zu denken.

[2] Donizo 2, 832 SS. XII, 396. Vgl. Giesebrecht III, 563, 692, 1164, 1181. Gregorovius, Gesch. der Stadt Rom [3] IV, 260.

[3] S. oben S. 97. [4] Jaffé-L. 5865 bei Ughelli, Italia sacra I, 46.

[5] Siehe den jedenfalls verwendbaren ersten Teil der Urkunde Urbans vom 8. Juli 1089, s. o. Anm. 1. Nur in ihr wird Hugo albus als antyepiscopus bezeichnet, zugleich zum ersten Male. 1085 anläfslich seiner Legation nach Deutschland (s. u. S. 104) finden wir von einem solchen Titel nichts (Bern. 1085 SS. V, 443). Ist nachher von dem Bischof von Palestrina die Rede, so heifst er stets nur Hugo. Das erste sichere Zeugnis ist aus dem Jahre 1093, ein Altar in Cava aus diesem Jahre trägt die Inschrift: anno domin. inc. 1093 Ind. I., III. Nonas Aprilis Romano Pontifice III. Clemente ab Ugone Praenestino Ep. dedicatum. Cfr. Cecconi, Storia di Palestrina 241. Gregorovius, Gesch. der Stadt Rom [3] IV, 260. Giesebrecht III, 563 u. 1164. Da Hugo Kardinal sein mufs, da nur noch ein anderer Kardinal Hugo bekannt ist, der an ihn als Bischof von Palestrina ein Schreiben richtet (Sudendorf, Registrum II, 91 No. 35), laut welchem er erst unter Urban II. zu Wibert abgefallen ist, so ist höchst wahrscheinlich allerdings Hugo der Weifse Kardinalbischof von Palestrina gewesen. Noch bei der Augustzusammenkunft 1098 ist er beteiligt (Sudendorf a. a. O. II, 97 u. 111).

1089 bis Juni 1090) sich in die den Mönchen zustehende Abtswahl einzumischen versuchte. Aber die Mönche verteidigten ihre Freiheiten und Rechte kraftvoll, er mußte nachgeben und suchte sie dann nur um so eifriger an sich zu ketten [1].

Einen überraschenden Ausblick auf bisher ganz unbekannte Beziehungen Wiberts zu Unteritalien und dem Patriarchen von Konstantinopel bietet ein von ihm an den Metropoliten von Calabrien, Basilius, gerichtetes Schreiben [2]. Dieser Basilius wird ein Erzbischof von Reggio in Calabrien sein, von dem ich aber bei Gams nichts finde [3]. Der Brief ist undatiert, aber spätestens 1090 geschrieben, nach einer vor nicht zu langer Zeit vollzogenen Neuwahl eines Gegenpapstes (12. März 1088), kurz vor der Ankunft Kaiser Heinrichs IV. in Italien (April 1090); beide Ereignisse werden im Briefe angeführt. Auf diese Zeit passen auch die Anspielungen, daß das Schisma für ihn (Wibert) viele Verwirrung im Gefolge gehabt habe, und daß Basilius eine Weile das Unrecht tragen möge, das man ihm zufüge, gleich wie auch er, Wibert, es thue: denn im Herbst 1089 war Wibert aus Rom vertrieben worden; der Brief ist wohl aus Ravenna geschrieben.

Sein Inhalt betrifft zunächst Basilius. Dieser konnte seinen Bischofsstuhl nicht einnehmen und hatte in auffallender Unkenntnis der Verhältnisse Wibert gebeten, er möge sich für ihn bei Herzog Roger von Apulien, Robert Guiscards Sohn, brieflich verwenden [4]. Nun macht ihn Wibert aufmerksam, daß doch seit kurzem wieder ein Schisma in der Kirche bestehe; er bezweifle keinen Augenblick, daß seine Gegner den kürzeren ziehen würden, aber er könne des Basilius Bitte nicht erfüllen, weil ihm bekannt sei, daß der Herzog und die Normannen zu den Gegnern zählten [5]. Doch möge Basilius,

---

[1] Näheres in Gregorii Catinensis chronica c. 10 SS. XI. 562.

[2] Pitra, Analecta novissima spicilegii Solesmensis I, 479 f. Auf dieses Schreiben hat mich Herr Dr. Löwenfeld aufmerksam gemacht, noch bevor es in die RP. II, 752 No. 5326 *a* Aufnahme gefunden hatte.

[3] Gams, Series episc. 916. 1092 ist ein Rangerius nachweisbar, ein Anhänger Urbans, anwesend bei der Weihe der Trinitatiskirche zu Kloster Cava (5. September 1092). Muratori, Script. rerum Ital. VI, 238. Jaffé-L. I, 670. Am 7. September 1086 findet sich nach Ughelli, Italia sacra IX, 324 ein Erzbischof U. Der Arnoldus, den Ughelli zwischen beide stellt, ist 1081 konsekriert, muß aber mindestens 1086 tot sein, da U. begegnet; woher Ughelli seine Nachricht hat, weiß ich nicht. Man wird annehmen können, daß 1090 in Reggio ein Schisma zwischen dem Urbanisten Rangerius und dem Wibertisten Basilius bestand.

[4] διὰ γραφῆς πρὸς τὸν δοῦκα καὶ υἱὸν τοῦ Ῥομπέλτου = Roberti, nämlich Robert Guiscards. Unter Φράγκοι sind die Normannen zu verstehen.

[5] Dies stimmt durchaus mit den anderen uns bekannten Thatsachen überein; Herzog Roger nahm z. B. im September 1089 an Urbans Synode zu Melfi teil.

auch wenn er Unrecht leiden müsse, noch eine Weile ausharren.
Wenn die Dinge erst wieder ins alte Geleise gebracht worden seien,
werde er gewifs seinen Sitz wiedererhalten, das sei sein Recht,
welches ihm auch bleiben solle. Bessere Zeiten seien nahe, da
Kaiser Heinrich nächstens in Italien eintreffen und dann alles ordnen
werde. Wenn es Basilius möglich sei, so solle er zu ihm kommen,
doch seien ja die unruhigen Zustände in den Gebieten zwischen
Reggio und Ravenna ein grofses Hindernis. Indes möge er ihm
seine günstigen Gesinnungen weiter erhalten.

Ohne ein solches Zeugnis würde man schwerlich daran gedacht
haben, dass Wibert in Unteritalien Anhänger gehabt haben könne,
da die Macht der Normannen ganz auf der Seite seiner Gegner stand.
Und man sieht ja aus diesem Schreiben, dafs es einem Wibertisten
dort unten übel erging, er mufste aufserhalb seines Bischofssitzes
weilen, den er nicht erlangen konnte.

Aber noch eine andere merkwürdige Thatsache ergiebt sich aus
diesem Schreiben: eine Verbindung Wiberts und des Patriarchen
Nikolaus Grammatikus von Konstantinopel (1084—1111)[1]. Freilich
nur diese Thatsache; so interessant nähere Nachrichten wären, wir
müssen uns hierbei bescheiden. Der Patriarch hatte mehrere Briefe
an Basilius gerichtet, die sich über eine uns unbekannte streitige
Angelegenheit verbreitet haben müssen. Dessen hatte Basilius gegen
Wibert Erwähnung gethan, und dieser bittet nun, falls Basilius nicht
selber zu ihm kommen könne, um Zusendung der Briefe. Er habe
nämlich Anlafs zu antworten und sei geneigt, die Wünsche, welche
der Patriarch ausgesprochen habe, zu erfüllen[2]. Danach wird anzunehmen sein, dafs Wibert es war, der sich zuerst brieflich an den
Patriarchen wendete, vielleicht mit der Hoffnung im Hintergrunde,
dafs allmählich bei dem oströmischen Kaiser dann etwas zu erreichen
sei; es ist fraglich, ob sein Schritt irgendwelche Folgen gehabt habe,
bekannt ist uns weiter nichts. Von Kaiser Alexius I. aber wissen
wir, dafs er zwar Heinrich IV. auf seinem Romzuge in den achtziger
Jahren mit Geld gegen Gregor VII. unterstützt hatte — es war
damals sein eigenstes Interesse, er mufste darauf hinwirken, dafs
Robert Guiscard den Osten verliefs —, dafs er aber etwa 1088 mit
Urban in Verbindung trat und in freundlichem Verhältnis zu ihm
blieb[3].

Jaffé-L. I, 664. Romualdi Salernit. Ann. 1090 SS. XIX, 412. Cfr. Coll. Brit.
Urb. ep. 47, Ewald, Neues Archiv V, 366.

[1] Vgl. Muralt, Chronographie Byzantine I, 54 u. 109.

[2] So scheint der betreffende Satz verstanden werden zu müssen, er ist im
griechischen Text recht dunkel.

[3] Giesebrecht III, 551, 598. Er giebt die Quellen Seite 1161, 1168. Ge-

Näheres Eingehen erfordern Wiberts Beziehungen zu Deutschland.
Auf den Gang der deutschen Dinge im grofsen wirkte er namentlich im Jahre 1085 ein. Im Oktober 1084 hatte Heinrich
Wezilo zum Erzbischof von Mainz ernannt, er wurde sogleich geweiht und von einem Legaten Wiberts mit dem Pallium versehen[1].
Die Verleihung des letzteren, das ja erst erbeten werden mufste[2],
möchte ich als auf dem Konzil zu Mainz von 1085 oder kurz vorher
geschehen erachten.

Als nämlich Heinrich im Jahre 1084 aus Italien nach Deutschland als Kaiser zurückkehrte, mufste er, gestützt auf seine Erfolge,
wünschen und konnte hoffen durchzusetzen, dafs die Spaltung der
Kirche in Deutschland dadurch beseitigt werde, dafs seine Anhänger
überall eingesetzt würden und die Oberhand erhielten. Wibert wird
bei seiner energischen Art wesentlich darauf hingewirkt haben, dafs
Heinrich in diesem Sinne kräftig auftrete. Um dem Nachdruck zu
geben, sandte er im Anfang des Jahres 1085 Legaten nach Deutschland, welche die kaiserliche Macht durch die päpstliche Autorität
unterstützen sollten[3]. Es waren drei Männer: Kardinal Hugo der
Weifse, Wiberts vertrauter Freund seit Jahren und mit den deutschen Verhältnissen nicht unbekannt, da er ja schon 1076 das Konzil
von Worms besucht hatte[4]. Dann der Kardinalbischof Johann von
Porto und der ehemalige Kanzler Gregors, Kardinal Petrus, beide
aus Gregorianern Wibertisten geworden[5]. Dafs diese drei Männer
die Legaten waren, ist nicht ausdrücklich überliefert, folgende Er-
wägung legt es aber nahe. Bernold[6] zählt die auf der Synode der
päpstlichen Partei in Quedlinburg im April 1085 Gebannten auf
und nennt Wibert, unsere drei Kardinäle und eine grofse Reihe
deutscher Erzbischöfe und Bischöfe. Dann führt er fort: Sed hi

---

sandte des Kaisers forderten auf der Synode von Piacenza zur Hülfe gegen die
Seldschucken auf. Giesebrecht III, 663 nach Bern. 1095 SS. V, 462.

[1] Ann. August. 1084 SS. III, 131. Cfr. Bern. 1084 SS. V, 441. Giesebrecht III, 604. Böhmer-Will, Reg. archiep. Mag. I, 217.

[2] Hinschius, Kirchenrecht II, 8 u. 28.

[3] Die Zeugnisse s. u. S. 105 Anm. 3.   [4] Giesebrecht III, 353; s. o. S. 27.

[5] Beide werden von Beno de vita et gestis Hiltebrandi bei Goldast, Apologiae S. 1 in dem Verzeichnis der von Gregor Abgefallenen genannt, Petrus
ganz sicher, der andere ist wohl unter Joannes cardinalis zu suchen. — Hugo
Flav. SS. VIII, 463 berichtet, gestützt auf ein Schreiben der Gräfin Mathilde
nach Deutschland, dafs Heinrich bei seinem Abzuge von Rom im Mai 1084 den
Bischof von Porto, der einst Vertrauter Gregors gewesen sei, als seinen Anhänger mitgeführt habe. — Alle drei Gesandten werden in Jaffé-L. 5403 vom
8. Juli 1089 als solche genannt, die besonders für Wibert gewirkt hätten; s. o.
S. 101 Anm. 1.

[6] Bern. 1085 SS. V, 443.

omnes adversarii acclesiae Dei in tercia epdomada post finitam
sinodum, suam Mogontiae collegerunt non sinodum set conciliabulum. Wozu sollten nun die drei Kardinäle in Deutschland partikulär
exkommuniziert worden sein, wenn sie nicht gerade für die deutschen Zustände eine besondere Bedeutung gehabt hätten, d. h. in
Deutschland zu irgendwelchen Entscheidungen anwesend gewesen
wären, wie denn Bernold sie mit unter die Teilnehmer der Mainzer
Synode von 1085 begreift. Wo Walram[1] von den drei Gesandten
spricht, bestätigt er durch einen Irrtum diese Vermutung: er nennt
Petrus scilicet episcopus Portuensis ecclesiae et duo cardinales Romanae ecclesiae: er hat den Namen eines der Kardinäle mit dem
Titel des Kardinalbischofs zusammengebracht.

Diesen seinen Legaten hatte Wibert noch dazu das Schreiben
mitgegeben — so wird man wohl annehmen können —, dessen Inhalt Walram mitteilt[2], und das an die deutschen Bischöfe gerichtet
war. Es sei sein Wille, erklärte er, daß die verlassenen Diöcesen
wieder Hirten erhielten, wenn die bestellten trotz an sie ergangener
Aufforderungen nicht zur einigen Kirche zurückkehren wollten. Er
befehle deshalb den deutschen Bischöfen, auf einer allgemeinen Synode über die Angelegenheit der widerspenstigen Bischöfe zu verhandeln, die sich selbst schon verurteilt hätten, was durch eine Auf-
zählung ihrer Vergehen des näheren erwiesen wird.

Während nun die Gegner in der ersten Woche nach Ostern in
Quedlinburg ihre Synode hielten, war der von Wibert gegebenen
Anregung entsprechend von Heinrich im Verein mit den drei Kardinälen als päpstlichen Legaten und dem Erzbischof Wezilo von Mainz
(der sich so für das Pallium bedankte) als erstem Geistlichen Deutschlands und anderen Bischöfen[3] nach Mainz noch vor Beginn der
Fastenzeit[4] zur Herstellung der kirchlichen Einheit in Deutschland
eine Synode berufen worden, welche in der dritten Woche[5] nach

---

[1] Walram de unit. eccl. 2, 19 ed. Schwenkenbecher S. 76.

[2] Walram de unit. eccl. 2, 18 ed. Schwenkenbecher S. 73 f. Es wäre in
den Regesten nachzutragen. Die Inhaltsangabe beginnt bei den Worten decrevit
desertis ecclesiis und geht bis usi fuissent manibus impiorum ad occisionem mul-
torum hominum. Vielleicht sind die Worte in 2, 22 S. 81 von cupiens bis re-
ducere ein Stück der Arenga des päpstlichen Schreibens. Cfr. Ann. Ratisbon.
fragm. 1085 SS. XIII, 49.

[3] Diese geben als Einberufer an die Ann. August. 1085 SS. III, 131. Für
die Teilnahme der Legaten haben wir noch Zeugnisse bei Ekkeh. 1085 SS. VI,
205; Ann. Ratisbon. fragm. 1085 SS. XIII, 49; Ann. S. Disibodi 1085 SS. XVII,
9; Walram de unit. eccl. 2, 19 ed. Schwenkenbecher S. 76 (Bern. 1085 SS.
V, 443).

[4] Ann. Ratisbon. fragm. 1085 SS. XIII, 49.

[5] So Bern. 1085 SS. V, 443 und Ann. Ratisbon. fragm. 1085 SS. XIII, 49,

Ostern, Anfang (4. bis 10.) Mai, 1085 in der St. Albanskirche zusammentrat[1]. Sie war zahlreicher besucht, als vielleicht die eifrigsten Anhänger der kaiserlichen Partei hatten hoffen können[2]. Persönlich anwesend waren die Erzbischöfe von Mainz, Köln, Trier und 16 Bischöfe; durch Gesandte waren vertreten Erzbischof Liemar von Bremen und 3 Bischöfe. Aus Italien und Frankreich waren Zustimmungserklärungen eingegangen. Heinrich liefs die Anwesenden noch einmal Gregors Absetzung und Wiberts Inthronisierung feierlich durch Unterschrift anerkennen[3]. Die übrigen Beschlüsse interessieren uns hier weniger, sie gehören in die Reichsgeschichte. Sie verdienen hier nur insofern Beachtung und Erwähnung, als aus ihnen hervorgeht, dafs Heinrichs Wunsch, Wiberts Mahnung und die Teilnahme der Legaten in ihrem Zusammenwirken das erreichten, was sie wollten, indem sie die Versammlung zu nachdrücklichen Beschlüssen gegen die Gregorianer vermochten, denen die Ausführung auf dem Fufse folgte. 2 Erzbischöfe (Gebhard von Salzburg und Hartwich von Magdeburg) und 13 Bischöfe wurden abgesetzt und exkommuniziert, einigen alsbald Nachfolger gegeben. Weiter wurde der Gegenkönig Hermann von Luxemburg gebannt[4], endlich ein Gottesfriede für das ganze Reich festgesetzt[5].

Von Beziehungen Wiberts zu einzelnen deutschen geistlichen und weltlichen Fürsten haben wir folgende Nachrichten.

Ein burgundischer Bischof ist unseres Wissens von Wibert ordiniert worden, Lambert von Lausanne nämlich, der Sohn Lamberts, Grafen von Grandson und Nachfolger des Bischofs Burchard († 24. Dezember 1088)[6]. Dies geht hervor aus einem Privileg Papst Eugens III. vom 13. April 1146 an Bischof Amadeus von Lausanne (1145—59)[7], durch welches alle Vergabungen an Kirchengut, welche Lambert vorgenommen hatte, für ungültig erklärt werden[8].

---

während die Ann. August. 1085 SS. III, 131 und Walram de unit. eccl. 2, 19 a. a. O. S. 76 die zweite Woche nach Ostern als Zeitpunkt des Zusammentrittes angeben.

[1] Vgl. Giesebrecht III, 609 f. u. 1169 f. Böhmer-Will, Reg. archiep. Magunt. I, 220, wo sich eine Zusammenstellung der Quellenstellen findet. Nachzutragen wären: Ann. Ratisbon. fragm. 1085 SS. XIII, 49; Rodulfi gesta abb. Trudon. 3, 1 SS. X, 240.

[2] Cfr. Walram de unit. eccl. 2, 19 ed. Schwenkenbecher S. 76—78.

[3] Sigeb. 1085 SS. VI, 365. Cfr. Ann. S. Disibodi 1085 SS. XVII, 9.

[4] Walram de unit. eccl. 2, 28 ed. Schwenkenbecher S. 97.

[5] Ekkeh. 1085 SS. VI, 205 f. und MG. LL. II, 55. Im übrigen s. die Quellennachweise nach Anm. 1 dieser Seite.

[6] Bern. 1089 SS. V, 448.   [7] Gams, Series episc. 283.

[8] Jaffé-L. 8899. Hidber, Schweizer. Urkundeuregister II, 23 f. Vgl. Stumpf

Was die eigentlichen deutschen Bischöfe betrifft, so stand Wibert längere Zeit in freundlichen Beziehungen zu Eigilbert von Trier. Am 13. November 1078 war Erzbischof Udo gestorben[1]: zum Nachfolger hatte Heinrich den Propst Eigilbert von Passau, der dort von seinem Bischof Altmann exkommuniziert worden war. ernannt und am 6. Januar 1079 trotz des eben erst (19. November 1078) auf einer römischen Synode erneuerten Verbotes[2] investiert[3]. Die Wahl war unter grofsem Widerspruch vor sich gegangen, und 6 Jahre lang fand sich kein Bischof, der Eigilbert konsekrieren wollte. Im Juni 1080 z. B. lehnte Dietrich von Verdun, sein Suffragan und sonst Anhänger, wegen der Ungunst der Zeitverhältnisse ab, diesen Schritt zu thun[4]. Offenbar aber lag König Heinrich die Sache sehr am Herzen, denn es war doch wichtig und erwünscht, einen der vornehmsten Erzstühle des Reiches, den ein ergebener Anhänger einnahm, endgültig und ordnungsmäfsig zu besetzen; dafür wufste er naturgemäfs auch Wibert zu interessieren. Und sobald Wiberts Inthronisation und seine eigene Krönung vollzogen war, nahm Heinrich diese günstige Gelegenheit wahr; und der Schlufs seines oben (Kapitel 6) des öfteren citierten Briefes an Dietrich von Verdun, den er auf der Rückkehr nach Deutschland 1084 schrieb, enthält die bestimmte Aufforderung[5]: Insuper mandat tibi apostolicus Clemens et imperator Heinricus, ut sicut nos diligas, ita archiepiscopum Treverensem velociter consecrare

---

3491. Gallia christ. XV, 343, wo irrtümlich von einer Bestätigung Alexanders III. die Rede ist. Cfr. Cononis gesta episcop. Lausannensium c. 11 u. 15 SS. XXIV, 800 u. 801.

Im Neuen Archiv III, 198 hat Waitz die Obedienzerklärung Lamberts veröffentlicht; er leistet sie als schon ordinierter Bischof dem Erzbischof Hugo III. von Besançon, der somit auch der kaiserlich-wibertistischen Partei damals angehört haben wird, wenigstens kein Ärgernis an dem bei Lambert vorliegenden Faktum einer Ordination durch Wibert genommen zu haben scheint. Nach allem, was wir sonst von ihm wissen, gehört er später zu Urbans Partei, cfr. Gallia christ. XV, 38 und instr. 15. So war er im Juli 1096 auf dem Konzil zu Nimes anwesend: Mansi XX, 937 f. Der Verfasser der Altercatio (s. o. S. 84 f.) läfst auch Hugo von Urban zu jener Versammlung berufen werden, die über die Rechtmäfsigkeit Urbans und Wiberts entscheiden sollte. Diese Versammlung wird merkwürdigerweise ernst genommen und dazu noch Wibert als der Einberufer bezeichnet in der Gallia christ. XV, 38 und bei Richard. Hist. de Besançon I, 289, der sonst zu vergleichen ist.

[1] Gesta Trever. SS. VIII, 183 und Anm. 81.
[2] Greg. VII. Registrum 6, 5 bei Jaffé, Bibl. II, 332 f.
[3] Gesta Trever. SS. VIII, 184. Berth. 1078 SS. V, 314.
[4] Cod. Udalr. 63 bei Jaffé, Bibl. V, 130.
[5] Stumpf 2859. Gesta Trever. SS. VIII, 185 f.

properes. Das half endlich; Dietrich zögerte zwar, als aber die Zeit
herannahte, zu der Heinrich in Deutschland sein wollte (29. Juni),
und Dietrich, Heinrichs Willen entsprechend, nach Augsburg auf-
brach, sprach er zunächst in Mainz vor, wo er noch andere Bischöfe
traf, die zu Heinrich reisen wollten. Unter Assistenz dieser — der
Mainzer Erzstuhl war durch Siegfrieds Tod (16. Februar 1084) erledigt — weihte er im Juni 1084 Eigilbert, da die anderen Suffragane (Hermann von Metz, Pibo von Toul) dazu nicht mitwirken
wollten [1].

Auch weiterhin zeigte sich Wibert dem Erzbischof geneigt.
Eigilbert begegnete nämlich einer starken Opposition in seiner Diöcese; als das ieiunium quattuor temporum nahte, weigerten sich die,
welche zu Geistlichen ordiniert werden sollten — was in den Tagen
zu geschehen pflegt —, die Weihen von ihm zu empfangen, da er
das Pallium nicht besitze. Das müsse er notwendig von Gregor
haben und sich daher vor diesem demütigen [2]. Dieser Vorgang
veranlafste ihn zu einem entscheidenden Schritte. Er sandte wenige
Tage darauf einen Mönch, Theoderich mit Namen, an Wibert, der
für ihn um das Pallium bitten sollte. Natürlich antwortete der
Papst mit der sofortigen Übersendung des erbetenen Abzeichens
und schrieb dazu einen Brief, der eine Anweisung enthielt, wann
es zu verwenden sei, einen Brief, den die Gesta Treverorum mit-
zuteilen nicht für der Mühe wert erachtet haben. Diese Gescheh-
nisse spielten also Ende 1084 und Anfang 1085 und enthalten eine
bedeutsame Anerkennung Wiberts durch einen der ersten Kirchenfürsten Deutschlands.

Auch in die Verhältnisse des Bistums Konstanz einzugreifen,
hatte Wibert Gelegenheit. Hier war Bischof Otto, ein Anhänger
der kaiserlichen Sache, im Jahre 1086 gestorben [3]; ihm stand schon
seit Ende 1084 ein gregorianischer Bischof in der Person Gebhards,
eines Sohnes des Herzogs Berthold von Zähringen, gegenüber [4],
dessen Stellung sich zusehends befestigte, zumal er am 18. April
1089 zum ständigen päpstlichen Legaten ernannt wurde [5]. Heinrich

---

[1] Gesta Trever. SS. VIII, 186 f.

[2] Gesta Trever. SS. VIII, 187. Nach dem Bericht daselbst fällt dieser
Vorgang noch in das Jahr 1084. Da Eigilbert erst im Juni geweiht wurde,
sind entweder die Fasten nach Kreuzes Erhöhung (14. September) oder die
nach Lucia (13. Dezember) zu verstehen. — Jaffé-L. 5321.

[3] Ladewig, Regesta episcoporum Constantiensium I, 67 No. 518.

[4] Ladewig a. a. O. I, 67 f. No. 520. Giesebrecht III, 639 u. 1175. Henking, Gebhard III. von Konstanz S. 19 ff.

[5] Ladewig a. a. O. I, 71 No. 546. Jaffé-L. 5393. Bern. 1089 SS. V, 448.
Henking a. a. O. 35 ff. S. o. S. 76.

ersetzte den verstorbenen Otto seinerseits durch einen Mönch aus
St. Gallen, Namens Arnold, einen Grafen von Heiligenberg, aber
erst nach einem Zwischenraum von 6 Jahren[1] Ostern (28. März)
1092; eher scheinen für einen kaiserlichen Bischof keine Aussichten
gewesen zu sein. Und auch jetzt liefs sich Heinrich auf die Sache
nur ein, weil der Abt von St. Gallen und Patriarch von Aquileja,
Udalrich, ihm versprach, für die Einsetzung in das Bistum wolle
er sorgen; sein Versuch dazu mifslang aber[2]. Post aliqua inter-
sticia temporum erhielt nun dieser Arnold von Wibert in Ravenna
die Bischofsweihe auf Verwendung seines Metropolitans, des Erzbischofs Ruthard von Mainz[3]. Diese Weihe wird nach dem Versuch, in Konstanz einzudringen, erzählt, kann auch nicht eher, d. h.
nicht vor 1093 stattgefunden haben, da Arnold vorher noch die
Priesterweihe erhalten mufste[4]. Da Wibert vor 1097 nicht wieder
in Ravenna weilte, müfste Arnold erst dann geweiht worden sein,
wobei aber die Schwierigkeit entsteht, dafs seit Anfang 1097 die
Mifshelligkeiten zwischen Wibert und Ruthard von Mainz, die wir
gleich berühren werden, begannen. Vielleicht liegt in der Ortsan-
gabe ein Fehler, und wir müssen uns begnügen, die Weihe als
zwischen 1093 und 1097 erfolgt anzusetzen[5].

Was aber die Gesta der Erzbischöfe von Magdeburg[6] über einen
Konsens Wiberts zu der Ernennung eines Paderborner Bischofs berichten, wird zu eliminieren sein. Es wird dort erzählt: Hartwichs
von Magdedurg Nachfolger wurde 1103 Heinrich. Dieser war einst
zum Bischof von Paderborn designiert gewesen. Zu der Zeit be-
lagerten gerade Heinrich und Wibert Rom und Gregor. Da kam
Graf Heinrich von Werla mit seinem Bruder Konrad ins Lager,
und ersterer erkaufte das Bistum durch Vermittelung des letzteren,

---

[1] Dies geht hervor aus Casuum S. Galli cont. II. c. 7 SS. II, 160: Imperator Heinricus cum Mantue pascha perageret etc. und aus Casus monast.
Petrishus. 3, 31 SS. XX, 657, verglichen mit Bern. 1092 SS. V, 455. Vgl. Henking a. a. O. 46 ff., ferner hierzu wie zum Folgenden Meyer von Knonau in den
St. Galler Mitteilungen XVII, 85 ff., namentlich die Anmerkungen 227, 230,
231, 235.

[2] Ladewig a. a. O. I, 72 No. 557 u. 82 f. No. 665, 666. Casuum S. Galli
cont. II. c. 7 SS. II, 160 und Casus monast. Petrishus. 3, 29 u. 31 SS. XX.
656 u. 657. Ann. August. 1084 SS. III, 131. Bern. 1092 SS. V, 455. Giesebrecht III, 647, 1176.

[3] Ladewig a. a. O. I, 83 No. 669. Casuum S. Galli cont. II. c. 7 SS. II,
160. Ann. August. 1084 SS. III, 131. Cfr. Casus monast. Petrishus. 3, 31 SS.
XX, 657, die sich in Zeit und Ort (1103 und Rom) irren.

[4] Ladewig a. a. O. I, 83 No. 667.

[5] Ladewig a. a. O. I, 83 No. 669. Henking a. a. O. 48.

[6] Gesta archiepisc. Magdeburg. c. 23 SS. XIV, 407.

wurde von Heinrich zum Bischof ernannt und fand auch Wiberts
Zustimmung. Diesem Heinrich gelang es, sich zu behaupten und
jenen anderen Heinrich zu nötigen, in Magdeburg seine Zuflucht
zu suchen. Nun aber starb der Vorgänger der beiden Heinriche,
Bischof Poppo von Paderborn, erst am 28. November 1084 [1], als
Kaiser Heinrich längst wieder in Deutschland war; damit fällt wohl
diese Erzählung, soweit sie Vorgänge in Italien und Wibert betrifft [2].

In den letzten Jahren seines Pontifikats beschäftigte Wibert
lebhaft die Angelegenheit des Erzbischofs Ruthard von Mainz, die
teilweise ihren Ursprung in den Judenverfolgungen der Kreuzfahrer
hatte, mit denen bekanntlich diese ihr frommes Werk 1096 in Deutschland begannen [3]. In der Not und gezwungen waren viele Juden
zum Christentum übergetreten; als nun Heinrich, aus Italien zurück-
kehrend, seit dem 24. Mai 1097 [4] längere Zeit in Regensburg weilte,
wandte man sich an ihn, und er gestattete den zwangsweise Be-
kehrten den Rücktritt zum Judentum [5]. Anders Wibert, der mit
dieser unkirchlichen Handlungsweise gar nicht einverstanden war
und zwar nicht direkt an den Kaiser, aber an Bischof Rupert von
Bamberg schrieb [6]: Relatum est nobis a quibusdam, quod Judeis
baptizatis nescio qua ratione permissum sit apostatare ritumque Ju-
daismi excolere. Quod quia inauditum est et prorsus nefarium, te
et omnes fratres nostros verbo Dei constringimus: quatinus id secundum canonicam sanctionem et iuxta patrum exempla corrigere
festinetis; ne sacramentum baptismi et salutifera invocatio nominis
Domini videatur annullari. Indes hört man nicht, dafs Heinrich

---

[1] Necrol. Abdinghov. bei Schaten, Ann. Paderborn. I, 612. Erhard, Regesta historiae Westfaliae 1, 201.

[2] Über die beiden Heinriche haben wir in der Zeit, wo es sich um die
Neubesetzung des Stuhles von Paderborn handelt, folgende Notizen: Der kirch-
lich gesinnte Heinrich erscheint als Teilnehmer am Kolloquium von Gerstungen
(20. Januar 1085) [Giesebrecht III, 605] beim Annal. Saxo 1085 SS. VI, 723
und in den Ann. Magdeburg. 1085 SS. XVI, 176: Heinricus Patherbrunnensis
designatus et adhuc tantum subdiaconus. In Mainz (Mai 1085) war der kaiserlich gesinnte Heinrich (Henrichus Paderbrunnensis episcopus) anwesend, während
der andere exkommuniziert wurde: Henrichus alter Paderbrunnensis episcopus,
per studia partium subintroductus, sed ne adhuc [1092, wo Walram schreibt]
quidem initiatus: Walram de unit. eccl. 2, 19 ed. Schwenkenbecher S. 77 u. 78.

[3] Vgl. Giesebrecht III, 677 f.   [4] Ann. August. 1097 SS. III, 135.

[5] Ekkeh. 1097 SS. VI, 208. Ann. Rosenveld. 1097 SS. XVI, 102. Ann.
S. Disibodi 1097 SS. XVII, 16 (s. Watterich I, 607 Anm. 1). Giesebrecht III,
687. Waitz, Verfassungsgesch. V, 373. Buchholz, Würzb. Chronik 53 und
Ekkehard 105 f., 106, 131.

[6] Jaffé-L. 5336 im cod. Udalr. 90 bei Jaffé, Bibl. V, 175.

seine Erlaubnis zurückgenommen habe, die ich mit Buchholz (S. 107) freilich auch lieber mit finanziellen Erwägungen als mit Humanitätsideen in Verbindung bringen möchte.

In Mainz war die Judenverfolgung besonders heftig gewesen, der Erzbischof selber hatte sich an ihr beteiligt und bereichert. Als Heinrich zurückgekehrt war, ließ er auch die Mainzer Vorgänge untersuchen, ohne sich an Einwendungen Ruthards zu kehren. Es scheint sich aber lediglich um die Hinterlassenschaft der gemordeten Juden gehandelt zu haben, nicht um die Bestrafung der verübten Morde [1]. Der Erzbischof, selbst schuldig, entfloh nach Thüringen, wo er 8 Jahre im Exil zubringen mußte, und war seitdem erklärlicherweise ein unversöhnlicher Gegner Heinrichs IV. [2]

Schon vorher war Ruthard von Bischof Rupert von Bamberg und anderen schwerer Vergehen bei Wibert angeklagt worden und hatte von diesem durch die Kardinäle Warinus, Anastasius und Adalmarius den 29. September 1097 als Termin für seine Verantwortung erhalten [3]. Auf demselben sollten auch Rupert und die übrigen Ankläger erscheinen, um die Beschuldigungen, die sie gegen den Abwesenden erhoben hatten, dem Anwesenden gegenüber zu wiederholen. Ruthard kam nicht, denn eine zweite Ladung wurde nötig, welche durch die Bischöfe Dietrich von Albano und Robert von Faenza erfolgte [4], wohl im Anfang 1098, als Ruthard noch in Mainz war; er solle auf einer Synode erscheinen, wurde ihm aufgegeben. Er versprach zu folgen; als aber die Gesandten sich entfernt hatten, handelte er in einer anderen schwebenden Angelegenheit nach seinem Kopfe, der Legat kehrte zurück und gebot ihm aufrichtigen Gehorsam, wie ihn auch die übrigen leisten müßten. Da behauptete Ruthard, er habe einen Gesandten an Wibert geschickt und sei von diesem von dem Besuche der Synode entbunden worden. Als man hiervon Wibert in Kenntnis setzte, war er sehr erzürnt, weil die Synode damit in Frage gestellt wurde, denn auch die Suffragane von Mainz wären gewiß ferngeblieben. Jenen Gesandten Ruthards forderte er unter scharfen Drohungen mit schwerer Exkommunikation auf den 29. September 1098 zur Verantwortung vor sich; an Ruthard aber erging iterum atque iterum die dringende

---

[1] Worüber Buchholz, Ekkehard 107.

[2] Vgl. Giesebrecht III, 678 u. 687 f., Quellen S. 1179, 1181, 1182. Böhmer-Will, Reg. archiep. Mag. I, 227 u. 228.

[3] Das ergibt Jaffé-L. 5336 im cod. Udalr. 90 bei Jaffé, Bibl. V, 175 zusammengehalten mit Jaffé-L. 5339 bei Jaffé. Bibl. III, 377. Vgl. Böhmer-Will, Reg. archiep. Mag. I, 228.

[4] Jaffé-L. 5339 a. a. O. In 5337 ist nur von Robert von Faenza die Rede.

Aufforderung, am 9. Oktober 1098 auf der geplanten Synode von Vercelli [1] zu erscheinen und alle seine Suffragane zum Kommen ebenfalls anzuhalten [2]. Dieses Schreiben — die dritte Ladung — wird der Kardinaldiakon Hugo überbracht haben [3]. Seine Ankunft mag gerade in die Zeit gefallen sein, wo auch der Streit zwischen Heinrich und Ruthard ausgebrochen war. Die Stellung, die nun Ruthard einnahm, machte ihm ein Nachgeben unmöglich, er erschien auch auf die dritte Aufforderung nicht.

Und so erliefs Wibert am 29. Juli 1099 sein letztes Schreiben in dieser Sache an den Propst Godebold und den gesamten clerus und populus von Mainz [4]. Er beklagt zunächst das Unglück und die Leiden der Mainzer Kirche und zählt dann noch einmal auf, wie Ruthard, der Simonie beschuldigt, dreimal durch zuständige Personen vor ihn citiert worden sei. Dennoch sei er ungehorsam geblieben, habe nur noch neue Verbrechen den alten hinzugefügt, Treubruch und Nachstellungen gegen den Kaiser, Verbindung mit dessen und der Kirche Gegnern, Diebstahl. Nach all diesem habe ihn die römische Kirche verurteilt, und es sei ihm ein Nachfolger zu setzen. Stelle er sich innerhalb eines Jahres nicht, so sei er endgültig verdammt. Ihm sei vor Kaiser und römischen Legaten Ort und Zeit unter Gewährleistung von Sicherheit zur Verantwortung gesetzt gewesen, aus Schuldbewufstsein habe er diese Gelegenheit nicht benutzt. Demnach werden die Mainzer des Gehorsams gegen Ruthard entbunden, jeglicher Verkehr mit ihm wird bei Strafe des Anathems untersagt. Dabei blieb es zunächst und so lange Wibert noch lebte; einen Nachfolger erhielt Ruthard von Heinrich überhaupt nicht.

Nur von zwei weltlichen Fürsten wissen wir, dafs sie mit Wibert in Verbindung getreten sind. Der eine ist Herzog Liutold von Kärnten, ein langjähriger treuer Anhänger des Kaisers, der im Jahre 1090 starb [5]. Nicht lange vor seinem Tode hatte er seine Frau verstofsen und eine andere genommen, wozu er von Wibert besondere Erlaubnis erhalten hatte; wurde der Papst in dieser Weise angegangen, so konnte er sich aus politischen Rücksichten kaum versagen, mochte

---

[1] S. o. S. 92.

[2] Jaffé-L. 5337 im cod. Udalr. 89 bei Jaffé, Bibl. V, 174. Vgl. Böhmer-Will, Reg. archiep. Mag. I, 227.

[3] Jaffé-L. 5339 a. a. O.

[4] Jaffé-L. 5339 a. a. O. Vgl. Böhmer-Will, Reg. archiep. Mag. I, 228 f.

[5] Bern. 1090 SS. V, 450. — Im Jahre 1096 transsumiert Kaiser Heinrich eine Urkunde des Herzogs Heinrich II. von Kärnten, durch welche das Kloster Lambrecht dem Papst unmittelbar unterstellt wird, doch ist die Urkunde nach Stumpf verdächtig. Stumpf 2933. S. Tangl, Archiv für österr. Geschichtsquellen XII, 138 ff.

ihm die Gewährung solcher Wünsche, vom rein kirchlichen Standpunkte aus gesehen, noch so unliebsam sein.

Mit Böhmen dagegen hat Wibert dauernde Beziehungen unterhalten.

Kaiser Heinrich hielt während der Fastenzeit 1086 wahrscheinlich im März [1] eine Synode und einen Reichstag in Mainz, der von 4 Erzbischöfen (Mainz, Köln, Trier, Bremen), 12 Bischöfen und vielen weltlichen Grofsen besucht war [2]. Auch päpstliche Legaten waren wie auf dem Mainzer Reichstage von 1085 anwesend [3]; doch waren es wohl andere Persönlichkeiten wie im Vorjahre, denn Hugo Candidus, einer der drei vorjährigen Gesandten, war, wie ich oben (S. 70 f.) wahrscheinlich zu machen gesucht habe, Ende 1085 schon wieder in Italien. Hier erhielt der in mannigfacher Weise um Heinrich verdiente Herzog Wratislaw von Böhmen den Königstitel [4], während seinem Bruder, dem bisherigen Kanzler für Deutschland, Bischof Gebhard von Prag, die Vereinigung der Bistümer Prag und Olmütz (Böhmen und Mähren) zugestanden wurde [5].

Das war der Ausgangspunkt für Verhandlungen mit Wibert, da die anwesenden Legaten mit Vollmachten für diese Angelegenheiten wohl nicht versehen waren. Man hatte beide Akte vorgenommen, ohne nach Wibert sonderlich auszusehen; und war auch seine Zustimmung wünschenswert, so war doch Heinrich ohne Zweifel berechtigt, allein zu handeln, rücksichtlich der Standeserhöhung jedenfalls. Konnte sich Wibert durch dies Vorgehen schon verletzt fühlen, so kam hinzu, dafs Wratislaw sich nicht sehr bemüht hatte, sein Wohlgefallen zu erwerben; wir werden gleich sehen, worüber er sich bei dem Herzog zu beklagen hatte.

Kosmas berichtet [6]: Similiter eodem anno (1086) Heinrico imperatore demandante et Maguntino archiepiscopo Wezlone interveniente,

---

[1] Nicht im April, da Heinrich am 3., 9. u. 29. in Regensburg war. Stumpf 2880, 2881, 2882.

[2] Cosmas Prag. 2, 37 SS. IX, 91. Vgl. Giesebrecht III, 615 f. u. 1170. Böhmer-Will, Reg. archiep. Mag. I, 222.

[3] Stumpf 2882 in dessen Acta imperii No. 76 S. 79. Cosmas Prag. 2, 38 SS. IX, 93.

[4] Er wurde am St. Veitstage (15. Juni) von Erzbischof Eigilbert von Trier in Prag gekrönt.

[5] Cosmas Prag. 2, 37, 38 SS. IX, 91—93. Die Urkunde für Gebhard ist am 29. April in Regensburg ausgestellt (Stumpf 2882, bester Druck: Stumpf, Acta imp. No. 76 S. 79). Aus Kosmas hat Ann. Saxo 1086 SS. VI, 724 falsch geschlossen: Acta sunt hec Mogontie III. Kal. Mai.

[6] Cosmas Prag. 2, 38 SS. IX, 93; cfr. 2, 41 S. 95. Vgl. Giesebrecht III, 617. Böhmer-Will, Reg. archiep. Mag. I, 222.

per legatos apostolici, qui eidem interfuerunt concilio, domnus Clemens papa secundum praedictos terminos suo privilegio corroborat Pragensem episcopatum, id efflagitante et suggerente Gebehardo episcopo per suum capellanum nomine Albinum, quem cum legatis apostolici ex Maguntia hac de eadem causa miserat Romam. Am 15. Mai 1086 war nun Wibert noch in Ravenna [1], wo ihn die Legaten wohl noch erreicht haben, da die Mainzer Synode schon im März gehalten worden war. Auf alle Fälle glaube ich nicht, daſs man aus dieser Kosmas-Stelle auf einen Aufenthalt Wiberts in Rom im Jahre 1086 schlieſsen darf; es liegt zu nahe, bei einer Gesandtschaft an den Papst nur an Rom zu denken.

Ein groſser Apparat wurde also für die Erreichung des Zieles in Bewegung gesetzt. Der Kaiser und der Erzbischof von Mainz bitten, ihnen schlieſsen sich die päpstlichen Legaten an, der Bischof schickt noch einen Spezialgesandten in seinem Kaplan Albinus. Dazu war das Diplom vom 29. April 1086 [2] vorsichtig so abgefaſst, daſs es Wiberts Empfindlichkeit nicht erregen konnte. Obwohl Wratislaw schon seit dem März König war, heiſst es in der Urkunde da, wo die in Mainz Anwesenden aufgezählt werden: cum assensu laicorum, ducis Boemiorum Wratizlai. Diese Schwierigkeit hat Dobner mit Glück so gelöst, daſs er annahm, dieser Titel sei mit Rücksicht auf Wibert gewählt, dessen Anerkennung der Königswürde eben noch ausstand; man wollte der zu bestätigenden Urkunde kein Hindernis anhängen [3]. Den vereinten Bemühungen gelang es, die Bestätigung der Verfügung Heinrichs über die Vereinigung der Sprengel Prag und Olmütz von Wibert zu erreichen, was im Sommer 1086 geschehen sein mag.

Von einer Bestätigung der Königswürde sagt Kosmas nichts. Indes hatte Wezilo, als er der Bitte um Bestätigung des Bistums Prag in seiner neuen Ausdehnung seine Unterstützung lieh, gleichzeitig auch ein Schreiben an Wibert gerichtet, das die Frage der Königswürde betraf [4]. Wratislaw that es nicht selber, weil sein Ver-

---

[1] Jaffé-L. 5323.   [2] Stumpf 2882.

[3] Hagecii Ann. Bohemiae ed. Dobner V, 517. Cfr. SS. IX, 92 Anm. 87.

[4] Pez, Thesaurus anecdot. VI, 1. 288 No. 73. Vgl. Böhmer-Will, Reg. archiep. Mag. I, 222 f. Giesebrecht III, 1171. Giesebrecht hat zuerst darauf aufmerksam gemacht, daſs der Brief von Wezilo von Mainz herrühre. Übrigens stimme ich Böhmer und Giesebrecht nicht zu, wenn sie ihn in die zweite Hälfte 1086 nach der feierlichen Krönung vom 15. Juni setzen, denn nicht diese, sondern der Vorgang von Mainz ist das Entscheidende, auch erhielt schon hier Wratislaw einen circulus regalis von Heinrich aufgesetzt. Die Legaten werden Wezilos Brief mitgenommen haben, der also schon im März oder April 1086 geschrieben ist.

hältnis zu Wibert getrübt, Wezilo aber persona grata war. Die
Anrede und die Einleitung des Briefes bilden eine captatio bene-
volentiae im höchsten Grade, die Schmeicheleien, die Wibert gesagt
werden, berühren fast unangenehm. Wratislaw, Wezilos Auftraggeber, wird salva vestri (sc. Clementis) reverentia rex Boloniorum [1]
genannt. Wezilo bittet um Nachsicht wegen der Annahme des Königs-
titels, denn der Kaiser und das ganze Reich seien einverstanden gewesen. Eindringlich wird an die grofsen Verdienste Wratislaws um
Kaiser und Papst erinnert, ohne ihn wäre alles aus den Fugen gegangen. Es wird versichert, dafs Wibert des Gehorsams Wratislaws
sich versehen könne, der ihm von grofsem Nutzen sein werde. Deshalb möge er mit dem König nicht ins Gericht gehen und seiner,
Wezilos, Vermittelung diese Sache anvertrauen. Der Brief hat die
gewünschte Wirkung nicht gehabt, die Ursachen dürften im Folgenden
zu finden sein.

Einmal hatte Wratislaw von Alexander II. als eine Art Aus-
zeichnung den Gebrauch der Mitra zugestanden erhalten, den ihm
Gregor bestätigte [2]. Dafür zahlte er einen Zins von 100 Mark Silbers,
für dessen Entrichtung ihm beispielsweise Gregor noch am 22. September 1074 dankt [3]. Ob er ihn noch Ende der 70 er Jahre geleistet
hat, weifs man nicht, jedenfalls hat er die Kirchenspaltung als will-
kommenen Anlafs ergriffen, seine Zahlungen trotz wiederholter Mahnungen Wiberts einzustellen [4]. Dann schwebte noch eine zweite Angelegenheit zwischen beiden, die das Bistum Meifsen betraf [5]. Der
dortige Bischof Benno befand sich unter denen, die auf der Synode
von Mainz 1085 abgesetzt und exkommuniziert wurden [6]. Ihm ward
wohl zu Anfang 1086 [7] ein Nachfolger bestellt in der Person eines

[1] Statt Boloniorum ist wohl Boemiorum zu lesen, denn dafs Polen durch
diese Vorgänge in keiner Weise berührt wurde, hat neuerdings erwiesen Wersche,
Das staatsrechtliche Verhältnis Polens zum deutschen Reich, Zeitschrift des
Vereins für die Geschichte des Grofsherzogtums Posen. 1887. S. 270—273.

[2] Greg. VII. Reg. 1, 38 bei Jaffé, Bibl. II, 56; Jaffé-L. 4812. Dabei ist
nicht an eine Bischofsmitra zu denken, wie Ducange V, 427 s. v. mitra lehrt,
sondern an eine Bedeckung des Hauptes unter der Krone nach Art der Mitra.

[3] Greg. VII. Reg. 2, 7 bei Jaffé, Bibl. II, 119; Jaffé-L. 4880. Vgl. Giesebrecht III, 226 u. 1119.

[4] Jaffé-L. 5324; s. u. S. 116 Anm. 5.

[5] Vgl. cod. dipl. Saxoniae regiae, I. Hauptteil, 1. Band, Einleitung S. 103,
105, 108 f.

[6] Walram de unit. eccl. 2, 19 ed. Schwenkenbecher S. 78.

[7] Dafs dies erst nach dem April, bezw. 15. Juni 1086 geschehen sei, wie im
cod. dipl. Sax. reg. I, 1, Einltg. S. 105 Anm. 126 behauptet wird, ergeben die
dort angeführten Briefe (Pez, Thes. VI, 1 No. 72 u. 74) nicht; sie sind allerdings erst geschrieben, nachdem Wratislaw König geworden ist, sprechen aber

gewissen Felix[1], wie am deutlichsten aus einem Briefe des kaiserlichen Gegenerzbischofs Hartwich von Magdeburg an Wratislaw hervorgeht[2].   Dafür, dafs Felix in den Besitz seines Bistums gelange,
sollte Wratislaw, der auf die thüringischen Marken Einflufs hatte[3],
seine Macht geltend machen; es mufs ihm aber nicht recht gewesen
sein, denn er that nichts und liefs einen durch einen Gesandten über-
mittelten Brief Wiberts unberücksichtigt[4].

Statt nun Wratislaws Königswürde anzuerkennen oder einen
Schritt zu thun, den man so hätte auslegen können, erliefs Wibert
vielmehr wohl ziemlich gleichzeitig mit der Bestätigung des Prager
Bistums ein Schreiben an den König, das die Adresse führt: Clemens
episcopus, servus servorum Dei, W. glorioso principi Boemiorum etc.[5]
In diesem ist ausschliefslich von den beiden zwischen dem Papst und
dem König schwebenden Angelegenheiten die Rede. Wibert beklagt
sich, dafs Wratislaw so lange schon die Zahlungen an den heiligen
Petrus nicht geleistet habe, wiewohl er dazu schon oft väterlich er-
mahnt worden sei, eine Ermahnung, die in dringender Form wiederholt wird. Was den designierten Meifsener Bischof Felix angehe —
weder dieser Name noch das Bistum werden genannt, aber nach der

---

von Felix nicht als von einem erst neu eingesetzten, sondern beklagen nur, dafs
der König seinerseits noch keine Hand für ihn gerührt habe (in novo episcopo
eligendo [auch seinerseits] et constituendo), sonst iam foret locatus. Auch war
in dieser Sache schon vorher ein Brief abgegangen. Vgl. zu diesen Vorgängen
auch cod. dipl. Sax. reg., 2. Hauptteil I, Vorrede S. XVI f.

[1] Felix war ein Günstling Wratislaws. Giesebrecht III, 612. Hartwich von
Magdeburg nennt ihn in seinem Briefe an Wratislaw Felicem tuum. Wahr-
scheinlich war er Ende 1079 Gesandter seines Herzogs an Gregor. Greg. VII.
Reg. 7, 11 bei Jaffé, Bibl. II, 394; Jaffé-L. 5151. Hagecii Ann. Bohemiae ed.
Dobner V, 481.

[2] Pez, Thes. anecd. VI, 1, 289 No. 74 und cod. dipl. Sax. regiae 1. Hauptteil I, 347; 2. Hauptteil I, 40.

[3] Er hatte sie bis 1081 besessen und besetzte sie 1087 wieder. Giesebrecht
III, 526 u. 623. Codex dipl. Sax. regiae, 1. Hauptteil I. Einltg. S. 110 f.

[4] Jaffé-L. 5324, s. folgende Anm.

[5] Jaffé-L. 5324 bei Pez, Thes. anecd. VI, 1, 286 No. 72 und im cod. dipl.
Sax. regiae, 2. Hauptteil I, 39; 1. Hauptteil I, 346. Gänzlich undatiert. Giesebrecht III, 1171 setzt das Schreiben in 1084 oder 1085, Jaffé-L. in 1086 nach
dem 15. Juni. Dafs es nach dem 15. Juni fallen müsse, wird sich bindend
kaum behaupten lassen; aber 1086 ist Giesebrechts Annahme vorzuziehen, und
zwar ist die Zeit nach der Mainzer Versammlung anzunehmen wegen der Adresse.
Wratislaw war schon König, darum sagt Wibert nicht dux, um ihn nicht zu
verletzen, aber auch nicht rex, was er nicht anerkennen wollte, sondern wählt
den indifferenten Titel princeps. — Am Schlusse wird hervorgehoben, dafs ein
neues Siegel zur Anwendung gekommen ist.

ganzen Lage der Dinge kann gar kein anderes gemeint sein [1] —, so sei keiner treuer als dieser. Wiederholt bitte er daher, ihm zu seinem Bistum zu verhelfen; noch habe er sich darüber mit dem Kaiser nicht ins Benehmen gesetzt, und wenn Wratislaw nur seinen Bitten schon willfahre, so werde er es ihm hoch anrechnen. Jedenfalls möge er eine Antwort senden.

Ob Wratislaw gezahlt hat, wissen wir nicht, unwahrscheinlich ist es. Die Meifsener Angelegenheit aber nahm einen eigenen Verlauf, durch den sie aufhörte, zu Streit zwischen Wibert und Wratislaw Anlafs zu geben. Bischof Benno nämlich fand es geraten einzulenken; denn Ekbert, der Markgraf von Meifsen, hielt es bald mit Heinrich, bald mit dessen Gegnern, auf ihn war kein Verlafs, und die Nähe Wratislaws war immerhin bedrohlich. Benno — der deshalb von Walram von Naumburg sehr gelobt wird — begab sich im Laufe des Jahres 1086 zu Wibert und erlangte Verzeihung, wurde von diesem mit einem Schreiben an Kaiser Heinrich gesendet, auch von ihm zu Gnaden angenommen und seinem Bistum wiedergegeben [2]. Damit war die Sache aus der Welt geschafft, Felix aufgegeben. Zwar richtete der kaiserliche Gegenerzbischof Hartwich von Magdeburg wohl noch in der zweiten Hälfte des Jahres 1086 — er spricht nämlich zuerst seine Glückwünsche wegen der Königswürde aus — ein Schreiben an Wratislaw des Inhalts [3]: der in Mainz abgesetzte Bischof Benno von Meifsen sei aus Italien zurückgekehrt, angeblich mit dem Papste versöhnt; seinen Wünschen sei aber unmöglich zu willfahren, weil er kein sicheres Zeichen der Versöhnung habe, und wegen des Felix, der ihm schon in kanonischer Weise nachgefolgt sei. Benno wolle durch Überraschung seinen Sitz wiedergewinnen, Wratislaw möge sich vorsehen und es nicht zulassen. Aber das nützte natürlich nichts mehr, Benno wufste sich aufs beste mit Wratislaw zu stellen, wie wir durch Kosmas wissen [4].

Als Wratislaw, in seiner Stellung zu Heinrich schwankend geworden, im Jahre 1088 in Streitigkeiten mit seinem Bruder Gebhard geriet und trotz der Privilegien Heinrichs und Wiberts die Sprengel Prag und Olmütz wieder trennte, wollte sich Gebhard um Schutz zu Wibert begeben, starb aber am 26. Juni 1089, ehe er seinen Ent-

---

[1] Jedenfalls nicht das Bistum Olmütz, wie Boczek, Cod. dipl. Moraviae I, 174 meint.

[2] Walram de unit. eccl. 2, 25 ed. Schwenkenbecher S. 89. Vgl. Giesebrecht III, 624.

[3] Pez, Thes. anecd. VI, 1, 289 No. 74 und cod. dipl. Sax. regiae, 1. Hauptteil I, 347; 2. Hauptteil I, 40.

[4] Cosmas Prag. 2, 40 SS. IX, 94.

schlufs zur Ausführung gebracht hatte [1]. Wie Wibert sich zu Wratislaws Vorgehen verhielt, ist unbekannt, doch mufste er die Dinge
gehen lassen, wie sie gingen.

Dabei dauerten seine freundlichen Beziehungen zu Böhmen fort,
auch nach Wratislaws am 14. Januar 1092 erfolgten Tode [2], in diesem
Lande wurde er bis an sein Ende als Papst angesehen. Gegen den
Schlufs des Jahres 1092 z. B. wurde von Herzog Bretislaw und
Bischof Kosmas von Prag ein gewisser Robert aus Cavaillon in der
Provence, der sich für einen langjährigen Bischof dieser Stadt aus-
gab, es aber nie gewesen war, auf Grund der Aussage eines gewissen
Ozel, der seine Angaben bestätigte, zu bischöflichen Amtshandlungen
zugelassen, deren er auch viele verrichtete. Um Ostern 1093 erschien nun ein Geistlicher, der wufste, wie es mit Robert stand.
Dieser mufste seine Entlarvung befürchten und ging schleunigst zum
grofsen Erstaunen des Herzogs und des Bischofs nach Sachsen. Als
dann die Sache ruchbar wurde, vergewisserten sich beide bei dem
Bischof Desiderius von Cavaillon und erhielten die Auskunft, dafs
es dort niemals einen Bischof Robert gegeben habe. Da sandte man
denn auch an Wibert, wie es mit den Amtshandlungen dieses Mannes
gehalten werden solle. Wibert traf eine durchaus angemessene und
vernünftige Entscheidung [3]: ecclesias ex integro reconsecrare, bap-
tizatos crismate pseudoepiscopi non rebaptizari, sed tantum confir-
mare, similiter ordinatos non reordinari, sed solummodo inter ordi-
nandos stare ad ordinationem, et per solam manus inpositionem
recipere benedictionem.

Und noch in seinem letzten Lebensjahre stand er mit Böhmen
in Verbindung. Sein Legat nämlich, Kardinal Robert, konsekrierte
in Vertretung seiner am 8. April 1100 in Mainz den als Nachfolger
des Kosmas erwählten Bischof Hermann von Prag [4]. Dies hätte zunächst dem Erzbischof Ruthard von Mainz zugestanden, der aber ja
mit dem Kaiser zerfallen war und sich flüchtig in Thüringen aufhielt; Robert that es auf Befehl des Kaisers und mit Zustimmung
der Mainzer Suffragane.

Solches wird uns über die Verbindungen Wiberts mit einzelnen
deutschen Bischöfen und Fürsten überliefert. Es kann nicht meine
Aufgabe sein, nachzuweisen, wer sonst zu seinen Anhängern gehörte

---

[1] Cosmas Prag. 2, 41 SS. IX, 95 f. Giesebrecht III, 624, 631, 1171 f. Cod.
dipl. Sax. regiae, 1. Hauptteil I, Einltg. S. 110. Böhmer-Will, Reg. archiep.
Mag. I, 223.
    [2] Cosmas Prag. 2, 50 SS. IX, 100.   [3] Cosmas Prag. 2, 51 SS. IX, 101.
    [4] Cosmas Prag. 3, 10 SS. IX, 106. Vgl. Giesebrecht III, 684. Böhmer-
Will, Reg. archiep. Mag. I, 229.

und wer nicht. Im allgemeinen läfst sich sagen, dafs in Deutschland bei geistlichen und weltlichen Fürsten Kaiser Heinrich stets in erster Linie stand. Hinter ihm kam Wibert. Wer Heinrich als Kaiser anerkannte, sah dann in Wibert seinen Papst, aber auch nur darum, nicht aus Begeisterung für Wiberts Person oder Sache. Mufste man sich an den Papst wenden, so ging man eben an ihn, aber er blieb in Deutschland fremd. Und gern entzog man sich seinen Verpflichtungen ihm gegenüber, er hatte nicht die Macht und das Ansehen, um dagegen wirksam einschreiten zu können. Bei Wratislaw von Böhmen haben wir dies schon gesehen. Ebenso aber mufste sich Wibert im Jahre 1097 bei Bischof Rupert von Bamberg, einem erprobten Anhänger der kaiserlichen Sache, den er auch wegen seines Eifers für ihn selber lobt, beklagen, dafs er so lange der römischen Kirche vorenthalten habe, was ihr gebühre. Er mahnt ihn und befiehlt ihm energisch: ut, quod debes, solvas ablatumque temere restituere non differas. Eventuell droht er mit einer Beschwerde beim Kaiser[1]. Wo Heinrich und Wibert anerkannt wurden, war die weltliche der geistlichen Macht übergeordnet.

Elftes Kapitel.
Wiberts Stellung zu den übrigen Ländern Europas.

Um es gleich vorweg zu sagen: zu keinem anderen Lande Europas hat Wibert irgend nennenswerte Beziehungen unterhalten.

Vom Norden Europas, mit dem Gregor in lebhafter Verbindung stand, hören wir gar nichts. In Ungarn gab es zahlreiche Anhänger der wibertistischen Sache, denn Papst Urban nimmt am 27. Juli 1096 Anlafs[2], den König Koloman eindringlich zu ermahnen, die Partei der Ketzer zu verlassen und die Fahne des wahren katholischen Glaubens aufzurichten; indes erfahren wir nichts von einem Verkehr mit Wibert.

In England regierte nach Wilhelm I. dem Eroberer (1066—1087) dessen sehr gewaltthätiger Sohn Wilhelm II., der nicht lange vor Wibert am 2. August 1100 starb. An der Spitze der Geistlichkeit stand der Erzbischof von Canterbury, seit 1070 der bekannte Lanfrank von Bec († 24. Mai 1089). Sein Nachfolger wurde erst 1093 der ebenso berühmte Anselm († 21. April 1109). Solange Lanfrank lebte und noch manches Jahr nach seinem Tode kümmerte man sich in England um die Kämpfe Gregors und Wiberts nicht, der König,

---

[1] Jaffé-L. **5336** im cod. Udalr. 90 bei Jaffé, Bibl. V, **175**.
[2] Jaffé-L. **5662** bei Migne CLI, **480**.

im ganzen Gregor ergeben, wollte doch völlig freie Hand behalten [1].
Man entschied sich demzufolge auch nicht für einen der beiden, wofür
wir ein klassisches Zeugnis von Erzbischof Lanfrank selbst in einem
Briefe haben [2], der an einen sonst unbekannten Hugo gerichtet ist.
Zwar mifsbilligt er an diesem, dafs er Gregor tadle und Clemens
lobe, man könne nicht wissen, wie beide vor Gott dastünden; gewifs
aber habe der Kaiser nicht ohne wichtige Gründe gehandelt, habe
auch nicht ohne grofse Hülfe Gottes einen solchen Sieg erringen
können.   Welch milde Beurteilung einer Thatsache, die sonst entweder mit grofsem Jubel oder mit Wutgeschrei aufgenommen wurde.
Weiter geht aus dem Briefe hervor, dafs Hugo die Absicht gehabt
hatte, nach England zu kommen; Lanfrank rät vorher die Erlaubnis
des Königs einzuholen, und nun folgt der entscheidende Satz: Nondum
insula nostra priorem (sc. Greg. VII.) refutavit, nec, utrum huic
(sc. Clementi III.) obedire debeat, sententiam promulgavit.

So geben verschiedene englische Annalen zum Jahre 1084 an,
dafs Wibert Papst geworden sei [3].

Auch späterhin lassen die Nachrichten, die wir haben, deutlich
erkennen, mit wie wenig Teilnahme man den Kämpfen der Päpste
in Italien gegenüberstand.   Durchgängig heifst es: Man sprach in
England davon, dafs es zwei Päpste gäbe und ähnliches.   Eadmer
z. B. sagt an einer Stelle, die zu Ende 1094, Anfang 1095 gehört [4]:
Erant quippe illo tempore duo, ut in Anglia ferebatur, qui dicebantur
Romani pontifices, a se invicem discordantes et ecclesiam Dei inter
se divisam post se trahentes: Urbanus . . . . et Clemens . . . . Que
res, ut de aliis mundi partibus sileam, per plures annos ecclesiam
Anglie in tantum occupavit, ut, ex quo venerande memorie Gregorius,
qui antea vocabatur Hildebrandus, defunctus fuit. nulli loco pape
usque ad hoc tempus subdi vel obedire voluerit; und an einer anderen
Stelle zum Jahre 1095 [5]: Erant . . . namque Romae in illis diebus,

---

[1] Näheres giebt Giesebrecht III, 222 ff., 514, 545, 594.

[2] Lanfranci epist. 59 ad Hugonem Wibertinum directa bei Migne CL, 548,
geschrieben nach dem 24. März 1084 (Inthronisation Wiberts) vor dem 25. Mai
1085 (Tod Gregors VII.).

[3] Chron. Anglo-Scoticum SS. XXVII, 60: Wibertus papa sedem accepit. —
Annales de Margan SS. XXVII, 428: Withbertus papa sedem accepit.

[4] Eadmeri hist. novorum in Anglia lib. 1 SS. XIII, 139. Nach ihm Flor.
Wigorn. 1113 (1091) SS. V, 564. Will. Malmesb., Gesta pont. Angl. 1, 49 SS.
XIII, 136.

[5] Eadmeri hist. nov. in Anglia lib. 2 SS. XIII, 139 Anm. 3.   Allen diesen
Nachrichten gegenüber bedarf Ordericus Vitalis, Hist. eccl. lib. 8 SS. XXVI, 22
sehr der Einschränkung, wenn er im Hinblick auf England etwa zum Jahre
1089 meint: Galli vero et Angli aliaeque gentes pene omnes per orbem Urbano
pie obsecundabant.

sicut praediximus, duo pontifices, qui a diversis apostolici nuncupabantur; sed quis eorum canonice, quis secus fuerit institutus, ab Anglis usque id temporis ignorabatur [1].

Freilich safs in Anselm von Bec seit 1093 ein entschiedener Anhänger Urbans auf dem Stuhl von Canterbury, der, bevor er die erzbischöfliche Würde annahm, sich offen darüber erklärt hatte [2]. Doch König Wilhelm II. hielt ihm zunächst das Gegengewicht, er beabsichtigte, keine Entscheidung zu treffen, war aber Wibert geneigter, ohne dafs dieser irgendwelchen Nutzen davon hatte [3]. Es dauerte denn auch nicht lange, so traten Zerwürfnisse zwischen dem König und dem Erzbischof ein, die, mit Mühe beschwichtigt, bald von neuem ausbrachen und Anselm 1097 veranlafsten, England zu verlassen, da er den Zorn des Königs zu sehr erregt hatte; erst nach dessen Tode (1100) kehrte er dahin zurück [4].

Was Frankreich betrifft, so trat Wibert mit Erzbischof Manasse von Rheims in Berührung. Dieser beteiligte sich nämlich wie Wibert an Heinrichs IV. erstem Romzuge im Jahre 1081, nach Benzo angeblich als Gesandter König Philipps I. [5] Das ist aber eine Erfindung Benzos. Manasses Anwesenheit wird freilich auch sonst bestätigt [6], sie hatte aber einen ganz anderen Grund: seine Diöcesanen hatten ihn vertrieben, nachdem Gregor VII. ihn verworfen hatte [7].

Eine andere Spur von Beziehungen Wiberts zu Frankreich wird sich als sehr trügerisch erweisen. Der Bischof Frotardus von Alby am Tarn in Südfrankreich hatte sein Bistum vom Bischof Froterius von Nîmes und dessen Bruder Bernhard gekauft [8] und war deshalb wegen

---

[1] Vgl. über dieses Schwanken in England auch Anselmi Cantuar. epist. 3, 36 bei Migne CLIX, 67—70 (68).

[2] Anselmi Cant. ep. 3, 24 bei Migne CLIX, 53, an Erzbischof Hugo von Lyon anfangs 1094 geschrieben: Raptus ad archiepiscopatum, antequam praeberem assensum, palam dixi, me favere domino papae Urbano et Guiberto adversari.

[3] Eadmeri hist. nov. in Anglia lib. 1 SS. XIII, 139. Will. Malmesb., Gesta pont. Angl. 1, 49 SS. XIII, 136.

[4] Die unmittelbare Veranlassung und die Geschichte des Streites erzählt Anselm selbst epist. 3, 40 bei Migne CLIX, 74. Cfr. Eadmeri hist. nov. in Anglia lib. 1 u. 2 und vita Anselmi 2 SS. XIII, 139—144, ausführlich die hist. nov. bei Migne CLIX, 379 ff. u. 398 ff., die vita Ans. 2, 23 ff. bei Migne CLVIII, 90 ff. — Will. Malmesb., Gesta pont. Angl. 1, 49—51 ed. Hamilton S. 86—95.

[5] Benzo lib. 6 praef. SS. XI, 657.

[6] Guibertus de Novigento de vita sua 1, 11 bei Migne CLVI, 853 f. und Gallia christiana X, 74.

[7] Cfr. Greg. VII. Registrum 7, 12, 20; 8, 17—20 bei Jaffé, Bibl. II, 394. 411, 447—452. Hugo Flav. SS. VIII, 421 f.

[8] Zu dem Einflufs dieser auf die Besetzung des Stuhles von Alby vgl. die Urkunde Gallia christ. I, instr. S. 4.

Simonie von Gregor nach Rom citiert worden, auch erschienen und
bestraft (repulsus). Nun begab er sich zu Wibert nach Ravenna
und bat um dessen Unterstützung, die er erhielt, indem ihm Wibert
ein Schreiben mitgab. Dieses verheimlichte er nach seiner Rückkehr
und zeigte statt dessen ein angeblich von Gregor herrührendes vor,
welches so lautete, daß er von seiner Diöcese wieder aufgenommen
wurde. Nach wenigen Tagen aber kam die Sache durch seinen Begleiter Hugo, einen Schreiber (grammaticus), ans Licht, der das als
Schweigegeld versprochene Maultier nicht erhielt und den wahren
Sachverhalt verriet. Frotard wurde von dem päpstlichen Legaten,
Erzbischof Hugo von Lyon, vor eine Synode zu Toulouse geladen
und dort exkommuniziert, zumal er nicht erschienen war. So weit
die wenig scharf gefaßte Erzählung[1], die zu schweren Zweifeln
Veranlassung giebt.

Ihr anonymer Autor, offenbar ein Kanoniker von Alby, hat erst
gegen die Mitte des 12. Jahrhunderts geschrieben[2], zahlreiche Irrtümer zeigen, daß er über eine ziemlich weit hinter ihm liegende
Zeit berichtet. Er erzählt die Wibert betreffende Geschichte und
die Exkommunikation, die er an sie knüpft, vor einem längeren
Bericht darüber, wie das Kloster Vieux in die Gewalt des Klosters
Orillac gekommen sei[3]. Letzteres wird aber im Besitze des ersteren
von Gregor VII. schon am 12. April 1080 bestätigt, wobei auf den
Konsens des Bischofs Frotard hingewiesen wird[4]. Danach müßte
die Exkommunikation Frotards mitsamt dem, was von Wibert erzählt wird, vor 1080 fallen. Die notitia berichtet weiter (Bouquet
S. 51), daß auf derselben Synode von Toulouse, auf welcher Frotard
exkommuniziert worden sei, Bischof Pontius von Rodez die Konsekration erhalten habe. Dieser war Bischof seit 1076 und begegnet
sicher 1079[5]. Sonach wäre diese Synode vor 1080 anzusetzen, wie
es auch Mansi thut, der sie, auf unsere Notiz und auf ein Zeugnis
über Urkunden von Rodez fußend, 1075 einreihte[6]. Ein fernerer

---

[1] Notitia de ecclesia de Viancio (Vieux) bei Baluze, Misc. VI, 432 der 1.,
I, 124 der 2. Ausgabe und bei Bouquet, Recueil XIV. 49. Jaffé-L. 5316.

[2] Bouquet, Recueil XIV, 49 Anm. a. Cfr. Gallia christ. I, 11 u. 12.

[3] Die Aktion dafür setzte angeblich 2 Jahre nach der Exkommunikation
Frotards ein. Aber es treten während derselben Kanoniker auf (Bouq. S. 51),
die nach einer Urkunde von 1072 (Gallia christ. I, instr. S. 5 f.) damals ihrer
Würden entsagt haben. Schon dies läßt eine große chronologische Verwirrung
befürchten.

[4] Greg. VII. Reg. 7, 19 bei Jaffé, Bibl. II, 409 f.; Jaffé-L. 5162.

[5] Gallia christ. I. 204 f. und instr. 49 f. Gams, Series episc. 612.

[6] Mansi XX, 457. Er will sie nachträglich in 1079 setzen, da die Herausgeber der Gallia christiana als Anfangsjahr des Pontius 1079 annähmen. Dies

Anstofs findet sich (Bouquet S. 50): es wird erzählt, wie Romanae ecclesiae legatus, Amatus nomine, missus ad partes Aquitanicas et Hispanicas, Chrisma (Salböl) auf den Boden gegossen habe, als er erfuhr, dafs es von dem exkommunizierten Frotard geweiht worden sei. Die Gesandtschaft des Amatus nach Spanien fällt aber in das Jahr 1077 [1].

Nach diesem steht fest, dafs Frotard überhaupt exkommuniziert worden ist, und zwar um das Jahr 1076 [2]; der Grund wird Simonie gewesen sein [3]; aber die Geschichte der Veranlassung der Exkommunikation ist, abgesehen höchstens von der Reise nach Rom, nicht haltbar, leidet auch an inneren Unwahrscheinlichkeiten. Wie sollte Frotard seinem Begleiter, der um den ganzen Handel wufste, die versprochene, so geringe Belohnung nicht geleistet haben! Und wozu brauchte er noch Briefe Wiberts, wenn er solche Gregors fälschte!

Mit Wibert kann also Frotard nichts zu thun gehabt haben: wie aber konnte die Erzählung entstehen? Aus der notitia geht hervor, dafs Vieux früher den Kanonikern von Alby gehörte; nach Gregors Aussage [4] war es an Orillac gekommen a principibus ipsius terrae consensu episcopi et clericorum, zu denen aber die Kanoniker gewifs nicht gehörten. Denn auch nach Frotards Tode (dessen Jahr nicht bekannt ist) blieb es in den Händen der Mönche von Orillac nur sub continua Albiensium canonicorum querela. Unter Bischof Bertrand endlich (1115—1125) [5] ward es ihnen zurückge-

---

ist, wie ich mich überzeugt habe, ein Irrtum Mansis. Gallia christ. I, 205 steht : Hinc consequens est, Pontium iam infulis donatum fuisse an. 1076. Ebenso irrt Bouquet S. 51. Hefele, Konziliengesch.[2] V, 55.

Eine synodus Tolosana wird erwähnt Jaffé-L. 5192 bei Jaffé, Bibl. II, 563 in der Narbonnensischen Angelegenheit (1080). In diesem Schreiben fordert Gregor den vicecomes, clerus und populus von Narbonne zur Unterstützung des rechtmäfsigen Erzbischofs Dalmatius gegen Petrus auf. Die Narbonnensische Verwickelung spielte freilich schon 1076 (Jaffé, Bibl. II, 223), war aber noch lange nicht so weit gediehen, dafs unter der synodus Tolosana, auf die Gregor anspielt, eine solche von 1076 verstanden werden könnte; spätestens 1076 mufs aber die uns hier angehende fallen, wie wir gleich sehen werden.

[1] Jaffé-L. 5041 u. 5042 bei Jaffé, Bibl. II, 283 (Reg. 4, 28) und II, 547 (Ep. coll. 21).

[2] Dafs Hugo, damals noch Bischof von Die, als Lugdunensis episcopus bezeichnet wird, ist einer jener oben (S. 122) erwähnten Irrtümer.

[3] Frotard wird sich später gefügt haben, denn noch 1083 begegnet er als Bischof. Gallia christ. I, 11. d'Auriac, Hist. des évêques d'Alby 46 bringt für unsere Zwecke nichts bei.

[4] Greg. VII. Reg. 7, 19 bei Jaffé, Bibl. II, 410; Jaffé-L. 5162.

[5] Gallia christ. I, 13.

stellt, wofür dieser von unserem den Kreisen der Kanoniker offenbar
angehörenden Anonymus, der bald darauf schrieb, grofses Lob erhält. Frotard hatte der Abtretung an Orillac zugestimmt, der Hafs
gegen diesen leuchtet aus vielen Stellen unseres Berichtes hervor.
Unter diesem Gesichtspunkte wird man ihn aufzufassen haben. Was
von Frotard Schlechtes zu sagen war, übertrieb der Autor und er-
sann Eigenes hinzu; um aber das Andenken des Bischofs zu schmä-
lern, konnte es kein besseres Mittel geben, als seinen Namen mit
dem des berüchtigten Ketzerführers Wibert zusammenzubringen.

In Hinsicht auf Frankreich erhalten wir somit ein völlig nega-
tives Ergebnis. Es ist vollkommen richtig, was Ernaldus im Leben
des heiligen Bernhard von Clairvaux von diesem Lande aussagt[1]:
Neque enim Francia, caeteris regionibus proclivibus ad scismata,
aliquando Guiberti vel Burdini susceptione fedata est, nec maligno-
rum acquievit erroribus, nec fabricata est ydolum in aecclesia nec
venerata in Petri kathedra monstrum. Nec enim talibus in causis
principalia aliquando eos terruerunt edicta, aut generalibus utili-
tatibus privata commoda pretulerunt, nec declinantes in partem, per-
sonis detulere, sed causis. Sed, si quid oportuit, fortiter persecu-
tionibus obviarunt, nec dampna nec exilia formidarunt[2]. Gerade
in Frankreich fanden Gregor VII. und Urban II. ihre eifrigsten
Anhänger, das bezeugen Gregors Registrum und Urbans Reise. Eine
anfängliche Opposition gegen Gregor VII. war 1080 bereits überwunden und konnte Wibert nichts mehr nützen.

Dagegen haben wir merkwürdigerweise eine vereinzelte Spur
von Beziehungen Wiberts zur Iberischen Halbinsel, mit der aber
nicht viel anzufangen ist. In dem Leben des Erzbischofs Gerald
von Braga wird gelegentlich erwähnt, dafs dessen Vorgänger vor
vielen Jahren, der Bischof Petrus, das Pallium und ein Privileg
von Papst Clemens erhalten habe und deshalb von dem Legaten
Urbans, dem Erzbischof von Toledo, abgesetzt worden sei[3]. Es ist
mir nicht möglich gewesen, etwas aufzufinden, was zur Kontrolle
dieser Notiz dienen könnte[4]. Ich beschränke mich deshalb darauf,
zu bemerken, dafs am 15. Oktober 1088 Erzbischof Bernhard von

---

[1] Ex vitae S. Bernardi Claraevall. lib. 2 auct. Ernaldo SS. XXVI, 101.

[2] Unter den Anhängern Urbans wird Frankreich besonders betont bei Eadmer, Hist. nov. in Anglia lib. 1 SS. XIII, 139; Will. Malmesb., Gesta pont.
Angl. 1, 49 SS. XIII, 136; Order. Vitalis, Hist. eccl. lib. 8 SS. XXVI, 22.

[3] Bernaldi vita Geraldi archiepiscopi Bracarensis c. 6 bei Baluze, Misc. III,
182 der 1., I, 132 der 2. Ausgabe. Jaffé-L. 5331.

[4] Auch Florez, España sagrada, bot die erhoffte Ausbeute, soweit ich sehen
konnte, nicht.

Toledo das Pallium von Urban II. erhielt und Primas von Spanien wurde[1]; seitdem erst bestanden nähere Beziehungen zum römischen Stuhl[2]. Demnach läfst sich nicht viel mehr thun, als mit Löwenfeld die Thatsache auf etwa 1090 zu fixieren[3].

Zwölftes Kapitel.

Schlufs.

Am Schlusse unserer Untersuchungen angelangt, müssen wir uns fragen, wie wir Wibert zu beurteilen haben[4]. Das ist, wie stets in so sehr zurückliegenden Zeiten, von denen eine wirklich lebendige Anschauung zu erhalten mir kaum möglich scheint, eine mifsliche Sache. Denn erstens ist das Material mangel- und lückenhaft; zweitens werden uns wohl die Thatsachen mitgeteilt, die Motive aber, aus denen die Menschen so und so gehandelt haben, erfahren wir entweder gar nicht, oder wir erhalten entstellte und erfundene Angaben, denen gegenüber grofse Vorsicht nötig ist. Im ganzen müssen wir, wenn wir die Thatsachen nach Möglichkeit ergründet haben, auf die wahrscheinlichen Motive zurückschliefsen, und wenn ich im Folgenden mitteile, wie ich mir das Bild Wiberts denke, so kann es nicht fehlen, dafs viel Subjektives ihm anhaftet.

Dafs die Anhänger ihren Meister mit Lob bedenken, ist kein Wunder, könnte uns aber nur bedenklich machen, wenn nicht in gewissen Dingen die Gegner deren Urteil beistimmten. So sind Freund[5] und Feind[6] darin einig, dafs sie Wibert, der ja sehr vor-

[1] Jaffé-L. 5366. [2] Giesebrecht III, 218 u. 597 f.

[3] Gams, Series episc. 94, kennt: Erzbischof Petrus, 16. Oktober 1049—1084; Erzbischof Gerald, 3. Juli 1095 bis 5. Dezember 1109. — Burdinus, der Gegenpapst von 1118, war bekanntlich Erzbischof von Braga. Es ist, als ob eine gewisse Tradition hier gewirkt hätte.

[4] Vgl. Giesebrecht III, 504 ff. u. 1154. Lehmann-Danzig, Das Buch Widos von Ferrara 82. Martens, Besetzung des päpstlichen Stuhls 200—203.

[5] Schrift de papatu bei Floto, Heinrich IV., I, 438. Vgl. Scheffer-Boichorst, Die Neuordnung der Papstwahl 136 u. 140: Die Charakteristik findet sich nur im Brüsseler, nicht auch im Pariser Kodex, während der Wiener am Ende verstümmelt ist. — Wido Ferr. 1, 20 SS. XII, 165. Auch Ekkeh. 1100 SS. VI, 219.

[6] Hugo Flav. SS. VIII, 460. Donizo 2, 119 f. SS. XII, 382:

> Maior erat cunctis (sc. pontificibus malignis) Guibertus, episcopus urbis
> Ravennae, doctus, sapiens, et nobilis ortus.

Zu beachten ist, dafs bei Donizo Wibert als Verwandter Mathildes gelegentlich Lobsprüche erhält, während sich im allgemeinen lange Schmähreden finden, z. B. lib. 2, 153 ff. S. 382 f., 218 ff. S. 384 u. 890 ff. S. 397. Hier ist Vorsicht am Platze. Vgl. Pannenborg, Studien zur Geschichte der Herzogin Mathilde von Canossa. Göttingen 1872 (Gymn.-Progr.) S. 5.

nehmer Abkunft war, als einen Mann bezeichnen, dessen Person ehrwürdig, dessen von Natur sehr bedeutende geistige Schärfe, Lebhaftigkeit und Klugheit durch eine umfassende Bildung gesteigert war, die sich nicht nur auf die kirchlichen Wissenschaften beschränkte, dessen Beredsamkeit namentlich eine hervorragende genannt werden mufste. Ein gegnerischer Autor sagt sogar[1]: (Guibertus) homo literatus et nobilis et qui Deo forsitan placuisset, nisi hoc piaculum (sc. schisma) fieret; ein anderer[2], ebenfalls Gegner: Erat litteris adprime eruditus et lingua facundissimus et, si iustus, huic officio satis erat idoneus[3]. Gregor selber urteilt in den Briefen aus der Zeit, da das Verhältnis zwischen ihm und Wibert noch ein leidliches war, über dessen geistige Begabung ebenso, wiewohl man seine Höflichkeiten nicht zu ernst nehmen darf[4].

Sein Wille war kräftig, er handelte energisch, aber ohne Übereilung. Man betrachte nur seine Kanzler- und seine erzbischöfliche Zeit. Auch später hat er noch viel erreicht, es ist wahrhaftig zu bewundern, dafs er sich nach dem Jammer der Jahre 1093—1097 in dem Mafse wieder aufraffte, wie es geschah. Und an seinem Wollen und Können lag es nicht, wenn sich im ganzen seine Lage als Papst trüb gestaltete, die Machtmittel, über die er verfügte, standen nicht im Verhältnis zu seiner Stellung.

Was seinen moralischen Charakter angeht, so hat keiner der Gegner ihm das geringste Unsittliche nachgewiesen. Gregor hätte es in seinen späteren heftigen Briefen sicher nicht unterlassen, wäre er dazu in der Lage gewesen. Es will nicht viel sagen, wenn Wido[5] ihn virum nobilem non moribus minus quam genere nennt, aber um so bedeutsamer ist Gregors Zeugnis[6]. Am 25. November 1078, am 21. Juli und am 15. Oktober 1080 macht er ihm ausdrücklich nur den Ruin des Erzbistums Ravenna und sein schismatisches Gebaren zum Vorwurf. Zwar schreibt er noch am 25. November 1078: his malis aliisque quam pluribus flagitiis irretitus atque pollutus und nennt Wibert am 21. Juli 1080 hominem per universum

---

[1] Pandulfi vita Gelasii II. bei Watterich II, 92.

[2] Casus monast. Petrishus. 2, 30 SS. XX. 645.

[3] Ob aus dem griechischen Briefe erschlossen werden darf, dafs Wibert selber griechisch verstand, bezweifle ich; vielleicht darf man behaupten, dafs es wahrscheinlich ist.

[4] S. o. S. 23 (Jaffé-L. 4781). Am 4. Januar 1075 erhofft Gregor zu der bevorstehenden Synode den Beistand auch von Wiberts prudentia et spiritualis tam fortitudo quam sapientia. Vgl. oben S. 27, Jaffé-L. 4919.

[5] Wido Ferr. 1, 20 SS. XII, 165.

[6] Jaffé-L. 5091, 5177, 5186, 5187 bezw. Reg. 6, 10; 8, 5, 12, 13 bei Jaffé. Bibl. II, 339, 432, 441, 443.

Romanum orbem nefandissimis sceleribus denotatum. Aber ich kann mich hier einmal mit Martens[1] durchaus einverstanden erklären, wenn er schreibt: „Da Gregor VII. in seinen Sentenzen die flagitia und scelera Wiberts nicht weiter spezialisiert, so wird man annehmen dürfen, dafs er nur das ihm absolut verwerflich erscheinende schismatische Treiben des Gegners urgieren wollte, ohne demselben gemeine sittliche Verbrechen zuzuschreiben"[2].

Persönlich stand er den grofsen Fragen der Kirchenreform durchaus nicht feindlich gegenüber. Er war ein Gegner der Simonie, wie sein sehr energisch gehaltenes Verbot derselben durch das Rundschreiben von 1089 und sein Vorgehen gegen Ruthard von Mainz beweisen[3]. Dem Nikolaitismus, dem er auch persönlich abgeneigt war, konnte er nur aus politischen Rücksichten nicht scharf entgegentreten[4]. Und nur das eine trennte ihn auch persönlich entschieden von seinen Gegnern, dafs er am Investiturrecht des Kaisers streng festhielt[5].

Soweit sich Wiberts Persönlichkeit bis hierher erkennen läfst, scheint sie mir durchaus die oben (S. 126) berührte Bemerkung der Chronik von Petershausen zu bestätigen, Wibert wäre wohl geeignet gewesen für den päpstlichen Stuhl, wenn er gerecht, d. h. nicht Schismatiker gewesen wäre. Und so erschien seine Person auch Fernstehenden[6]; ihre Macht und ihr Ruf war so stark, dafs noch 30 bis 40 Jahre nach Wiberts Tode der Kanonikus von Alby[7] ihn als Schreckbild verwenden konnte.

Eine Eigenschaft indes besafs Wibert vielleicht in höherem Grade, als gut war, den Ehrgeiz; ein äufserliches Symptom desselben ist seine mehrfach bestätigte Prachtliebe, schon als Erzbischof pflegte er sich mit dem Glanze eines Herrschers zu umgeben[8]. Hat ihn

---

[1] Martens, Besetzung des päpstlichen Stuhls 203.

[2] Was Bonizo 660 ff. über Wiberts Treiben in Rom 1074 erzählt, ist dermafsen vom Hafs diktiert, dafs man seine Behauptungen über Wiberts sittlichen Charakter nur ablehnen kann; die Thatsachen, die er berichtet, bleiben bestehen, sie waren eben nur die Einleitung zum späteren Schisma, daher der Zorn und die Verleumdungen Bonizos. S. Martens a. a. O. 202 f. S. o. S. 25. — Nicht weniger dürfte eine Nachricht des späten Paul von Bernried, Vita Greg. VII. c. 108 bei Watterich I, 538 einfach abzuweisen sein: (Guibertum) iam pridem a Gregorio nostro propter incestum et alia flagitia sua synodali sententia damnatum.

[3] S. o. S. 80 u. 111 f.   [4] S. o. S. 44 f. u. 80.   [5] S. o. S. 66.

[6] Will. Malmesb., Gesta pont. Angl. 1, 49 SS. XIII, 136: Erant his diebus duo competitores Romani praesulatus, Guibertus et Urbanus, summi ambo et praestantes viri, neuterque alteri pro persona cedebat.

[7] S. o. S. 124.

[8] Bonizo 655: Guibertus Ravennam intravit in multitudine gravi et in magno.

aber der Ehrgeiz bewogen. seine Hand nach der päpstlichen Würde auszustrecken. und ihn so auf die abschüssige Bahn geführt? Ich glaube. nein.

Vielmehr wiesen ihn schon seine Antecedenzien auf die kaiserliche Seite; durch der Kaiserin Agnes Gunst war er Kanzler, nachher Erzbischof von Ravenna geworden. Und von da an ist das der Grundzug. der durch sein ganzes Auftreten von Anfang bis zu Ende geht: unentwegte Treue gegen den Kaiser, seinen Herrn.

Als Erzbischof muſs er eine gute Verwaltung geführt haben, trotz Gregors gegenteiliger Behauptung (s. o. S. 42, 44 f., 70); in all den zwanzig Jahren steter Kämpfe fand auch nicht der geringste Versuch statt, von ihm abzufallen.

Nun bedurfte Heinrich eines Papstes der Kaiserkrone halber; während Thedald von Mailand diese ihm zugedachte Würde ablehnte. nahm Wibert sie an. Kaum aus Ehrgeiz, der durch die angesehene erzbischöfliche Stellung befriedigt worden sein wird. Schwerlich kann er gewünscht haben, sie mit dem dornenvollen Posten eines kaiserlichen Papstes zu vertauschen. Ein kluger Mann, wie Wibert war. muſste sehen, daſs er einen schlechten Tausch machte.

Denn das Papsttum beanspruchte jetzt, über der weltlichen Macht zu stehen, diesem Anspruch konnte sich kein Inhaber der Würde mehr entziehen. Ein von der weltlichen Macht erhobener und gehaltener, von ihr abhängiger Papst litt darum sofort an einem inneren Widerspruch in seiner Stellung und muſste daran scheitern.

Nahm Wibert doch an, so that er es innerlich widerstrebend, aber treu dem Kaiser, der kaum noch einen anderen geeigneten Kandidaten für den päpstlichen Stuhl gehabt hätte. Und so gewinnt sein mehrfach berichtetes Wort (S. 51, 66). er habe seine Stellung invitus auf sich genommen, um den Kaiser in seiner Würde zu erhalten. eine gewisse Bedeutung. Wibert war ein Opfer der Politik Heinrichs.

Als er die Würde nun besaſs, suchte er sich natürlich auch in ihr zu behaupten. Durch 20 Jahre hielt er sich, oft nicht ohne Glück dank seiner Begabung und seinem Geschick. Seine Person hielt die Partei zusammen und aufrecht, denn nach seinem Tode sank sie in Ohnmacht zurück, nach wenigen bald miſslungenen Versuchen, sich aufzuraffen. Aber er konnte es zu keiner ganzen Stellung bringen und hatte infolgedessen wenig Ansehen. Er war eben

---

ut sui moris est, potentatu. Cfr. 673 (Leichenbegängnis des Cencius). Donizo 2, 155 SS. XII, 382: Pompam mundanam plus ipso nullus amabat.

nur das Instrument Heinrichs zur Erlangung der Kaiserwürde, das
vor 1084 leicht beiseite geschoben werden konnte, wenn es schien,
als bedürfe man seiner nicht mehr (S. 48 f.). Heinrich kümmerte
sich um Wiberts Interessen nur, wenn sie zugleich die seinen waren.
Wohin Heinrichs Arm nicht reichte, dort bedeutete auch Wibert
nichts [1]. Er mufste seine Ansichten verleugnen und zu halben
Mafsregeln greifen, um dies nicht ganz zu thun und doch seine Anhänger nicht vor den Kopf zu stofsen. Um dieser unbefriedigenden
Stellung willen mufste er die heftigsten und giftigsten Vorwürfe
der Gegner, namentlich den des Eidbruchs, aber- und abermals
über sich ergehen lassen [2]. Und so verdient er im ganzen, wenn
auch nicht unsere Bewunderung, so doch unser Mitleid.

---

[1] Cfr. Deusdedit contra invas. 2, 12 bei Mai, Nova patrum bibl. VII, 3, 94
(danach Petrus Casin. 3, 70 SS. VII, 751). Will. Malmesb., Gesta pont. Angl.
1, 49 SS. XIII, 136. Ordericus Vitalis, Hist. eccl. lib. 8 SS. XXVl, 22.

[2] Gregor VII. in Jaffé-L. 5177, 5186, 5187. Bonizo 676. Gebhard von
Salzburg bei Hugo Flav. SS. VIII, 459 und im cod. Udalr. 69 bei Jaffé, Bibl.
V, 141 f. Vita Anselmi Luc. auct. Bardone c. 18 SS. XII, 19. Deusdedit
contra invas. 2, 11 u. 12 bei Mai, Nova patrum bibl. VII, 3, 93 f. (Danach
Petrus Casin. 3, 70 SS. VII, 750 f.) Bern. 1083, 1084 SS. V, 438, 440. Cfr.
Bern. opusc. 6, 7 S. 358 (Ussermann, prodr. Germ. sacrae II.).

Erster Exkurs.

Zu der Urkunde Wiberts vom 8. Juni 1087 (Jaffé-L. 5326).

Die Urkunde Wiberts vom 8. Juni 1087 hat ihre Schicksale gehabt. Cfr. Jaffé-L. 5326 und Addenda II, 713. Der beste Druck ist der von Ewald im Neuen Archiv II, 219, das Original befindet sich in Karlsruhe.

Es ist eine Konfirmationsurkunde, eine Bulle, durch welche Wibert auf Bitten des Abtes Libo von Selz im Elsaß eine Festsetzung desselben bestätigt, nach welcher der Abt die Einkünfte gewisser Besitzungen zu Gunsten der Fremden und Armen anweist.

Über die Datierung haben viele Zweifel bestanden. Grandidier, Hist. d'Alsace II, 147 druckte in der Datumzeile statt anno nostri pontificatus IV irrtümlich VI, wodurch Jaffé verleitet wurde, auch auf diese Urkunde gestützt, eine Synode Wiberts für das Jahr 1089 in Anspruch zu nehmen (s. o. S. 78). Diesem stehen gegenüber die Drucke bei Würdtwein, Monast. Palat. VI, 172, und Mone, Zeitschrift für die Geschichte des Oberrheins XIV, 184, und die Zeugnisse Ewalds und Löwenfelds.

Ewald aber dachte an Clemens III. (1187—1191) und hielt die Urkunde, da nach seinen eigenen Angaben ihre innere Form und Datierung damit in unlöslichem Widerspruche standen, für eine Fälschung; beide Annahmen sind irrtümlich. Gegen den 8. Juni 1087 ist nichts einzuwenden [1]. Ewald hält freilich auch noch Neues Archiv VIII, 420 an seiner Ansicht fest wegen der Datierung: Datum Rome ad S. Petrum VI. Idus Junii anno nostri pontificatus quarto, diese Art der Datierung von Bullen komme erst lange nach dem 11. Jahrhundert auf.

---

[1] Pflugk-Harttungs Datierung NA. VIII, 243 u. 246 beruht auf Flüchtigkeitsfehlern, wie Ewald schon im NA. VIII, 420 f. gezeigt hat.

Hier möge nun eine Zusammenstellung der Datierungen sämtlicher erhaltenen Bullen Wiberts Platz finden (die Nummern nach Jaffé-Löwenfeld):

5319. Actum Ravennae anno domin. incarn. 1084. ind. VII. Datum per manum Roberti card. presbyt. anno III. ordinat. dom. Clementis III. pp. VI. Non. Martii feliciter.

5322. Acta sunt haec Ravennae in plenaria synodo in matrice ecclesia, quae dicitur Agiae Anastaseos, anno domin. inc. 1086, imper. Henrico III. Rom. Augusto, anno imp. eius II. ind. IX. tertio Kal. Martis.

5332. Anno domin. incarn. 1091 ind. XIV. anno autem pontificatus domni Clementis III. papae VII., XIV. Kal. Februarii. Datum per manum Bernerii vice cancellarii Petri in urbe Paduana, actum feliciter.

5332 α. Ist ohne jegliche Datierung überliefert.

5333. Datum apud Cesenam per manum Bernerii vice Petri cancellarii anno domin. incarn. 1092 ind. XV. anno autem pontificatus domni Clementis III. papae IX. Idibus Junii.

5334. Datum V. Idus Augusti apud Montem veterem, qui alio nomine Mons Belli dicitur, per manus Roberti Faventini episcopi vice cancellarii Petri anno domin. incarn. 1092 ind. XV.

Man sieht, das ist ein ganzes Kaleidoskop von Datierungen, keine gleicht der anderen ganz, in irgend einem Punkte weicht jede von jeder ab, so dafs die Bezeichnung „zerfahren", die Stumpf der Kanzlei Wiberts gegeben hat (NA. VIII, 420 nach Ewalds Mitteilung), wohl verdient erscheint.

Allerdings ist unsere Bulle die einzige, welche weder Inkarnationsjahr noch Indiktion hat; dafs ersteres fehlt, braucht keinen Anstofs zu erregen, man vergleiche z. B. Jaffé-L. 4865, eine Bulle Gregors VII.: Datum Lateranis in Kal. Maii per manus Petri sanctae Romanae ecclesiae presbiteri cardinalis ac bibliothecarii, anno primo pontificatus domini Gregorii VII. papae, ind. XI., ebenso No. 4957. Ungewöhnlich ist allein das Fehlen der Indiktion, aber ein mildernder Umstand ist, dafs die Urkunde aus Wiberts Kanzlei kommt.

Ganz auffallend ist in einer päpstlichen Urkunde, die nicht auf einer Synode erlassen ist, die verbale Invokation: In nomine sanctae et individuae trinitatis; weiter das Fehlen des päpstlichen Namens, der dann allerdings mitten in der Urkunde steht, und jeglicher inscriptio. Diese Abweichungen berechtigen, glaube ich, zu dem Schlusse, dafs die Urkunde von einem aus der kaiserlichen Kanzlei übernommenen Schreiber verfafst ist, der die Formeln der kaiserlichen mit denen der päpstlichen Urkunden vermischte; vgl. S. 87 Anm. 6 zu

Jaffé-L. 5334. Man beachte z. B. auch die Worte: proprioque sigillo munivi, namentlich aber die eben mitgeteilten Datierungen: während die päpstliche Datierung aus zwei Formeln besteht, welche durch die Worte scriptum und datum eingeleitet und bezeichnet werden, finden sich bei Wibert bald zwei Formeln, bald eine, aber nie die scriptum-Zeile, sondern entsprechend dem Gebrauche der kaiserlichen Kanzlei datum und actum.

Schliefslich bemerke ich, dafs Pflugk-Harttung unsere Urkunde für eine Original-Nachbildung (NA. VIII, 246) hält, während sie nach Löwenfeld (Jaffé-L. I, 652) ein Original ist.

Zweiter Exkurs.

Zu der Urkunde Heinrichs IV. vom 12. August 1092 (Stumpf 2915).

Stumpf hielt die Urkunde Heinrichs IV. vom 12. August 1092 für die Abtei zu St. Dié (No. 2915 bei Duhamel, Documents de l'hist. des Vosges II, 154) für eine Fälschung; wenn ich seine Andeutungen in den Regesten recht verstehe, weil die Datierung ungewöhnlich sei, im Text der Kanzler für Italien, Bischof Burchard von Lausanne, als mediator vorkomme, obwohl er schon am 24. Dezember 1088 (Bern. 1089, SS. V, 448) umgekommen sei; weil endlich der Ausstell-ort: apud Montem veterem, qui alio nomine Mons Belli dicitur, wohl mit Bezugnahme auf die Bulle Wiberts vom 9. August (Jaffé-L. 5334) gemacht sei. Was Burchard angeht, so irrt sich Stumpf; die betreffende Stelle lautet: Heinrich nimmt die Kirche St. Deodati in Schutz, confirmantes ei ... familiam quoque eiusdem ecclesiae, quam tertio anno secundi ingressus nostri in Italiam integre illi restitui iussimus, mediante Burchardo Losanensi episcopo, nostro Italiae cancellario, concedentibus etiam duce Theoderico, praedictae ecclesiae defensore et advocato, et Oduino post ducem prelibati loci similiter advocato et Tullensis ecclesiae Pibone episcopo. Diese Stelle bezieht sich also auf eine frühere Verleihung im 3. Jahre des 2. Zuges nach Italien, d. i. 1083; es liegt somit kein Anachronismus vor. Der Vorgang wird auch in der Urkunde Wiberts erwähnt, hier lautet es: sive familia ecclesiae, quae iussu Henrici quarti dilectissimi filii nostri imperatoris tertii integre illi restituta sunt, mediante Burchardo Lausanensi episcopo Italiae cancellario, concedentibus etiam duce Theoderico eiusdem ecclesiae defensore et advocato et Tullensis ecclesiae Pibone episcopo.

Aber allerdings ist bis zu dieser Zeit niemals eine Kaiserurkunde so datiert worden, wie die unsere, nämlich: Data II. Idus Augusti apud Montem veterem, qui alio nomine Mons Belli dicitur, per manus Ogerii Iporiensis episcopi, Italiae cancellarii, anno dominicae incarn. 1092 ind. XV. epacta IX. Daneben stelle ich die Datierung der Urkunde Wiberts vom 9. August: Datum V. Idus Augusti apud Montem veterem, qui alio nomine Mons Belli dicitur, per manus Roberti Faventini episcopi vice cancellarii Petri anno domin. incarn. 1092 indict. XV. Offenbar ist die Datierung der Kaiserurkunde nach der der Papsturkunde angefertigt; die Formel „datum per manus" kommt aber in späterer Zeit in Kaiserurkunden vor, z. B. Stumpf 4736 vom 17. Februar 1192; 5080 vom 27. September 1197; der vorliegende Fall wäre der erste.

Inhaltlich sind beide Urkunden ganz gleich, dazu sind ganze Sätze von Anfang bis zu Ende gleichlautend, so die corroboratio (s. S. 87 Anm. 6); man vergleiche noch die Stelle über Burchard von Lausanne (S. 132) und folgende Worte aus der Strafandrohung: Wiberts Urkunde: si quis ... contra hoc nostrum decretum consenserit, fecerit, consiliatus fuerit, vel quocunque modo infringere illud et violare temptaverit, in praesenti seculo iram omnipotentis Dei incurrat etc. Heinrichs Urkunde: si quis ... contra hoc nostrum decretum consiliatus fuerit, consenserit, fecerit vel quocunque modo infringere illud vel violare tentaverit, iram imperialis nostri vigoris incurrat, et centum libras etc.

Ferner ist zu beachten, daſs die Invokation durchaus selten ist: In nomine patris et filii et spiritus sancti. Jede promulgatio fehlt. In der Straffestsetzung ist einmal das in Wiberts Urkunde fehlende Wort gastaldio neu hinzugefügt; weiter findet sich die auffallende Wendung: et centum libras auri probatissimi proculdubio se compositurum sciat, medietatem camerae sacri scrinii nostri, reliquam partem praedictae ecclesiae eiusque congregationi.

Auch bei den nicht gleichlautenden Sätzen sieht man indes deutlich, daſs sie durch Umarbeitung entstanden sind, abgesehen höchstens von der meist neu gemachten sehr redseligen Arenga.

Gleichwohl ist es nicht nötig, die Urkunde für eine Fälschung zu halten; denn Benutzung der Urkunde Wiberts als Vorlage in der Reichskanzlei reicht aus, die Unregelmäſsigkeiten zu erklären. Dazu ist in der Kaiserurkunde auſser Bischof Burchard von Lausanne, Bischof Pibo von Toul und Herzog Theoderich von Oberlothringen noch ein mediator Oduinus genannt, den freilich ein etwaiger Fälscher aus der Verleihung Heinrichs von 1083 entnehmen konnte, ebenso, wie die zeitliche Fixierung der letzteren, die wir auch nur der Urkunde Heinrichs vom 12. August 1092 verdanken. Woher endlich hätte ein Fälscher den Namen des Kanzlers Oger von Ivrea wissen sollen? Da ferner nicht der geringste sachliche Anstofs vorliegt, so glaube ich die Urkunde für echt erklären zu dürfen.